국어 교사와 예비 교사를 위한 국어 문법 즉문즉답

더 문법하고 싶은 문법

더 문법하고 싶은 문법

★ 신승용
★ 안윤주
지음

문법 교수와 국어 교사가 옥신각신 펴낸 읽기 쉬운 문법 Q&A

역락

『문법하고 싶은 문법』이 예상 밖으로 호응이 좋았고, 그때 책의 분량 때문에 다루지 못했던 질문들이 남아 있어서 하던 일을 마무리한다는 생각으로 집필을 하게 되었다. 역시나 쉬운 일이 아닐뿐더러 끝이 없는 일이라는 걸 깨닫는다.

문법은 정답이 있는 것은 아니다. 실제적 사실을 밝히기 위한 공부이고, 그 목표를 향해 나아가는 과정이다. 그런데 학교문법 속에 규범이 어설프게 섞여 들어오면서, 마치 문법이 정답이 있는 것처럼 인식되는 경향이 있다. 규범은 그것이 언어적 사실이든 아니든 상관없이 일단 정해지면 그 규정에 맞느냐 틀리느냐만 따지는 단순한 사고 과정이고, 그렇기 때문에 암기력의 문제이기도 하다. 하지만 문법은 사실이냐 아니냐를 밝히기 위한 분석적 사고와, 의문을 품는 탐구적 사고를 요구하는 복합적 사고 과정이다. 그러니까 규범은 탐구의 대상이 아니라 단순히 시비의 대상인 반면, 문법은 시비의 대상이 아니라 탐구의 대상이다. 그러므로 문법을 공부하는 사고는 단순히 규정을 외우면 되는 규범적 사고와는 다르고, 또 달라야 한다.

문법은 사실을 밝히는 과정이기 때문에 당연히 학문적으로 이견이 있고, 논쟁이 있다. 학교문법은 그러한 이견과 논쟁 중에서 어느 하나의 관점을 취하게 되는데, 그렇다고 그 관점이 언어적 사실임을 보장하지는 않는다. 그렇기에 가르치는 사람은 이견이 되는, 논쟁이 되는 지점 자체를 이해하고서 가르치는 것이 중요하다. 이견이 있고, 논쟁이 되는 지점 자체를 이해하고 해당 내용을 가르칠 때, 학생들로 하여금 문법에 흥미를 가지게 할 수 있다. 또한 그럴 때 학생들에게 탐구할 수 있는 지점을 제시할 수 있고, 그러다 보면 학생들도 문법이 암기 과목이 아니라는 것을 깨달을 수 있다.

이 책은 이견이 있거나 논쟁이 되는 내용은, 왜 이견이 있고 어떤 부분에서 논쟁이 되는지를 설명하려고 노력하였다. 나의 주전공 영역이 아니어서 불안한 내용들은 관련 주전공의 선후배 교수들에게 물어 보고 확인하여, 최대한 오류의 가능성을 줄이려고 노력하였다. 말 그대로 노력을 하였지만, 그럼에도 문제가 있을 수 있는데 그것은 전적으로 필자의 책임이다. 이 책을 쓰는 동안 당연하다고 생각했던 주제들이나 현상들에 대해 찬찬히 다시 생각해 보고 공부하게 되었다는 점에서 나에게도 좋은 경험이다. 그래서 현재 내가 가르치고 있는, 예비 교사인 나의 학생들에게도 이전보다는 좀 더 나은 선생이 될 수 있지 않을까 하는 생각도 하게 된다.

박사학위 논문의 머리말에도 인용했던 논어의 구절이 있다. '知'가 무엇이냐는 자로의 도발적인 질문에 공자가 대답한 말, '知之爲知之 不知之爲不知 是知也'이다. '아는 것을 안다고 하고, 모르는 것을 모른다고 하는 것', 공부를 시작하면서 지금까지 늘 머릿속에 두고 있는 구절이다. 모르는 것을 모른다고 할 수 있는 용기가 앎의 시작이다. 그리고 모르는 것을 알기 위해 노력하는 자세는 가르치는 사람이라면 누구에게나 필요하다고 생각한다. 선무당이 사람 잡는다고, 잘 모르는 것을 아는 체하고 가르치는 것은 학생들에게 피해를 주는 일이기도 하기 때문이다.

이 책은 내 입장에서 전공 서적이라고 하기도 애매하고, 그렇다고 교양서적이라고 하기도 애매한, 일종의 중간 지대의 저술이다. 공동 저자인 안윤주 선생님이 작업하는 내내 교육 현장에서 의문이 들거나 궁금함이 생겼을 때 좀 더 쉽고 편하게 참고할 수 있는 문법서가 정말 필요하다는 동기 유발을 해 주었다. 그래서 『문법하고 싶은 문법』과 함께 이 책까지 마무리할 수 있었다고 생각한다. 시쳇말로 교수체의 문체를 벗겨 내고, 가능한 친절하게 설명할 수 있게 해 준 것도 안윤주 선생님의 덕분이다. 책 표지에 있는 것처럼 실제 옥신각신하긴 했지만, 일방적으로 당했을 일도 많았을 텐데 그래도 좋은 책을 만들겠다는 마음으로 꿋꿋하게 잘 참아 준 것도 같다. 이 자리를 빌려 미안함과 고마움을 전한다.

신승용

머리말

『문법하고 싶은 문법』이 세상에 나오고 난 후 나에게 겉으로 일어난 변화는 없다. 하지만 나의 내면은 조금 달라졌다. 책 제목처럼 문법이 좀 더 궁금해졌고, 좀 더 공부하고 싶어졌다. 가끔은 교과서에서 문법의 오류를 발견할 수 있게 되었고, 누군가 질문했을 때 대답하지 못하는 나를 두려워하지 않게 되었다. 책 작업을 하면서 안다고 생각했던 것들이 아는 것이 아니었음을, 모른다고 인식했을 때, 앎이 다시 시작한다는 것을 깨달았기 때문이리라.

첫 번째 책을 접한 여러 동료들이 다른 문법 전공서와는 다르게 쉽게 이해할 수 있었다는 피드백에 힘입어 『더 문법하고 싶은 문법』을 기꺼이 기쁜 마음으로 다시 시작할 수 있었다. 두 번째 작업임에도 나에게는 여전히 어려운 일이었다. 교수님과 내용에 대해 조정하고 조율하는 시간은 지난 작업보다 더 치열하고 힘들었다. 하지만 아이러니하게도 그 순간들은 또한 다시 없을 값지고 소중한 경험이기도 했다. 지루함과 피로함과 설렘을 동반하는, 다시 하고 싶지는 않지만 자랑하고 싶은 그런 경험 말이다. 『문법하고 싶은 문법』에서도 언급한 것처럼 나의 동료들이, 그리고 예비 국어교사들이 치열한 일상을 보내다가도 문법이 더 하고 싶은 어느 날, 이 책을 통해 문법의 지루함과 피로함과 설렘을 동시에 경험하길 소망한다.

마지막으로 『문법하고 싶은 문법』에 이어 이번에도 책 표지를 더 예쁘게 만들어 준 대진중학교 전재철 선생님과 나에게 소중한 경험을 선물해 주신 멘토 신승용 교수님께 고마움을 전한다.

안윤주

차례

3. 활용과 곡용, 문장 구조에 대한 Q&A

4. 의미에 대한 Q&A

5. 국어사에 대한 Q&A

1.

음운과
음운 변동에 대한
Q & A

1.1. /ㅎ/은 거센소리인가요, 예사소리인가요?

한마디로 설명

음운론에서 /ㅎ/은 거센소리(유기음)로 보는 것이 일반적이지만, 음성학을 전공하는 학자들의 경우 예사소리(평음)로 보기도 한다. 음성학적으로 /ㅎ/은 /ㅍ, ㅌ, ㅊ, ㅋ/에 비해 유기성이 상대적으로 약하기 때문이다.

/ㅎ/을 예사소리라고 하게 되면, '/축하/ → [추카]', '/놓다/ → [노타]'처럼 /ㅎ/이 예사소리와 결합하여 거센소리로 축약되는 것을 설명할 수 없다. /ㅎ/이 예사소리라면 예사소리와 예사소리가 결합하여 거센소리가 된다고 해야 하는데, 음운론적으로도 음성학적으로도 예사소리와 예사소리가 결합해서 거센소리가 될 수는 없기 때문이다. /ㅎ/이 거센소리이기 때문에 예사소리와 결합했을 때 예사소리와 축약되어 예사소리를 거센소리로 만들 수 있는 것이다. /ㅎ/의 유기성이 /ㅍ, ㅌ, ㅊ, ㅋ/에 비해 약하다는 물리적인 사실만으로 /ㅎ/을 예사소리라고 하는 것은 /ㅎ/이 보여 주는 음운 변동에 대한 음운론적 사실을 고려하지 않은 것이다.

참고로 현재 2015 교육과정 『언어와 매체』에서는 대부분의 출판사가 /ㅎ/에 대해 거센소리인지 예사소리인지를 명시적으로 규정하지 않은, 모호한 상태로 자음체계를 제시하고 있다.

자세히 설명

음소 /ㅎ/에 대한 음운론적 해석은 음성학적 특성과 함께 /ㅎ/이 보여 주는 음운 현상에 대한 분석을 기반으로 해야 한다. 이 두 가지 특성을 모두 고려할 때 음운론적으로 /ㅎ/은 거센소리라는 결론에 도달할 수밖에 없다.

인구어를 비롯한 많은 언어들에서는 'p : b', 't : d'처럼 자음 음운이 무성음과 유성음으로 대립된다. 그래서 [유기성]이라는 물리적인 특성이 음운론적으로 소리를 변별시키는 데 관여적이지 않다. 이러한 이유로 일반언어학에서는 /ㅎ/이 거센소리이냐 아니냐에 대해 논의한 경우가 드물다. 그러나 음운론적으로 /ㅎ/의 유기성 유무를 설명한 경우에는 유기성([+aspirated])을 가진 소리로 규정하고 있다.

유기성은 절대적 특성이 아니라 상대적 특성이다. 음성학적으로 국어의 /ㅍ, ㅌ, ㅊ, ㅋ/은 강한 유기성(strongly aspirated)을, /ㅂ, ㄷ, ㅈ, ㄱ/은 약한 유기성(slightly aspirated)을 띠고 있다. 그리고 /ㅎ/의 유기성은 /ㅍ, ㅌ, ㅊ, ㅋ/에 비해 약하지만, /

ㅂ, ㄷ, ㅈ, ㄱ/보다는 강하다. 참고로 유기성이 가장 약한 것은 된소리 /ㅃ, ㄸ, ㅆ, ㅉ, ㄲ/이다. 즉 음성학적으로 보면 /ㅎ/은 예사소리보다 유기성이 강하고, 거센소리보다 유기성이 약하다. 그런데 이러한 음성학적 사실만으로는 음운론적으로 /ㅎ/이 거센소리인지 예사소리인지를 규정해 주지 못한다.

/ㅎ/이 거센소리인지 예사소리인지는 결국 음운론적인 해석의 문제이다. 예사소리인 /ㅂ, ㄷ, ㅈ, ㄱ/보다 유기성이 강하니까 거센소리로 해석할 수도 있고, 거센소리 /ㅍ, ㅌ, ㅊ, ㅋ/보다 유기성이 약하니까 평음으로 해석할 수도 있다. 다시 말해 거센소리인지 예사소리인지는 음운론의 영역에서의 문제이고, 음운론적인 해석의 문제이다.

> (1) ㉠ 입학[이팍], 맏형[마텽], 축하[추카]
> ㉡ 놓다[노타], 놓지[노치], 놓고[노코]

> (2)¹ ㉠ /ㅂ, ㄷ, (ㅈ), ㄱ/ + /ㅎ/ → /ㅍ, ㅌ, (ㅊ), ㅋ/
> ㉡ /ㅎ/ + /(ㅂ), ㄷ, ㅈ, ㄱ/ → /(ㅍ), ㅌ, ㅊ, ㅋ/

1　(2㉠)에서 (ㅈ)에 괄호를 친 것은 '/ㅈ/ + /ㅎ/ → /ㅊ/'과 같은 축약도 가능하지만, 실제 언어 자료에서는 /ㅈ/과 /ㅎ/이 축약되어 [ㅊ]이 된 예가 없기 때문이다. 그것은 음절의 끝소리 규칙이 /ㅎ/ 축약보다 먼저 적용되기 때문이다. '낮후[나투](한낮이 지난 뒤), 꽃향기[꼬턍기]'에서 보듯이 선행 음절 종성 /ㅈ, ㅊ/이 /ㄷ/으로 불파된 후에 즉, 음절의 끝소리 규칙이 먼저 적용된 후에 /ㅎ/ 축약이 일어난다. 그래서 '/ㅈ/ + /ㅎ/ → /ㅊ/'에 해당하는 예가 없다. (2㉡)에서 (ㅂ)에 괄호를 친 것 역시 '/ㅎ/ + /ㅂ/ → [ㅍ]'이 가능하지만, 실제 언어 자료에서는 이러한 예가 없기 때문이다. 어미 중에 /ㅂ/으로 시작하는 어미가 없기 때문에 용언에서 '/ㅎ/ + /ㅂ/ → [ㅍ]'의 예가 없다.

(1)은 '/ㅎ/ 축약', '거센소리되기 현상', '유기음화' 등으로 불리는 현상이다. (1ㄱ)과 (1ㄴ)은 (2ㄱ)과 (2ㄴ)에서 보듯이 /ㅎ/의 위치가 다를 뿐이고, /ㅎ/의 위치와 상관없이 /ㅎ/과 예사소리가 만나면 축약되어 거센소리가 된다는 것을 알 수 있다. 체언 중에 /ㅎ/ 말음을 가진 단어가 없기 때문에 체언에서는 (2ㄴ)과 같은 축약 예가 나타나지 않는다. 그래서 (2ㄴ)의 축약은 용언에서만 나타난다.

만일 음성학적으로 /ㅎ/의 유기성이 /ㅍ, ㅊ, ㅌ, ㅋ/보다 약하다고 해서 /ㅎ/을 예사소리라고 해 보자. 그러면 (1) ~ (2)는 '예사소리 + 예사소리 → 거센소리'로 설명을 해야 한다. 예사소리와 예사소리가 결합해서 축약되는 것을 상정하기도 어렵지만, 설령 그럴 수 있다 하더라도 예사소리와 예사소리가 결합해서 거센소리가 되는 것도 더 이상한 일이다. 이처럼 /ㅎ/을 예사소리로 보게 되면 (1) ~ (2)에서 /ㅎ/과 예사소리가 축약되어 거센소리가 되는 것을 설명할 방법이 없다. (1) ~ (2)에서처럼 /ㅎ/ 축약의 결과 거센소리가 되는 것을 합리적으로 설명하고 이해하려면, /ㅎ/이 거센소리라는 것을 부정할 수 없다.

(1) ~ (2)에서 /ㅎ/ 축약에 의해 예사소리가 거센소리가 되는 현상은 음운론적으로 /ㅎ/이 거센소리임을 증언한다. 음운론적으로 /ㅎ/이 거센소리이기 때문에 예사소리가 /ㅎ/의 유기성을 얻어 거센소리가 될 수 있는 것이다. 학교문법에서도 음운 변동을 설명하는 자리에서는 (1) ~ (2)의 /ㅎ/ 축약을 거센소리되기 현상으로 명명하는데, 이는 이미 /ㅎ/을 거센소리로 전제한 설명이다. /ㅎ/을 예사소리로 전제했다면 거센소리가 없는데 두 소리가 축약되어 거센소리가 된다는 이상한 설명이 된다.

그런데 2015 교육과정 『언어와 매체』 교과서의 음운 체계 부분에서는 /ㅎ/이 모호한 상태로 기술되어 있다. 즉 /ㅎ/이 예사소리인지, 거센소리인지 분명하게 밝히지 않고, 어정쩡하게 제시하고 있다.

(3) ㉠ 〈미래엔〉, 〈비상〉, 〈지학사〉

조음 방법＼조음 위치		입술소리	잇몸소리	센입천장소리	여린입천장소리	목청소리
마찰음	예사소리		ㅅ			ㅎ
	된소리		ㅆ			

㉡ 〈창비〉

조음 방법＼조음 위치		입술소리	잇몸소리	센입천장소리	여린입천장소리	목청소리
마찰음	예사소리		ㅅ			
	된소리		ㅆ			ㅎ
	거센소리					

㉢ 〈천재〉

조음 방법＼조음 위치		입술소리 (양순음)	잇몸소리 (치조음)	센입천장소리 (경구개음)	여린입천장소리 (연구개음)	목청소리 (후음)
마찰음	예사소리		ㅅ			ㅎ
	된소리		ㅆ			

17

　(3)에서 보듯이 〈천재〉에서만 용감하게 /ㅎ/을 예사소리에 배치해 놓았을 뿐, 나머지 교과서들은 예사소리와 거센소리에 대한 규정을 회피한 상태로 기술되어 있음을 볼 수 있다. /ㅎ/이 이렇게 애매하게 처리되어 있는 원인은 2002년 서울대학교 국어연구소에서 펴낸 국정 『문법』 교과서에 뿌리를 두고 있다. 이후 7차, 2011

교육과정 교과서들 역시 이러한 애매한 기술을 그대로 답습하고 있다.

2002년 국정 『문법』 교과서에서 /ㅎ/의 성격이 애매하게 기술된 데에는 당시 교과서 집필진에 음운론 전공자가 단 한 명도 참여하지 않았다는 사실과 관련이 있다. 7차, 2011 교육과정 교과서 검정에서 2002년 국정 『문법』 교과서가 명시적이지는 않았지만 실제로는 검정 기준으로 작용하였다는 것 역시 이 분야에 관련된 문법 전공자들은 모두 아는 사실이다. 7차와 2011 교육과정 교과서에서 /ㅎ/이 여전히 애매하게 기술된 것은 바로 이러한 이유와 관련이 있다. /ㅎ/의 성격이 이처럼 애매하게 처리되고 있는 것은, 2002년 국정 『문법』 교과서에서 잘못 꿰어진 첫 단추가 바로 잡히지 않은 채 지금까지 그대로 반복된 결과이다.

그런데 앞에서 잠깐 언급했듯이 2002년 국정 『문법』 교과서에서부터 2015 교육과정 『언어와 매체』 교과서까지 음운의 변동을 설명할 때는 모두 (1)을 거센소리되기 현상으로 설명하고 있다. (1)을 거센소리되기 현상이라고 할 때는 이미 /ㅎ/이 거센소리라는 것을 전제해야만 가능하다.

그러니까 현재 학교문법에서 /ㅎ/은 자음체계에서는 거센소리라고 설명하지 않고서, 음운의 변동에서 거센소리 현상을 설명할 때는 거센소리로 전제하고 있는 상황이다. 즉 자음체계에서와 음운의 변동에서 /ㅎ/에 대한 설명이 서로 일치하지 않는, 정합적이지 않은 상태이다. 교과서의 내용 기술이 이렇게 앞과 뒤에서 일치하지 않게 기술되어 있는 것은 문제이다.

음성학적인 특성에만 기반해서 /ㅎ/의 성격을 규정하는 것은 맞지 않다. 왜냐하면 음운론에서 /ㅎ/이 거센소리이냐 예사소리이냐 하는 것은 음성학적인 특성에 대한 질문이 아니라 /ㅎ/의 음운론적인 특성에 대한 질문이기 때문이다. 지금까지 설명한 것처럼 /ㅎ/이 음운 변동에서 보여 주는 일련의 현상을 설명하려면, 음운론적으로 /ㅎ/은 당연히 거센소리일 수밖에 없다.

1.2. 음절의 끝소리 규칙과 평파열음화가 같은 것인가요?

한마디로 설명

국어는 표면형에서 즉, 발음을 했을 때 음절말(종성)에 실현될 수 있는 자음이 7개(/ㅂ, ㄷ, ㄱ, ㅁ, ㄴ, ㅇ, ㄹ/)로 제약된다.[1] 이를 가리키는 용어가 학교문법에서는 '음절의 끝소리 규칙'이다.

표면형에서 음절말에 7개의 자음만이 실현될 수 있는 것은 음절말이 불파되는 국어의 음절 특성 때문에 발생하는 구조적인 제약이지 규칙은 아니다. 그래서 학문문법에서는 '음절의 끝소리 규칙'보다는 '평파열음화', '평폐쇄음화', '7종성' 등 다양한 용어가 통용되고 있다. 그러니까 질문 '음절의 끝소리 규칙과 평파열음화가 같은 것인가요?'에 대한 대답은 '그렇다'이다.

자세히 설명

국어는 음절말(종성)의 자음이 불파되는 특성을 가지고 있는 언어이다.[2] 자음이 제 음가대로 실현되려면 외파가 되어야 한다. 그래서 외파 실현되는 음절초에는 연

---

1 음운론에서는 발음된 형을 표면형이라고 하고, 발음되기 전의 머릿속에 저장된 형을 기저형이라고 한다. /하늘/ → [하늘], /달/ → [달]처럼 기저형과 표면형이 같은 경우도 있지만, /잎/ → [입], /낱말/ → [난말]처럼 많은 경우 기저형이 표면형으로 실현될 때 음운 변동이 일어난다 기저형은 기호 '/ /'로 나타내고, 표면형은 기호 '[ ]'로 나타낸다.

2 불파에 대한 자세한 설명은 『문법하고 싶은 문법』 ☞ 1.14. '독도[독또]'는 왜 동화가 아닌가요? p.107 참조.

19

구개 비음 /ŋ/을 제외한 모든 자음이 올 수 있다.[3] 불파는 외파가 온전히 실현되기 전에 조음의 동작을 닫는 것이다. 그래서 음절말에서 자음이 불파된다는 것은 자음이 제 음가대로 실현되기 전에 조음의 동작이 끝난다는 것을 의미한다.

파열음 중에서 거센소리(유기음)인 /ㅍ, ㅌ, ㅋ/, 된소리(경음)인 /ㅃ, ㄸ, ㄲ/는 각각 예사소리(평음) /ㅂ, ㄷ, ㄱ/에서 유기성과 경음성을 실현시키기 위한 추가적인 조음 동작이 요구되는 소리이다. 그런데 불파가 되면 유기성과 경음성을 실현시키기 위한 추가적인 조음 동작이 일어나기 전에 조음의 동작이 끝나게 된다. 그래서 (1㉠)에서 보듯이 /ㅍ, ㅌ, ㅋ/, /ㅃ, ㄸ, ㄲ/가 각각 가장 무표적인 /ㅂ, ㄷ, ㄱ/로 실현되게 된다.[4]

---

3   대부분의 언어에서 연구개 비음 /ŋ/은 초성에 실현되지 못한다. 그러나 베트남어처럼 초성에 /ŋ/이 실현되는 언어도 있다.

4   무표는 일반적인 것, 자연스러운 것, 덜 가진 것을 의미한다. 비유적으로 말하면 교실에서 모자를 쓴 학생은 아무래도 일반적이지 않으므로 유표적이다. 그러니까 모자를 쓰지 않은 학생이 무표적이다.
／ㅂ/과 /ㅍ/을 비교해 보면, /ㅍ/은 /ㅂ/을 조음할 때의 조음 동작에 더하여 유기성을 실현시키는 조음 동작을 추가로 해야 한다. 즉 /ㅍ/이 /ㅂ/보다 조음을 할 때 더 많은 동작이 요구된다. 그래서 /ㅂ/과 /ㅍ/의 관계에서는 /ㅂ/이 /ㅍ/보다 무표적인 소리이다. 무표의 반대가 유표이다. 그러니까 /ㅍ/은 /ㅂ/보다 유표적인 소리이다.
단어 차원에서 보면 유표적인 경우에 단어나 형태소가 더 결합한다. 예컨대 '미용사'는 여자가 남자보다 많아서 미용사라는 직업에서는 여자가 무표적이고 남자가 유표적이라고 할 수 있다. 그래서 미용사라고 하면 일반적으로 여자이고, 미용사가 남자일 때는 '남자 미용사'처럼 '남자'를 붙여서 표현한다.

(1) 잎[입], 같대[갇때], 동녘[동녁], 밖[박][5]

  (1)은 표면형에서 음절말에서 실현될 수 있는 파열음은 평음 /ㅂ, ㄷ, ㄱ/ 3개로 제약된다는 것을 보여 준다. 물론 비음 /ㅁ, ㄴ, ㅇ/과 유음 /ㄹ/도 음절말에서 실현된다. 파열음은 달리 폐쇄음이라고 한다. 파열음은 공기를 닫았다가 한꺼번에 내보내는 동작 즉, 파열시키는 동작에 초점을 맞춘 용어이고, 폐쇄음은 파열시키기 전에 공기를 닫은 동작에 초점을 맞춘 용어이다. 즉 파열음과 폐쇄음은 동일한 내용을 가리키는 다른 명칭이다.

  그리고 마찰음 /ㅅ, ㅆ/는 공기를 닫는 동작이 없이 공기를 서서히 내보내면서 조음하는 소리이고, 파찰음 /ㅈ, ㅊ, ㅉ/는 공기를 닫기는 하지만 내보낼 때는 파열음과 달리 마찰음처럼 서서히 내보내면서 조음하는 소리이다. 파열음은 공기를 닫았다가 한 번에 터트리듯이 내보내면서 조음하는 소리이다. 이때 공기를 서서히 내보내려면 불파가 일어나서는 안 된다. 불파가 된다는 것은 조음 동작이 더 이상 진행되지 않고 닫힌다는 의미이다. 그러니까 불파가 되면 마찰음 /ㅅ, ㅆ/, 파찰음 /ㅈ, ㅊ, ㅉ/는 실현될 수 없다. 그래서 (2)에서 보듯이 /ㅅ, ㅆ, ㅈ, ㅊ, ㅉ/가 음절말에 오면 제 음가대로 실현될 수가 없게 되어 [ㄷ]으로 실현된다.

(2) 곳[곧], 있대[읻때], 낮[낟], 낯[낟][6]

---

[5] 종성이 /ㅃ/, /ㄸ/인 음절이 국어에 존재하지 않기 때문에 실제 예를 확인할 수는 없다 하지만 만일 종성이 /ㅃ/, /ㄸ/인 음절이 있다면 그 종성의 발음이 [ㅂ], [ㄷ]이라는 것을 예측할 수 있다.

[6] 종성이 /ㅉ/인 음절 역시 국어에 존재하지 않는다. 그러나 만일 그러한 음절이 있다면, 그 발음이 [ㄷ]이라는 것을 예측할 수 있다.

비음 /ㅁ, ㄴ, ㅇ/은 공기가 코로 나가기 때문에 구강에서 불파가 일어나도 공기가 코로 외파되기 때문에 음절말에서 실현될 수 있다. 그리고 /ㄹ/는 공기가 혀의 가장자리로 나가면서 조음되는 소리이다. 그래서 혀끝을 윗잇몸에 붙여 불파를 시켜도 혀의 가장자리로 공기가 외파되기 때문에 불파의 영향을 받지 않아 음절말에서 실현될 수 있다. 결과적으로 (3)에서 보듯이 /ㅁ, ㄴ, ㅇ, ㄹ/는 불파 위치인 음절말에서도 실현된다.

(3) 감[감], 산[산], 강[강], 달[달]

이상에서 살펴본 것처럼 표면형에서 음절말에 실현될 수 있는 자음은 파열음 중에서는 평음인 /ㅂ, ㄷ, ㄱ/ 3개, 그리고 유성 자음인 비음(/ㅁ, ㄴ, ㅇ/)과 유음(/ㄹ/) 이렇게 총 7개로 제약된다. 이를 가리키는 용어가 학교문법에서는 '음절의 끝소리 규칙'이다.

그런데 (1) ~ (2)는 결과적으로는 음운 변동이 일어났다고 할 수도 있지만, 음운 변동이 아니라 음절말 불파라는 구조적인 제약으로 인해 일어나는 현상이다. 음운 변동이 아니므로 음운 규칙이 아니다. 그래서 학문문법에서는 '음절의 끝소리 규칙'으로 명명하는 것에 대해 비판적이다. 당연히 학문문법에서는 잘 쓰지 않는 용어이다.

불파의 결과로 음절말에서 실현될 수 있는 자음 /ㅂ, ㄷ, ㄱ/는 파열음 중에서 평음이다. /ㅍ, ㅌ, ㅋ/는 파열음 중에서 거센소리이고, /ㅃ, ㄸ, ㄲ/는 파열음 중에서 된소리이다. 그리고 /ㅅ, ㅆ/는 마찰음, /ㅈ, ㅊ, ㅉ/는 파찰음이다. 그러니까 불파가 일어나면, 결과적으로 파열음 중에서는 거센소리(/ㅍ, ㅌ, ㅋ/)와 경음(ㅃ, ㄸ, ㄲ/)이 평음인 /ㅂ, ㄷ, ㄱ/로, 그리고 마찰음(/ㅅ, ㅆ/)과 파찰음(/ㅈ, ㅊ, ㅉ/)은 평음의 파열음인 /ㄷ/로 바뀐다. 그래서 (1) ~ (2)를 평음의 파열음으로 바꾼다고 해서 평파열음화라고 하기도 한다. 파열음을 폐쇄음이라고도 한다고 하였는데, 그래서 평폐쇄음화라고도 한다. 또한 실현된 자음의 숫자에 초점을 맞춰 '7종성 (법칙)'이라고도 하고, 음절의 말음에서 일어난 현상이라는 데 초점을 맞춰 '말음 법칙'이라고도 한다. 달리 '받침 법칙'이라고 하기도 하는데, 받침 법칙은 표기에 초점이 맞춰진 용어로 음운론적인 용어로는 적절하지 않다.

음절의 끝소리 규칙은 음절말이 불파되는 국어의 특성 때문에 일어나는 현상이라고 하였다. 그러면 음절말이 외파되는 언어에서는 이러한 제약이 없는가? 물론 그렇다. 음절말 자음이 외파되는 언어 중에서 쉽게 접근할 수 있는 영어의 경우를 보자. 영어는 원칙적으로 음절말에 실현될 수 있는 자음의 제약이 없다.

(4) roof[ruːf], lunch[lʌntʃ], kiss[kɪs]

　　(4)에서 보듯이 영어에서는 음절말에 [f], [ʧ], [s]와 같은 자음도 올 수 있다. 또한 외파되기 때문에 음절말에 실현될 수 있는 자음의 개수도 2개 이상 가능하다. 아래 (5)에서 보듯이 종성에 [sk], [ft], [rk]와 같은 자음군이 실현될 수 있다.

(5) mask[mæsk], gift[gɪft], mark[mɑːrk]

　　하지만 음절말이 불파되는 국어는 종성에 올 수 있는 자음의 종류도 7개로 제약 될 뿐만 아니라, 종성에 올 수 있는 자음의 개수도 1개로 제약된다.

(6) ㉠ 여덟[여덜], 삶[삼], 넋[넉], 값[갑]
　　 ㉡ 읊다[읍따], 읽다[익따], 핥다[할따], 앉다[안따]

　　(6)은 '자음군 단순화'라고 부르는 음운 현상인데, 종성의 자음군은 뒤에 모음이 오지 않는 한 표면형에서 필수적으로 1개가 탈락하여 1개만 실현된다. 둘 중 어느 것이 탈락하느냐는 지역에 따라, 화자에 따라, 세대에 따라 다르긴 하지만,[7] 둘 중 하나가 탈락하는 것은 필수적이다. 즉 국어 화자라면 예외 없이 (6)처럼 자음 하나를

24

7　〈표준 발음법〉에서는 둘 중 이것이 탈락한 발음이 표준이라는 식으로 일일이 규정해 놓았다. 하지만 실제 일상의 언어에서는 〈표준 발음법〉에서 규정한 표 준 발음으로 발음하지 않는 경우가 많다.

탈락시킨다. '여덟이[여덜비], 삶이[살미]' 처럼 뒤에 모음이 오면, 자음군 중 하나가 후행하는 모음으로 연음되기 때문에 탈락하지 않는다.

　참고로 국어는 음절의 초성에도 자음이 1개밖에 오지 못하는 제약이 있다. 반면 영어를 비롯한 인구어에서는 'strike[straɪk]', 'sprite[spraɪt]' 처럼 음절의 초성에 자음이 3개까지도 올 수 있다. 영어에서 'strike', 'sprite'는 1음절어이다. 국어는 초성에 자음군이 올 수 없기 때문에 초성 자음군 'st'에 모음 /ㅡ/를 첨가하여 발음한다. 그리고 국어에는 하향 이중모음 /ay/가 없기 때문에 이를 2음절 '아이'로 발음한다. 그래서 '스트라이크', '스프라이트' 처럼 5음절어가 된다.

1.3. '괴'와 '궤'는 다른데 왜 발음이 같은가요?

한마디로 설명

    한글 자모도 소리를 나타내는 기호이지만, 소리와 기호의 대응이 1:1인 아닌 경우도 있다. 그래서 IPA[1]로 소리를 나타내면, 자모 'ㅚ'는 단모음 [ö]로 발음되기도 하고, 이중모음 [we]로 발음되기도 한다. 그리고 [we]라는 소리는 한글 자모 'ㅚ'로도 나타내지만 또 'ㅞ'로도 나타낸다. 그러니까 표기 '괴'의 소리는 [kö]이기도 하고, [kwe]이기도 하다. 그리고 '괴'의 'ㅚ'가 이중모음 [we]로 발음될 때는 표기 '궤'의 발음 [kwe]와 같다. 즉 '괴'의 발음도 [kwe]이고, '궤'의 발음도 [kwe]이다.

---

[1]   소리와 소리를 나타내는 기호를 1:1로 대응시키기 위해 세계의 언어학자들이 모여서 인위적으로 만든 기호 체계가 국제음성기호이다. International Phonetic Alphabet의 머리글자를 따서 IPA라고 한다. 그래서 언어보편적으로 소리를 정확히 나타내고자 할 때는 IPA를 사용한다.

자세히 설명

언어는 기호의 하나이다. 즉 기호 중에서 가장 고도로 체계화된 기호가 언어이다. 기호는 내용과 형식이 결합된 것이고, 이러한 내용과 형식의 결합은 자의적이다. 언어는 기호의 하나이니까 언어 역시 당연히 내용과 형식이 결합된 것이고, 이러한 결합은 자의적이다.

대부분의 국어학 개론서에서 내용은 의미를, 형식은 소리를 가리키는 것으로 설명하고 있다. 형태소 단위에서 내용은 의미가 맞다. 그리고 형식을 소리라고 하는 것은 음성 언어를 상정했을 때 그런 것이고, 문자 언어를 상정했을 때 형식은 표기가 된다.

언어 기호의 가장 작은 단위는 음운이다. 음운 단위에서도 내용과 형식의 결합을 말할 수 있는데, 음운 단위에서 내용은 소리 그 자체이고, 형식은 소리를 나타내는 기호이다. 국어는 소리를 나타내는 기호가 한글이니까, 한글 자모 하나 하나가 형식인 셈이다.

소리와, 소리를 나타내는 기호가 1:1로 대응하는 기호 체계가 가장 이상적이다. 하지만 지구상에 존재하는 어떤 문자도 소리와, 소리를 나타내는 기호가 1:1로 대응하지 않는다. 그래서 세계의 언어학자들이 모여 소리와, 소리를 나타내는 기호가 1:1이 되게 인위적으로 기호 체계를 만들게 된다. 그것이 IPA이다. 문자학에서 한글은 지구상에 존재하는 문자 중에서는 소리와, 소리를 나타내는 기호의 1:1 대응 비율이 가장 높은 문자로 알려져 있다. 그럼에도 불구하고 한글 자모 역시 소리와, 소리를 나타내는 기호의 대응이 1:1이 아닌 경우가 있다. 즉 하나의 소리가 두 개 이상의 자모에 대응하거나, 반대로 두 개 이상의 소리가 하나의 자모에 대응하는 경우가 있다.

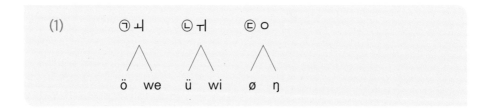

(1) ㉠ㅚ   ㉡ㅟ   ㉢ㅇ
     ∧   ∧   ∧
   ö we   ü wi   ø ŋ

(1㉠,㉡)은 하나의 자모가 둘 이상의 소리를 나타내는 경우이다. (1㉢)의 'ㅇ'은 '아이'처럼 음절초에 쓰일 때는 소리가 없는 형식 문자이고, '방'처럼 종성에 쓰일

때는 /ŋ/ 소리를 나타내는 기호이다. 그러니까 'ㅇ' 역시 내용과 형식이 1:1로 대응하지 않는 예에 해당한다.

이에 비해 (2)는 두 개의 기호가 동일한 소리를 나타내는 경우이다. 즉 내용은 하나인데 이를 나타내는 형식이 두 개인 경우이다.

한글 자모가 소리를 나타내는 형식의 하나이고, 소리와 자모의 결합이 자의적이기 때문에 시간이 흐르면서 한글 자모와, 해당 자모가 나타내는 소리의 결합이 변하기도 한다.

(3)	형식 = 기호 = 자모	내용 = 소리	
		중세국어	현대국어
㉠	ㅐ	ay	ɛ
㉡	ㅔ	əy	e
㉢	ㅚ	oy	ö 〉 we
㉣	ㅟ	uy	ü 〉 wi
㉤	ㅈ	ts	ʧ
㉥	ㅇ	소리 없음	ŋ
㉦	ㆁ (옛이응)	ŋ	문자 소멸

(3)에서 보듯이 자모와, 자모가 나타내는 소리가 중세국어에서 현대국어로 오면서 변한 것이 꽤 많다. 이렇듯 자모와, 자모가 나타내는 소리의 대응 관계가 변할 수 있는 것은 이 둘의 결합이 자의적이기 때문이다. (3㉠~㉥)은 형식은 그대로인데, 형식에 대응하는 내용 즉, 소리가 변한 경우이다. 특히 (3㉢)의 '괴'와 (3㉣)의 '귀'는 이에 대응하는 내용 즉, 소리가 또 다시 변화하고 있다.

(3㉙)은 내용인 소리 [ŋ]은 변하지 않았지만, 이와 결합한 형식 'ㆁ'이 소멸된 경우이다. 대개의 경우 기호가 소멸되면 내용도 소멸되는 경우가 많다. 중세국어에서 형식 'ㅿ', 'ㅸ'은 각각 [z], [β] 소리와 결합하고 있었는데, 형식 'ㅿ', 'ㅸ'의 소멸과 거의 동시에 내용 [z], [β] 역시 소멸되었다. 내용 [z], [β]의 소멸이라는 변화와, 이와 결합된 형식 'ㅿ', 'ㅸ'의 소멸이라는 변화 중 어느 것이 먼저 일어났는지를 증명하기는 어렵다. 다만 변화에서 내용과 형식이 상호 영향을 준다는 것은 명확하다. 즉 형식의 변화가 내용의 변화를 야기하기도 하고, 내용의 변화가 형식의 변화를 야기하기도 한다.

1.4. 도대체 '교체'는 뭐고 '대치'는 또 무엇인가요?

한마디로 설명

'교체'라는 용어가 두 가지 이상의 의미로 혼란스럽게 사용되기 때문에 자주 듣게 되는 질문이다. 2015 교육과정 『국어』, 『언어와 매체』 교과서에서 즉, 학교문법에서 '교체'는 '한 음운이 다른 음운으로 바뀌는 것'을 아울러 이르는 말의 의미로 사용하고 있다. 여기서 '교체'는 '비음화(비음동화), 유음화, 구개음화, 경음화(된소리되기), /i/ 모음 역행동화(움라우트), 원순모음화…' 등의 상위어이다. 이때의 교체는 첨가, 탈락, 축약과 같은 위계의 용어이고, 영어의 'substitution' 또는 'replacement'의 의미로 사용된 것이다.

그런데 학문문법에서 '교체'는 'alternation'의 번역어로 주로 사용되고, 'substitution', 'replacement'는 일반적으로 '대치'로 번역된다. 학교 현장에서 '교체'의 개념에 대한 혼란이 일어나게 되는 이유가 바로 이 지점이다. 'alternation'의 의미로서의 교체는 '음운 변동' 또는 '음운 현상'과 같은 의미이다. 즉 '교체 = 음운 변동 = 음운 현상'이다. 이때의 교체는 음운 변동과 같은 말이므로 학교문법에서의 'substitution'으로서의 '교체'와는 다른 개념이다. 'alternation'으로서의 '교체'는 학교문법의 '교체, 첨가, 탈락, 축약'의 상위어에 해당하는 개념이다.

자세히 설명

언어는 내용과 형식의 결합으로 이루어져 있고, 내용과 형식의 결합은 자의적이기 때문에 하나의 내용에 둘 이상의 형식이 결합하기도 하고, 반대로 눌 이상의 내용에 하나의 형식이 결합하기도 하는 것이 이상한 것은 아니다. 당장 음운 변동의 이름만 하더라도 '국물[궁물]'을 비음화라고도 하고 비음동화라고도 한다. 반대로

'아기 → 애기'와 '즐다 〉 질다'는 서로 다른 음운 현상인데 전설모음화라는 같은 명칭을 사용하기도 한다.[1] 대개 '아기 → 애기'는 '/i/ 모음 역행동화(움라우트)'로, '즐다 〉 질다'는 전설모음화로 구분하기는 한다. 조금은 혼란스럽기는 하지만, 내용과 형식이 1:1로 대응되지 않더라도 내용과 이에 결합된 형식이 무엇인지를 파악하는 데 크게 문제는 없다.

그런데 번역어의 경우에는 조금 상황이 다르다. 하나의 원어에 번역어가 둘 이상이면 상당히 혼란스러울 수밖에 없다. 번역어 '교체'는 'alternation'의 의미로도 사용되고, 또한 'substitution' 또는 'replacement'의 의미로도 사용된다. 또한 'substitution'의 번역어로는 '교체' 외에 '대치'도 있다. 이를 정리하면 (1)과 같다.

(1)

영어	번역어
substitution	교체 또는 대치
replacement	
alternation	교체

(1)에서 보듯이 '교체'가 무엇인지 헷갈리게 되는 이유 중에는 번역어로서의 '교체'가 원어와 1:1로 대응하지 않기 때문이다. 그래서 '교체'라는 용어는 (2)처럼 두 가지 의미로 혼용되고 있는 게 현실이다.

---

[1] /i/ 모음 역행동화(움라우트)와 전설모음화에 대해서는 『문법학고 싶은 문법』
☞5.8. 움라우트와 전설모음화는 같은 것인가요? 참조.

(2) ㉠ 'substitution' 또는 'replacement'의 의미. 한 음운이 다른 음운으로
      바뀌는 현상을 가리킴. 2015 교육과정 『언어와 매체』 5종 교과서 및 일
      부 학문문법에서 사용됨.
      ㉡ 'alternation'의 의미로 음운 변동과 같은 의미.

'교체'가 (2㉠)의 의미로 사용될 때와 (2㉡)의 의미로 사용될 때의 분류의 양상을
보면 이해가 더 편할 것이다.

(3) ㉠ (2㉠)의 의미로 교체(substitution 또는 replacement)를 사용할 때[2]

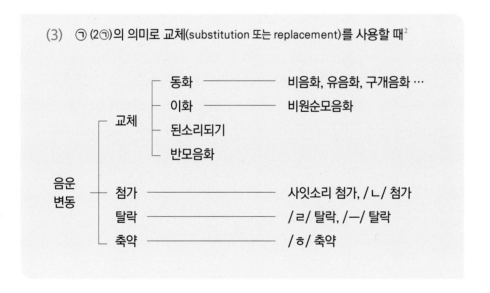

2   비원순모음화는 원순모음화가 되어 있는 상태에서 원순모음화가 해제되는 상
    태로 바뀌는 것을 말한다. 통시적으로 '봊나무 〉 벗나무', '몬져 〉 먼저'가 비
    원순모음화의 예이다. '벗나무', '먼저'는 비원순모음화가 적용된 형태로 어간
    이 재구조화된 예들이다. 현대국어에서는 일부 방언에서 '보리 → 버리, 본래
    → 번래'와 같은 비원순모음화가 나타난다.

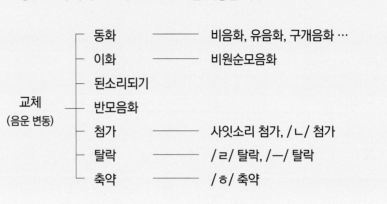

ⓛ (2ⓛ)의 의미로 교체(alternation)를 사용할 때

교체 (음운 변동)	동화 ——— 비음화, 유음화, 구개음화 …
	이화 ——— 비원순모음화
	된소리되기
	반모음화
	첨가 ——— 사잇소리 첨가, /ㄴ/ 첨가
	탈락 ——— /ㄹ/ 탈락, /ㅡ/ 탈락
	축약 ——— /ㅎ/ 축약

가장 말단의 '비음화'를 예를 들어 (3ⓐ)과 (3ⓛ)의 차이를 비교해 보자. (3ⓐ)에서 '비음화'는 '음운 변동' 중에서 교체이고, 교체 중에서는 동화이며, 동화 중에서 비음화로 분류된다(음운 변동 — 교체 — 동화 — 비음화). 이에 비해 (3ⓛ)에서 '비음화'는 '교체' 중에서 동화이며, 동화 중에서 비음화로 분류된다(교체 — 동화 — 비음화).

그런데 2002년 『문법』, 그리고 2009년 지학사 『독서와 문법』에서 '교체'는 또 다른 의미인 (4)의 의미로도 사용하고 있다. 이 영향으로 '교체'를 (4)와 같이 이해하고 있는 경우도 있는데, (4)는 '교체'라는 용어를 가장 이상하게 사용한 경우이므로 주의해야 한다.

(4) 교체: 음절의 끝소리 규칙(7종성)과 자음군 단순화의 상위어.

지금까지 살펴본 것처럼 '교체'라는 용어가 이처럼 혼란스럽게 사용되고 있기 때문에 어느 개론서로 공부했느냐, 그리고 어느 교과서로 수업을 했느냐에 따라 '교체'의 개념을 달리 이해하고 있기도 하다.

2011 교육과정, 2015 교육과정 교과서에서는 그나마 용어 자체는 '음운 변동'을 상위어에 두고 하위어에 '교체, 첨가, 탈락, 축약'으로 통일되기는 하였다. 이때의 교체는 앞에서 설명한 것처럼 'substitution'의 의미로서의 교체이다. 하지만 학문문법에서는 '교체'를 (2ⓒ)의 'alternation'의 의미로 주로 사용하고 있기 때문에 여전히 학문문법과 괴리되는 면이 있다.

참고로 2002년 국정 교과서 『문법』에서부터 2009, 2011 『독서와 문법』, 그리고 2015 교육과정 『언어와 매체』에 이르기까지, 음운 변동의 분류에서 사용된 용어를 표로 정리하면 다음과 같다.

(5) 『문법』(2002년)

국정	음운 변동 유형
『문법』(2002년)	교체, 동화, 첨가, 탈락, 축약

(6) 『독서와 문법 I』(4종) - 2009 교육과정

검정	음운 변동 유형
〈미래엔〉	대치, 첨가, 탈락, 축약
〈비상〉	대치, 첨가, 탈락, 축약
〈천재〉	교체, 첨가, 탈락, 축약
〈지학사〉	교체, 동화, 첨가, 탈락, 축약

(5)의 『문법』(2002년)과 (6)의 〈지학사〉에서 '교체'가 바로 (4)의 의미 즉, '음절의 끝소리 규칙(7종성)과 자음군 단순화'를 아우르는 의미로 사용된 것이다. 그리고 (6)에서 〈미래엔〉, 〈비상〉의 '대치'는 〈천재〉에서의 '교체'와 용어만 다를 뿐 그 내용

은 같다. 즉 'substitution' 또는 'replacement'의 번역어로 〈미래엔〉과 〈비상〉은 '대치'를, 〈천재〉는 '교체'를 선택한 것뿐이다.

(7) 『독서와 문법』(6종) – 2011 교육과정

교과서	음운 변동 유형
〈교학사〉, 〈미래엔〉, 〈비상〉, 〈지학사〉, 〈창비〉, 〈천재〉	교체, 첨가, 탈락, 축약

(8) 『언어와 매체』(5종) – 2015 교육과정

교과서	음운 변동 유형
〈미래엔〉, 〈비상〉, 〈지학사〉, 〈창비〉, 〈천재〉	교체, 첨가, 탈락, 축약

(7), (8)에서의 '교체'는 (3㉠)의 의미 즉, 'substitution' 또는 'replacement'의 의미로 사용된 것이다.

'교체'는 음운론에서도 사용되지만, 형태론에서도 사용된다. 음운론에서의 교체와 형태론에서의 교체가 또 정확히 일치하지 않는다. 그래서 더 혼란스러워 하기도 한다. 형태론에서의 '교체'는 기본적으로 (2㉡)의 교체 즉 'alternation'의 의미이다. 그렇지만 음운론에서 'alternation'의 의미로서의 '교체'와 약간의 차이가 있다.

먼저 형태론에서의 교체의 분류부터 살펴보자. (9)는 Hockett(1958)에서의 교체의 분류인데, 학교문법에서의 교체의 분류 역시 (9)를 준용하고 있다. (9)에서 교체가 일어난 교체형이 곧 이형태이다.

(9) ㉠ 음운론적으로 조건된 교체 : 형태론적으로 조건된 교체

㉡ 규칙적 교체 : 불규칙적 교체

㉢ 자동적 교체 : 비자동적 교체

(9㉠~㉢)의 예를 하나씩만 들어서 설명하면 다음과 같다.

(10) 산-이, 하늘-이 : 배-가, 바다-가

(11) 국물[궁물]

(12) 하여라 / 해라

(10)은 선행하는 체언 어간이 자음으로 끝나느냐 모음으로 끝나느냐에 따른 교체이므로 조건 환경이 음운론적으로 조건된 교체이고, 동일한 조건에서 항상 동일한 교체가 일어나므로 규칙적인 교체이다. 그러나 [배가], [산이]로만 발음이 가능하고 [배이], [산가]의 발음이 불가능해서 일어나는 교체가 아니므로 비자동적 교체이다. 이에 비해 (11)의 비음화는 음운론적으로 조건된 교체이면서, 비음 앞에서 항상 / ㅂ, ㄷ, ㄱ/가 비음화되므로 규칙적인 교체이면서, 국어 화자라면 누구나 *[국물]이라고 발음할 수는 없고 항상 [궁물]이라고 발음할 수밖에 없기 때문에 자동적 교체이다.[3] 자동적/비자동적 교체의 구분은 발음 구조의 압력에 의해 그렇게 발음

---

3   의식적으로 한 음절씩 끊어 읽어서 [국][물]이라고 할 수는 있지만, 이는 '국물'을 발음한 것이 아니라 단지 '국물'을 한 음절씩 끊어 읽은 것에 지나지 않

할 수밖에 없기 때문에 일어난 교체이냐 아니냐에 의한 것이다. 마지막으로 (12)는 어미 '-아/어라'가 결합했을 때의 이형태인데, 이는 동사 '하-' 뒤에서만 나타나는 교체이므로 음운론적으로 조건된 교체도 아니고, 규칙적이지도 않고, 자동적이지도 않은 교체이다.

형태론에서의 교체의 분류인 (9)에서의 교체는 음운론적인 교체와 이형태 교체를 포괄하는 의미로서의 교체이다. 그래서 (9)의 분류에서는 교체(alternation)가 맞지만, 음운론적으로는 교체(alternation)가 아닌 경우가 있다. (10), (12)가 바로 이러한 경우이다.

(10)에서 주격 조사 '이'와 '가'는 음운론적으로 조건된 교체이면서 규칙적 교체이고, 비자동적 교체이다. '이'와 '가'는 의미는 같으면서 분포가 상보적이므로 이형태이다. 그런데 '이'에서 음운 변동이 일어나서 '가'가 된다거나, 반대로 '가'에서 음운 변동이 일어나서 '이'가 된 것은 아니다. 즉 이형태(교체형) '이'와 '가'는 음운론적인 조건 환경에 따른 이형태 교체이긴 하지만, 음운론적으로 '이'와 '가'의 관계는 교체가 아니다. 단지 체언 어간이 자음으로 끝나면 '이'가 선택되고, 체언 어간이 모음으로 끝나면 '가'가 선택되는 것이다. 목적격 조사 '을 ~ 를'의 교체, 보조사 '은 ~ 는'의 교체도 마찬가지이다. 형태론적으로는 이형태 선택 교체이지만, 음운론적으로 이들 이형태의 관계는 공시적인 교체가 아니다.

(12)에서 '하여라', '해라'의 어미 역시 명령형 어미 '-아/어라'가 음운 변동을 일으켜 된 것이 아니다.[4] 즉 '하여라', '해라'에서의 명령형 어미의 이형태는 공시적으로 '-아/어라'와 전혀 관계가 없다. 그래서 (12) 역시 형태론적으로는 이형태 교체이

는다. 그래서 이러한 발음은 음운론 연구의 대상으로 삼지 않는다.

4 '해라'는 어간과 어미로 분석하는 것조차 어렵다. 그래서 '해라'를 '어간 어미 불규칙'이라고도 하는데, 이에 대한 자세한 설명은 『문법하고 싶은 문법』 ☞ 2.19. 불규칙은 왜 불규칙이고 불규칙에는 어떤 것들이 있나요? 참조.

지만, 음운론적으로는 교체가 아니다.

정리하면, 음운론에서의 '교체'는 음운론적인 교체만을 의미한다. 이에 비해 형태론에서의 '교체'는 음운론적인 교체에 더하여, (10), (12)와 같은 이형태 교체를 포괄하는 의미로서의 교체이다. 음운론에서는 (10), (12)를 교체로 다루지 않는다.

'선릉'은 왜 [선능], [설릉] 두 가지 모두로 발음되나요?

음운 변동이 꼭 한 가지 방식으로만 일어나야 하는 것은 아니다. 음운 변동이 일어나는 이유는 크게 두 가지인데, 하나는 구조적인 제약을 해소하기 위해서, 다른 하나는 발음의 경제성을 추구하는 것이다. 발음의 경제성은 발음을 하는 데 드는 노력을 최소화하려는 경향을 말하는데, 발음을 쉽고 편하게 하려는 경향도 발음의 경제성에 해당한다.

구조적인 제약을 해소하기 위해서든 발음의 경제성을 추구한 것이든 음운 변동이 꼭 단일한 방식으로만 일어나야 하는 것은 아니다. 그 방식이 한 가지밖에 없다면 한 가지 방식의 음운 변동만 일어난다. 하지만 그 방식이 복수라면, 복수의 방식으로 음운 변동이 일어나기도 한다. '선릉'이 바로 이러한 경우이다. '선릉'을 [선릉]으로 발음하는 것보다는 유음동화를 적용한 [설릉]과 후행하는 /ㄹ/을 /ㄴ/으로 바꾸어서 발음하는 [선능]이 발음하기가 더 편하다. 즉 '선릉'을 편하게 발음하는 방식은 한 가지가 아니라 두 가지가 가능하다. 그래서 화자에 따라서 [설릉]으로 발음하기도 하고, [선능]으로 발음하기도 한다. 참고로 표준 발음은 [설릉]이다.

발음의 경제성을 추구하는 대표적인 음운 변동이 동화이다. '첨가, 축약'도 큰 틀에서 보면 발음의 경제성 추구라는 틀 안에서 해석될 수 있다. 다만 발음의 경제성 추구는 의미 변별을 손상시키지 않는 범위 안에서 일어나는 것이 일반적이다.

음운 변동 중에는 동일한 조건 환경에서 예외 없이 항상 동일한 음운 변동이 일어나는 경우가 있는가 하면, 동일한 조건 환경에서 두 가지 이상의 방식으로 음운 변동이 일어나는 경우도 있다. 학교문법에서 다루고 있는 음운 변동 중에는 많은 경우가 전자에 해당하지만, 후자의 경우도 있다.

(1)　　ⓐ 잎 → [입]

낮 → [낟]

밖 → [박]

ⓑ 국가 → [국까]

잡다 → [잡따]

ⓒ 국민 → [궁민]

밥맛 → [밤맏]

ⓓ 달나라 → [달라라]

달님[달림]

ⓔ 놓다 → [노타]

축하 → [추카]

(2)　　ⓐ 여덟 → [여덜 ~ 여덥]

밟다 → [발따 ~ 밥따]

ⓑ 선릉 → [설릉 ~ 선능]

음운론 → [으물론 ~ 으문논]

ⓒ 기어/ki-ə/ → 겨:[kyə:] ~ 기여[kiyə]

보아라/po-ala/ → 봐:라[pwaːra] ~ 보와라[powara]

41

(1)은 예외 없이 항상 조건 환경이 주어지면 동일한 음운 변동이 일어난다. (1ⓐ)은 음절말 자음의 불파로 인한 음절의 끝소리 규칙, (1ⓑ)은 음절말 자음의 불파에

이은 경음화, (1ⓒ)은 비음동화, (1ⓔ)은 순행 유음동화, (1ⓜ)은 /ㅎ/ 축약이다.

이에 반해 (2)는 동일한 조건 환경에서 두 가지 서로 다른 방식의 음운 변동이 일어난다. (2ⓐ)은 어간말 자음군 단순화인데, 자음군 C1C2 중에서 탈락하는 자음이 C1인 표면형과 C2인 표면형이 공존한다. (2ⓑ)은 역행 유음동화된 표면형과 '/ㄹ/ → /ㄴ/' 교체가 적용된 표면형이 공존한다. (2ⓒ)은 반모음화된 표면형과 활음 첨가된 표면형이 공존한다.

앞의 [한마디로 설명]에서 음운 변동이 일어나는 이유 두 가지를 말했는데, 첫째는 구조적인 제약을 해소하기 위해서, 둘째는 발음의 경제성 추구이다. 그런데 구조적인 제약을 해소하는 경우에도 그 방식이 한 가지밖에 없으면 단일한 방식으로 음운 변동이 일어나지만, 그 방식이 복수이면 복수의 방식으로 일어난다. 발음의 경제성을 추구한 음운 변동 역시 마찬가지이다. 발음을 편하게 하거나 발음에 드는 노력을 최소화하는 방식이 한 가지밖에 없다면 단일한 방식으로 음운 변동이 일어나지만, 그 방식이 복수이면 복수의 방식으로 일어난다. 그럼 각각의 경우에 대해 하나씩 살펴보기로 하자.

먼저 구조적인 제약을 해소하기 위해 일어나는 음운 변동의 예이다. (1ⓐ)과 (2ⓐ)은 국어의 음절구조제약을 해소하기 위해 일어나는 음운 변동이다. 국어의 음절구조제약에는 크게 두 가지가 있다. 첫째는 음절말(종성) 자음이 불파된다는 것이고, 둘째는 음절초(초성)와 음절말(종성)에 최대 1개의 자음밖에 실현될 수 없다는 것이다. 첫째로 인한 음운 변동이 (1ⓐ)이고, 둘째로 인한 음운 변동이 (2ⓐ)이다. 설명의 편의를 위해 (3)에 다시 가져온다.

(3)   ㉠ 잎 → [입]
       낮 → [낟]
       밖 → [박]

ⓒ 여덟 → [여덜 ~ 여덥]

　밟다 → [발따 ~ 밥따]

　(3ⓐ)은 음절의 끝소리 규칙이 적용된 것으로. 불파의 결과 음절말 /ㅂ, ㅍ, ㅃ/는 항상 [ㅂ]로, 음절말 /ㄱ, ㅋ, ㄲ/는 항상 [ㄱ]로, 음절말 /ㄷ, ㅌ, ㄸ, ㅅ, ㅆ, ㅈ, ㅊ, ㅉ/는 항상 [ㄷ]로 실현된다. 그래서 구조적인 제약을 해소하는 방식이 단일하다.

　이에 반해 (3ⓒ)은 음절말에 최대 1개의 자음밖에 올 수 없는 구조적인 제약을 해소하기 위해 일어나는 음운 변동(자음군 단순화)인데, 이 제약을 해소하는 방식은 두 개의 자음 중 하나를 탈락시키기만 하면 된다. 두 개의 자음 중 어느 것을 탈락시키느냐는 이 제약과 직접적으로 관련이 없다. 그렇기 때문에 두 개의 자음 C1C2 중 화자에 따라서는 C1을 탈락시키기도 하고, C2를 탈락시키기도 하는 것이다.

　〈표준 발음법〉에서는 C1C2 중 어떤 자음이 탈락한 발음이 표준 발음이라는 식으로 일일이 지정해 주는데, 이는 그것이 올바른 발음이어서 표준 발음이 아니라 자의적으로 어느 하나를 지정해 준 것뿐이다. 즉 복수의 발음 중 하나만을 표준으로 지정하고 그 발음을 언중들에게 강제하는 방식이다. 그래서 그것이 표준 발음인 이유가 있어서 표준 발음이 아니라, 그냥 이것을 표준 발음으로 하자고 임의적으로 정한 것이다. 표준 발음도 실재하는 발음 중의 하나이긴 하지만, 현실 발음과 차이가 나는 이유가 바로 여기에 있다.

　(3ⓐ)과 (3ⓒ)에서 확인했듯이 동일하게 구조적인 제약을 해소하기 위해 일어나는 음운 변동이어도, 구조적인 제약을 해소하는 양상이 다를 수 있다. 그 양상이 (3ⓐ)처럼 단일한 방식으로 일어날 수도 있고, (3ⓒ)처럼 복수의 방식으로 일어날 수도 있다.

　다음으로 발음의 경제성을 추구한 음운 변동에 대해서 살펴보자. 이 경우에도 한 가지 방식밖에 없는 경우는 단일한 방식으로 음운 변동이 일어나지만, 복수의 방식이 있을 때는 복수의 방식으로 음운 변동이 일어난다. 발음의 경제성을 추구하는 대표적인 음운 변동이 동화이다(비음동화, 유음동화, 구개음화, 움라우트, 양순음화, 연구개음화 등). 첨가, 축약도 큰 틀에서는 발음의 경제성 추구라는 범주 안에서 해석될 수 있다. 탈락도 (3ⓒ)처럼 음절구조제약에 의한 자음군 단순화를 제외하면 역시 발음의 경제성 추구 안에서 해석될 수 있다.

(4)   ⓐ 달나라 → [달라라]

         달님 → [달림]

      ⓑ 선릉 → [설릉 ~ 선능]

         음운론 → [으물론 ~ 으문논]

유음동화 중에도 (4ⓐ)처럼 순행 유음동화는 단일한 방식으로만 일어난다. 이에 비해 (4ⓑ)의 역행 유음동화의 환경에서는 유음동화가 일어나기도 하지만, 후행하는 /ㄹ/을 /ㄴ/으로 바꾸어서 발음하는 음운 변동이 일어나기도 한다. 어찌 되었건 '선릉'을 음운 변동 없이 [선릉]으로 발음하는 것보다는 [설릉], [선능]이 더 편한 발음이다. 편하다는 것은 화자에 따라서 다를 수 있으므로 어느 발음을 선호하느냐는 화자에 따라 다르다.

〈표준 발음법〉은 (4ⓒ)처럼 복수의 발음이 공존할 때 어느 하나의 발음만 표준으로 정하는 경우가 많다. 경우에 따라서는 복수의 발음을 모두 인정하기도 한다. '피어'를 [피어]라고 발음하기도 하고, /y/가 첨가된 [피여]라고 발음하기도 하는데, 이 경우는 [피어]와 [피여] 둘 다를 표준 발음으로 인정하였다. 반복되는 말이지만 [설릉]과 [선능] 중 어느 것이 표준 발음이어야 할 이유가 있어서 표준 발음인 것은 아니고, 국어학자들이 모여서 둘 중에서 [설릉]을 표준 발음으로 하자고 그냥 정한 것뿐이다. [선능]이 표준 발음이 되어서는 안 될 이유가 있어서 표준 발음이 안 된 것도 아니고, [설릉]이 표준 발음이 되어야 할 이유가 있어서 표준 발음이 된 것도 아니다. '음운론'의 표준 발음은 유음동화된 [으물론]이 아니라 [으문논]인데, 이를 통해서도 표준 발음이 임의적이라는 것을 이해하는 데 중분할 것이다.

참고로 (4)의 유음동화에 대해 언어학적으로 원리화하여 설명하려는 시도도 있

45

다. 공명도 원리와 강도 원리가 그것이다.[1] 공명도 원리는 선행 음절 종성의 공명도
가 후행 음절 초성의 공명도보다 크거나 같아야 한다는 것이다. '선릉'의 경우 선행
음절 종성 /ㄴ/의 공명도가 후행 음절 초성 /ㄹ/의 공명도보다 낮다. 그래서 [설릉]
은 선행 음절 종성 /ㄴ/을 /ㄹ/로 바꿈으로써 즉, 선행 음절 종성의 공명도를 높여
서 공명도 원리를 준수하게 된다. 이에 비해 [선능]은 후행 음절 초성 /ㄹ/의 공명
도를 낮춤으로써 공명도 원리를 준수한다. 이처럼 공명도 원리를 준수하는 방식이
복수이기 때문에 복수의 방식으로 나타난다.

공명도 원리로 비음동화를 설명하면 다음과 같다. '국물'의 경우 선행 음절 종성
/ㄱ/의 공명도가 후행 음절 초성 /ㅁ/의 공명도보다 낮다. 그래서 /ㄱ/을 비음 /
ㅇ/으로 바꿈으로써 공명도 원리를 준수하게 된다.

공명도 대신 강도로 설명하기도 하는데, 강도 원리는 '후행 음절 초성의 강도가
선행 음절 종성의 강도보다 크거나 같아야 한다.'는 것이다. 강도 역시 학자에 따
라 약간의 차이는 있지만, 강도 위계는 공명도 위계의 역순이다. 즉 파열음의 강도
가 가장 크고, 저모음의 강도가 가장 약하다. 국어는 파열음에 예사소리, 된소리, 거
센소리 3종류가 있는데, 이 중에서 된소리의 강도가 예사소리의 강도보다 크다(된소
리〉예사소리). 거센소리도 예사소리보다 강도가 크다. 그런데 된소리와 거센소리 중
어느 것이 더 강도가 큰지는 말하기 어렵다. 이에 따르면 '선릉'의 경우 후행 음절
초성 /ㄹ/의 강도가 선행 음절 종성 /ㄴ/의 강도보다 약하기 때문에 선행 음절 종
성의 강도를 낮추어 강도 원리를 준수하게 된다. 비음동화 역시 평행하다,

공명도 원리나, 강도 원리가 모든 음운 변동을 설명할 수 있는 것은 아니다. 여

---

1   공명도 위계는 학자에 따라 약간의 차이는 있지만, 대체로 일치한다. 아래는
     Hall(2004)의 공명도 위계이다.

| 저모음 | > | 중모음 | > | 고모음 | > | 활음 | > | r | > | l | > | 비음 | > | 마찰음 | > | 파열음 |

기서는 단지 음운 변동을 개별적으로 설명하는 것에서 나아가, 이들 음운 변동이 일어나는 상위의 기제를 찾는 연구가 있다는 것을 말하는 차원에서 공명도 원리, 강도 원리를 소개한 것뿐이다.

(5)는 동일한 조건 환경에서 반모음화가 일어나기도 하고, 반모음 첨가가 일어나기도 하는 경우이다. 물론 낭독체 발화와 같은 격식적인 발음에서는 반모음화나 반모음 첨가 없이 기저형 그대로 발음하기도 한다.

(5) ㉠ 기어/ki-ə/ → 겨:[kyə:] ~ 기여[kiyə] ~ 기어[kiə]
    ㉡ 보아라/po-ala/ → 봐:라[pwaːra] ~ 보와라[powara] ~ 보아라
      [poara]

지금까지 살펴본 (3㉡)의 어간말 자음군 단순화, 그리고 (4㉡), (5)는 동일한 조건 환경에서 복수의 방식으로 음운 변동이 일어나는 경우이다. 이와 달리 동일한 조건 환경에서 음운 변동이 일어나지 않기도 하고, 일어나기도 하는 경우도 있다.

(6) ㉠ 안개 → [안개 ~ 앙개]
      감기 → [감기 ~ 강기]
    ㉡ 신발 → [신발 ~ 심발]

(7) 색연필 → [생년필 ~ 새견필]
    꽃이름 → [꼰니름 ~ 꼬디름]

(6)은 위치동화의 예인데, 동화되는 자음의 조음위치에 따라 (6㉠)은 연구개음화,

47

(6ⓛ)은 양순음화로 구별하기도 한다. 아무튼 (6)에서 보면 위치동화가 일어나지 않은 발음과, 위치동화된 발음이 공존한다. (7)에서도 /ㄴ/ 첨가가 일어난 발음과, /ㄴ/ 첨가가 일어나지 않은 발음이 공존한다. 즉 위치동화, /ㄴ/ 첨가는 동일한 조건 환경에서 일어나지 않기도 하고, 일어나기도 한다. 이러한 적용을 수의적 적용이라고 하고, 이러한 규칙을 수의적 규칙이라고 한다.

〈표준 발음법〉은 (6), (7)에서 하나만 표준 발음으로 인정한다. (6)에서는 위치동화가 일어나지 않는 [안개], [감기], [신발]을 표준 발음으로, (7)에서는 /ㄴ/ 첨가가 일어난 [생년필], [꼰니름]을 표준 발음으로 정하였다. 앞서도 얘기했듯이 그것이 표준 발음이어야 할 이유가 있어서 표준 발음인 것은 아니다. 그냥 임의적으로 이것은 표준 발음이고 저것은 표준 발음이 아니라고 정한 것뿐이다.

1.6. 왜 '잣을'은 [자슬]로 발음하고, '잣알'은 [자달]로 발음하나요?

한마디로 설명

'잣을'과 '잣알' 모두 음운론적으로는 뒤에 모음으로 시작하는 음절이 왔다는 점에서는 같다. 그런데 '잣을'에서는 '잣'의 종성 /ㅅ/을 바로 연음하여 [자슬]로 발음하는데 비해 '잣알'은 음절말 불파를 먼저 적용한 후에 연음하여 [자달][1]로 발음한다. 즉 '잣'에 음절말 불파(음절의 끝소리 규칙)가 먼저 적용되어 [잗]이 되고 난 후에 연음이 되어 [자달]이 된다(/잣알/ → 잗알 → [자달]).

이 둘의 차이는 '잣+을'과 '잣+알'의 경계의 성격에 있다. '잣+을'에서 '을'은 문법 형태소이면서 의존 형태소인 반면, '잣+알'에서 '알'은 자립 형태소 즉 단어이다. 이처럼 뒤에 오는 요소의 성격이 조사나 어미와 같은 문법 형태소일 때는 음절말 불파가 일어나기 전에 연음이 먼저 일어나고, 뒤에 단어가 올 때는 음절말 불파가 먼저 일어나 후에 연음이 된다.

그러면 이제 같은 '낱'인데 왜 '낱으로[나트로]'와 '낱알[나달]'의 발음이 다른지도 스스로 설명할 수 있을 것이다.

자세히 설명

음운론적으로는 동일한 조건 환경인데, 음운 현상이 다르게 적용되는 경우도 있고, 또 음운 현상이 적용되기도 하고 안 되기도 하는 경우도 있다. 이러한 경우는 음

49

---

1   표준 발음은 장음이 있는 [자:달]이다. 여기서는 음장은 굳이 표시하지 않는다.

운 변동이 음운론적인 조건에 더하여 형태·통사론적인 조건이 더해지는 조건에서 일어날 때 주로 발생한다. 음운 변동에 따라서는 순수하게 음운론적인 조건만 충족되면 일어나는 것도 있지만, 음운론적인 조건에 더하여 형태·통사론적인 조건까지 충족되어야 일어나는 것도 있다.

음운론적인 조건에 더하여 형태·통사론적인 조건이 충족되어야 음운 변동이 일어나는 대표적인 예가 '용언 어간말 비음 뒤 경음화'이다.

(1)	㉮	㉯
㉠	안개[안개], 논개[논개]	(아이를) 안고[안꼬], 안지[안찌]
㉡	감기[감기], 암기[암기]	(머리를) 감고[감꼬], 감지[감찌]

(1㉮)와 (1㉯)는 비음 /ㄴ, ㅁ/ 뒤에 평음이 온 경우로 음운론적으로는 동일한 조건 환경이다. 그런데 (1㉮)에서는 경음화가 일어나지 않는데 반해, (1㉯)에서는 경음화가 일어난다. 이러한 차이를 유발하는 것은 (㉯)의 경음화가 비음 뒤에서 일어나는 경음화가 아니라, 그 비음이 용언 어간의 말자음 비음이어야 하는 조건에서 일어나는 것이기 때문이다. 이처럼 (1㉯)의 경음화는 '용언 어간말의 자음이 비음일 때'라는 형태·통사론적인 조건이 충족될 때 일어나고, 이러한 조건 하에서는 예외 없이 일어난다. (1㉮)는 이러한 조건이 충족되지 않았기 때문에 경음화가 일어나지 않는다.

그러면 (2), (3)을 들어서 이러한 조건이 충족되지 않아도 경음화가 일어나는 것 아니냐고 반문할 수 있다.

(2) 민법[민뻡], 삼권[삼꿘]

(3) ㉠ 안방[안빵], 산불[산뿔]
㉡ 밤길[밤낄], 잠기운[잠끼운]

⑵는 한자어에서 일어나는 산발적인 경음화인데, 특정 조건에서 일어나는 경음화가 아니라 한자의 특성과 관련된 것이다. 특정 한자는 한자어의 후행 요소일 때 항상 경음화되는 경향이 있는데, '법(法)', '권(權)'도 이러한 한자의 하나이다. '상법(商法)[상뻡], 세법(稅法)[세뻡]', '이권(利權)[이꿘], 기권(棄權)[기꿘]'에서 보듯이 이때의 경음화는 음운론적 조건과 특별히 상관이 없다는 것을 알 수 있다. '문과(文科)[문꽈], 이과(理科)[이꽈]'처럼 '과(科)'도 이러한 한자 중의 하나이다.

⑶은 비음 뒤 경음화의 예가 아니라 합성어에서 일어나는 사잇소리 첨가에 의한 경음화이므로 ⑴의 설명에 대한 반증 예가 되지 않는다. 사잇소리 첨가 현상 역시 순수 음운론적인 조건에서 일어나는 음운 현상이 아니다. 우선 합성어라는 형태론적이 조건이 충족되어야만 일어나는 음운 현상이고, 여기에 더하여 선후행 요소가 '시간·장소·소유·기원·용도'의 의미 관계일 때라는 의미론적 조건까지 충족되어야 일어나는 음운 현상이다.[2]

[질문]의 '잣을[자슬]'과 '잣알[자달]'은 음운론적인 조건이 같으므로, '잣을[자슬]'과 '잣알[자달]'의 차이를 유발하는 것은 다른 조건이다. 여기서 다른 조건이라고 하는 것은 바로 선후행 요소의 경계 즉, 형태론적으로 '잣+을'과 '잣+알' 두 경계의 성격이 다른 것을 이른다.

2 사잇소리 첨가에 대한 자세한 설명은 『문법하고 싶은 문법』 ☞1.4. '예삿일[예산닐]'은 사잇소리 현상인가요, /ㄴ/ 첨가인가요? 참조.

(4)

	㉮	㉯
㉠	잣이[자시], 잣을[자슬]	잣알[자달]
	맛이[마시], 맛을[마슬]	맛없다[마덥따]
㉡	낱으로[나트로]	낱알[나달]
	끝이[끄치], 끝을[끄틀]	끝없다[끄덥따]

학교문법에서 조사는 9품사의 하나이다. 품사는 단어의 갈래이므로 정의상 조사가 9품사의 하나라는 것은 단어임을 전제한다. 그러나 이는 학교문법의 품사 분류에서 그런 것이고, 실제 조사는 9품사의 나머지 단어들과 달리 의존 형태소이고, 문법 형태소이다. 또한 새로운 단어를 만드는 기능도 없다. 조사의 이러한 특성은 형태론적인 차원에서는 단어로 볼 수 없게 한다.[3]

그래서 '체언 어간+조사'의 경계는 '용언 어간+어미'의 경계와 함께 '형태소 경계'로 정의한다. 그리고 합성어의 경계 즉, '어근+어근'의 경계는 '단어 경계'라고 한다. '어근+접사'의 파생어 경계는 접사가 단어가 아니기 때문에 형태소 경계이다. 이러한 정의에 입각해서 보면, (4㉮)의 경계는 형태소 경계이고, (4㉯)의 경계는 단어 경계이다. 형태소 경계와 단어 경계를 서로 다른 기호로 구분하기도 하는데, 그럴 경우 형태소 경계는 '+'로(잣+이), 단어 경계는 '#'으로(잣#알) 구분하여 나타낸다.

(4)는 연음과 음절말 불파라는 두 음운 현상의 적용 순서와 관련되어 있다. 정리하면 형태소 경계에서는 연음이 먼저 일어나고, 단어 경계에서는 음절말 불파가 연

---

3 조사의 특성에 대한 자세한 설명은 『문법하고 싶은 문법』 ☞2.15. 조사가 단어인데 왜 조사가 결합한 단어는 없나요? 참조.

음보다 먼저 일어난 후 연음이 일어난다.

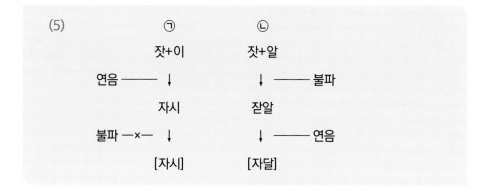

즉 형태소 경계에서는 (5㉠)에서 보듯이 '연음 → 음절말 불파'의 순서로 적용되는데, 연음이 되고 나면 음절말 불파는 적용될 조건이 소멸되었기 때문에 그냥 지나가게 된다. 이를 적용되지 않은 채 지나갔다는 의미에서 '공전 적용'되었다고 한다. 이에 비해 단어 경계에서는 (5㉡)에서 보듯이 '음절말 불파 → 연음'의 순서로 적용되어서 최종 표면형이 [자달]이 된다.

합성어 '잣알[자달]'처럼 두 구성 요소의 경계가 단어 경계일 때는 불파되어 음절의 끝소리 규칙이 먼저 적용된 후 연음이 된다고 하였다. 그렇다면 단어보다 큰 명사구 구성일 때는 어떨까? 명사구 구성일 때도 당연히 단어 경계이므로 '잣알[자달]'과 같은 교체가 일어난다. 예컨대 '옷 안'을 발음해 보라. 누구도 *[오산]이라고 발음하지 않는다. '옷 안'의 발음은 '잣알[자달]'과 평행하게 [오단]이다.

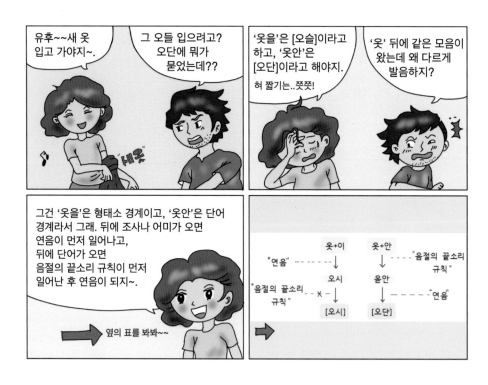

　언어는 고정불변하는 것이 항상 변화가 진행중인 과정에 있다. 경계 역시 고정불변하는 것이 아니라 시간이 흐르면서 경계의 특성 역시 변한다. 즉 원래는 단어 경계였지만, 시간이 흐르면서 형태소 경계로 변화하기도 한다. 이는 원래는 실질 형태소였던 것이 시간이 흐르면서 형식 형태소로 바뀌는 것과 평행하다. 예컨대 '엿보다', '엿듣다' 의 '엿-' 이 중세국어에서는 동사였지만, 현대국어에서 '엿-' 은 접사로 변화하였다. 이를 경계의 관점에서 보면, '엿#보다' 가 중세국어에서는 단어 경계였지만, 현대국어에서 '엿+보다' 는 형태소 경계이다.

　현대국어에서 '멋있다' 의 발음은 [머딛따]와 [머싣따]가 공존한다. [머딛따]와 [머싣따]의 공존을 경계의 차이로 설명하기도 한다. 즉 [머딛따]로 발음하는 화자는 '멋#있다' 를 단어 경계로 인식하고 있고, [머싣따]로 발음하는 화자는 '멋+있다' 를 단어 경계로 인식하지 않는다는 것이다.

　또 다른 설명 가능성은 [머딛따]는 구 '멋[멷] 있다[읻따]' 가 긴밀해져서 단어가

된 것이고, [머신따]는 구 '멋이[머시] 있다[읻따]'가 긴밀해져서 단어가 되었다고
보는 것이다. 두 개의 기식 단위(호흡 단위)인 '[먿] [읻따]'를 하나의 기식 단위로 발
음하면 연음이 되어서 [머딛따]가 된다. 그리고 두 개의 기식 단위인 '[머시] [읻따]
가 하나의 기식 단위로 발음되면 축약이 일어나 [머신따]가 된다.

'내가 만들 빵은~'의 '만들[만들]'에서는 무엇이 탈락했나요?

'내가 만들 빵은~'에서 '만들'은 어간이 아니라, 관형사형 어미가 결합된 활용형이다. 어간의 기저형이 '만들-'이고, 관형사형 어미의 기저형이 '-을'이므로 [만들]에는 어간 말 자음인 /ㄹ/ 탈락과, 어미의 두음 /ㅡ/ 탈락이 일어났다.

만들- + **-을**(관형사형 어미)

↓ ────── /ㄹ/ 뒤 /ㅡ/ 탈락

만들ㄹ

↓ ────── 어간말 자음 /ㄹ/ 탈락

[만들]

위에서 보듯이 [만들]에는 /ㄹ/ 뒤에서 '/ㅡ/ 탈락' 규칙이 먼저 적용된다. /ㅡ/가 탈락하고 나면 종성에 하나 이상의 자음을 허용하지 않는 국어의 음절구조제약 때문에 어간말 자음 /ㄹ/이 탈락한다. 만일 '-을'에서 /ㅡ/ 탈락 후 남은 관형사형 어미 '-ㄹ'이 탈락했다고 하면, 어간이 혼자 쓰인 것이 된다. 국어에서 어간은 문장에서 어미 없이 혼자 쓰일 수 없으므로, 탈락한 /ㄹ/은 관형사형 어미 '-ㄹ'이 아니라 어간말 자음 /ㄹ/이다.

자세히 설명

음운 변동은 기저형이 표면형으로 실현되는 과정에서 일어난 음운 현상이다. 그래서 기저형이 무엇이냐에 따라 적용된 음운 변동이 무엇인지도 달라진다.

(1) ㉠ 먹으니, 잡으니, 닫으니
    ㉡ 가니, 보니, 오니

(1㉠)에서는 어미 '-으니'를 확인할 수 있고, (1㉡)에서는 어미 '-니'를 확인할 수 있다. '-으니'와 '-니'는 의미가 같다. 그리고 자음으로 끝난 어간 뒤에서는 항상 '-으니'가 결합하고, 모음으로 끝난 어간 뒤에서는 항상 '-니'가 결합하여 분포상 상

보적 분포를 보인다. 즉 '-으니 ~ -니'는 교체형(이형태)[1]의 관계이다. 이때 기저형 (기본형)을 '-으니'라고 하면 (1㉠)에서는 음운 변동이 일어나지 않았고, (1㉡)에서는 /ㅡ/가 탈락하는 음운 변동이 일어났다고 해야 한다. 반면 '-니'를 기저형이라고 하면 (1㉡)에서는 음운 변동이 일어나지 않았고, (1㉠)에서는 /ㅡ/가 첨가되는 음운 변동이 일어났다고 해야 한다.

'-으니 ~ -니'의 기저형이 무엇이냐와 관련하여, 학문적으로는 /-으니/를 기저 형으로 보는 견해가 우세하지만, /-니/를 기저형으로 보는 견해도 제기되고 있다. 실증적으로 '-으니'가 기저형인지 /-니/가 기저형인지를 증명할 수는 없다. 다만 설명적 타당성이라는 측면에서 /-으니/를 기저형으로 설정하는 것이 /-니/를 기 저형으로 설정하는 것보다 낫다. 학교문법은 /-으니/를 기저형으로 설정하는 관점 을 채택하고 있다.

---

1   형태소와 이형태는 형태를 중심으로 한 형태론에서의 용어이고, 기저형과 표 면형은 음운론에서의 용어이다. 기저형은 /강/, /감/처럼 교체 없이 그대로 표면형으로 실현될 수도 있고, /잎/, /닭/처럼 음운 규칙의 적용을 받아 기저 형과 표면형이 달라지기도 한다. 이때 기저형과 다르게 실현된 표면형이 교체 형이다.

기저형의 크기는 형태소일 수도 있고, 복합어일 수도 있다. 경우에 따라서 는 활용형이나 곡용형을 기저형으로 상정할 수도 있다. 기저형과 형태소 그리 고, 이형태와 표면형은 정확히 일치하는 개념은 아니지만, 기저형의 크기가 형태소일 때는 일치하는 개념이다.

그리고 기본형은 이형태 중에서 기본이 되는 형태라는 의미인데, 이형태 중 에서 기본이 되는 형태가 기본형이고, 기본형이 곧 형태소이다. 즉 기본형과 형태소는 결과적으로는 같은 것을 가리키는 다른 표현이다. 그리고 형태소가 특정 조건 환경에서 형태가 달라진 것을 이형태라고 하는데, 기저형의 크기가 복합어나 굴절형이 아닌, 형태소일 경우 교체형은 결국 이형태와 같다.

(2)　㉠ 먹니? 잡니? 닫니?
　　㉡ 가니?, 보니?, 오니?

　　(2)는 의문형 어미 '-니?'가 결합한 경우인데, 어간이 자음으로 끝나든 모음으로 끝나든 항상 '-니?'이다. 만일 (1)에서 어미의 기저형을 /-니/로 설정하게 되면 (1㉠)을 /ㅡ/ 첨가로 설명해야 한다. 그런데 연결어미 '-니'나 의문형 종결어미 '-니?'나 음운론적으로는 /ㄴ/ 앞이므로 같은 조건 환경이다. 그래서 (1)에서 만일 '-으니 ~ -니'의 기저형을 /-니/로 설정하고, (1㉠)을 /ㅡ/ 첨가로 설명할 때는 (2㉠)에서 /ㅡ/가 첨가되지 않은 것을 설명하기가 옹색해진다.

　　하지만 (1)에서 /-으니/를 기저형으로 설정하게 되면, (1)과 (2)의 차이는 단순히 기저형의 차이로 설명하면 된다. 즉 (1㉡)에서 '-니'는 모음 뒤에서의 /ㅡ/ 탈락으로 (/으니/ → /-니/)', (2)의 '-니?'는 원래 기저형이 /-니/이므로 어미에는 음운 변동이 일어나지 않은 것으로 설명하면 된다.

　　'-으니 ~ -니'와 같은 교체를 보이는 어미들은 모두 /ㅡ/ 모음이 있는 형태를 기저형으로 설정한다. 그러니까 (3㉯), (4㉯)의 모음으로 끝난 어간의 활용형에는 모두 어미의 두음 /ㅡ/가 탈락하는 음운 변동이 일어났다. (3)은 어미의 예이과, (4)는 조사의 예이다.

(3)

	기저형	㉮ 자음으로 끝난 어간 뒤	㉯ 모음으로 끝난 어간 뒤
㉠	/-을/	먹을 잡을	갈(←가+을) 할(←하+을)
㉡	/-은/	먹은 잡은	간(←가+은) 한(←하+은)
㉢	/-으면/	먹으면 잡으면	가면(←가+으면) 하면(←하+으면)

(4)

기저형	㉮ 자음으로 끝난 어간 뒤	㉯ 모음으로 끝난 어간 뒤
/으로/	산으로 강으로	바다로(←바다+으로) 호수로(←호수+으로)

(3) ~ (4)처럼 '-으X ~ -X' 교체를 보이는 어미나 조사의 경우 그 기저형을 /-으X/로 잡고, 모음으로 시작하는 어간 뒤에서는 기저형 /-으X/에서 /ㅡ/가 탈락한 것으로 설명한다.

〈한글 맞춤법〉은 /ㅡ/탈락이 일어난 형태로 표기하게 되어 있다. 그래서 (3㉯), (4㉯)의 표기만 보면 탈락한 음운이 무엇인지 금방 알 수 없다. 음운 변동에 대한 분석의 출발점은 기저형을 먼저 확인하는 것이다. 기저형을 확인해야만 표면형과의 비교를 통해 어떤 음운 변동이 적용되었는지를 분석할 수 있다.

어미의 기저형을 확인하였다면, 이제 (5)에서 일어난 음운 변동에 대해 설명할 수 있을 것이다.

(5) ㉠ (문을) 열[열] (사람):　　　　열- + -을 → [열]
　　㉡ (하늘을) 날[날] (수 있다):　　날- + -을 → [날]
　　㉢ 우리를 이끌[이끌] 사람:　　　이끌- + -을 → [이끌]
　　㉣ 내가 만들[만들] (빵):　　　　만들- + -을 → [만들]

(5)에서 보듯이 어간과 어미의 기저형을 확인하고 나면, 표면형에서 일어난 음운 변동이 무엇인지 쉽게 찾아낼 수 있다. [한마디로 설명]으로 올라가서 그림을 다시

보면 쉽게 이해가 될 것이다.

(5㉠ ~ ㉣) 모두 '/ㅡ/ 탈락'과 '/ㄹ/ 탈락'이 일어났다. 두 규칙의 적용 순서는 '/ㅡ/ 탈락 → /ㄹ/ 탈락'이다. 왜냐하면 음성학적으로나 음운론적으로나 '열-을'에서 어간의 말자음 /ㄹ/이 먼저 탈락한 아무런 동인이 없기 때문이다. '열을'에서 가장 자연스러운 양상은 [여를]처럼 연음이다. 그래서 '열을'에서 어간의 말자음 /ㄹ/ 뒤에서 /ㅡ/가 탈락하는 것도 자연스러운 것은 아니다. 그렇기는 하지만 어미의 기저형이 /-으X/라고 보기 때문에, 관찰적으로 /ㄹ/ 뒤에서 /ㅡ/가 탈락한 것이 사실이다. /ㅡ/가 탈락하지 않았는데, 표면형 '열'이 도출될 수는 없기 때문이다.

/ㅡ/ 탈락이 일어나고 나면 '열ㄹ'이 되는데(열을 → 열ㄹ), '열ㄹ'은 국어의 음절구조제약을 위반하기 때문에 그대로 표면형으로 실현될 수 없다. 음절구조제약을 위반하지 않기 위해서는 'ㄹㄹ' 중에 하나는 탈락해야 한다. 이때 어미 /-을/에서 /ㅡ/ 탈락 후 남은 '-ㄹ'이 탈락했다고 하면, 어미 '-을'이 통째로 탈락한 결과가 되어 '열 사람'의 '열[열]'은 어간 '열-'의 상태가 된다. 하지만 용언의 어간은 문장에서 어미와 결합하지 않은 채 즉, 어간의 상태로는 실현될 수 없다는 것을 안다. 그래서 활용형 '열ㄹ'에서 탈락한 것은 어미 '-을'에서 /ㅡ/가 탈락하고 남은 어미의 '-ㄹ'이 아니라 어간 '열-'의 말자음 /ㄹ/이다. '날[날]', '이끌[이끌]', '만들[만들]'도 '열[열]'과 마찬가지로 '어미 두음 /ㅡ/ 탈락 → 어간 말음 /ㄹ/ 탈락'이 적용된 활용형이다.

한마디로 설명

기저형 /깻잎/에 사잇소리(사이시옷)가 첨가된 것은 사실이지만, 그 첨가된 사잇소리 /ㅅ/은 공시적으로 첨가된 것이 아니라 통시적으로 첨가된 것이다.[1] 즉 과거에 합성어가 만들어질 당시에 첨가된 /ㅅ/이다. '깻잎'은 '깨'와 '잎'이 결합한 합성어이고, '깨+잎'이 결합하여 합성어가 형성될 때 사잇소리 /ㅅ/이 첨가되어 '깻잎'이 되었다. 그래서 현재 '깻잎'은 표기 그대로 사잇소리 /ㅅ/이 첨가된 형태 /깻잎/이 기저형이다.

기저형이 이미 사잇소리 /ㅅ/이 첨가된 형태 /깻잎/이므로 공시적으로 '/깻잎/ → [깬닙]'에는 사잇소리 첨가가 없다. 공시적으로 '/깻잎/ → [깬닙]'에는 /ㄴ/ 첨가, 불파에 의한 음절의 끝소리 규칙(/ㅅ/ → /ㄷ/), 비음동화가 일어났다(/깻잎/ → 깯닙 → [깬닙]).

62

[1] 공시적이라는 것은 현대국어에서 일어나고 있는 현상을 말하고, 통시적이라는 것은 중세국어나 근대국어처럼 과거의 어느 시기에 일어났던 현상을 말한다. 예컨대 '암ㅎ닭 > 암탉'에는 /ㅎ/ 축약이 적용되었는데, 여기서의 /ㅎ/ 축약은 현재 적용된 것이 아니라 중세국어에 적용되었던 /ㅎ/ 축약이다. 반면 '놓고 → [노코]'에도 /ㅎ/ 축약이 일어났는데, 여기에 적용된 /ㅎ/ 축약은 현재 일어난 음운 변동으로 공시적인 /ㅎ/ 축약이다.

자세히 설명

사잇소리 첨가는 합성어 형성 과정에서 일어난다. 그렇기 때문에 사잇소리 첨가는 일차적으로 형태론의 문제이다. 그런데 사잇소리 첨가가 일어날 때 음운 변동이 일어나기 때문에 이는 또한 음운론의 문제이기도 하다. 사잇소리가 첨가된 형태가 기저형이냐, 아니면 사잇소리가 첨가되지 않은 형태가 기저형이냐 하는 문제가 학문적으로 논란이 된다. 참고로 사잇소리는 사이시옷이라고도 하는데, 〈한글 맞춤법〉, 〈표준 발음법〉은 '사이시옷'이라는 용어를 사용한다.[2]

63

---

2   사잇소리 현상에 대한 자세한 설명은 『문법하고 싶은 문법』 ☞ 1.4. '예삿일[예산닐]'은 사잇소리 현상인가요, /ㄴ/ 첨가인가요? 참조.

(1) ㉠ 냇가, 햇빛, 종갓집

㉡ 콧날, 빗물

(2) ㉠ 내가, 해빛, 종가집

㉡ 코날, 코물

현재 『표준국어대사전』이나 학교문법은 사잇소리가 첨가된 (1)을 기저형으로 삼는다. 학문문법에서도 일반적으로 (1)을 기저형으로 삼는데, (2)를 기저형으로 보는 견해도 있다. 참고로 북한의 『조선말대사전』은 (2)를 기저형으로 삼고 있다.

아무튼 (1)에서 사잇소리가 첨가된 것은 분명한 사실이다. 하지만 이 사잇소리가 공시적인 음운 변동에 의해 첨가된 것이 아니다. (1)의 사잇소리는 합성어가 만들어질 당시에 첨가되어서, 사잇소리가 첨가된 형태로 어휘부에 저장된 것이다. 다시 말해 기저형이 이미 사잇소리가 첨가된 형태이다. 그러니까 (1)에 적용된 음운 변동이 무엇이냐고 물을 때, 사잇소리 첨가는 그 목록에서 빠져야 한다.

(3) 기저형: /냇가/

↓

표면형: [내까 ~ 낻까][3]

(3)에서 보듯이 기저형이 /냇가/이므로 /ㅅ/ 첨가를 말할 수 없다. (3)에는 음절

---

[3] 표준 발음은 장음의 [내ː까 ~ 낻ː까]이다. 표준 발음에서는 음장을 구분하고 있지만, 음장은 이미 젊은 세대에서는 변별력을 상실하는 변화가 진행중이다. 표준 발음이 현실 언어와 유리되는 지점 중의 하나가 바로 음장이다.

말 불파로 인한 음절의 끝소리 규칙 그리고, 경음화가 적용되었다. 음성학적으로 '냇가'의 발음은 정확히 종성 /ㄷ/이 있는 [낻까]도, 그렇다고 /ㄷ/이 없는 [내까]도 아닌 둘의 중간적인 발음이다. 그래서 『표준국어대사전』의 발음 정보를 보면, [내ː까/낻ː까]로 제시하고 있다.

이제 '깻잎 → [깬닙]'에서도 사잇소리 첨가가 일어나지 않았다는 것을 설명할 수 있을 것이다.

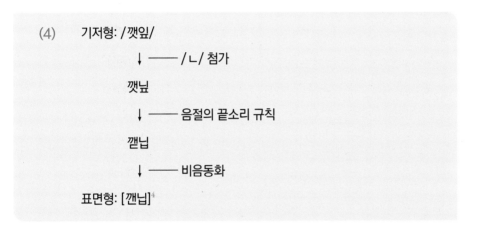

(4)　　기저형: /깻잎/

　　　　　↓ ── /ㄴ/ 첨가

　　　　깻닢

　　　　　↓ ── 음절의 끝소리 규칙

　　　　깯닙

　　　　　↓ ── 비음동화

　　표면형: [깬닙][4]

그러면 공시적으로는 사잇소리 첨가가 없는 것인가? 그렇지는 않다. (5)가 바로 공시적인 음운 변동으로서 사잇소리 첨가이다.

---

[4]　'/ㄴ/ 첨가'와 '음절의 끝소리 규칙'의 순서를 실증적으로 논증하기는 어렵다. 규칙 적용 순서가 '음절의 끝소리 규칙 → /ㄴ/ 첨가'라고 하더라도 적형의 표면형 [깬닙]이 도출된다. '음절의 끝소리 규칙 → /ㄴ/ 첨가'의 순서를 가정할 경우, 연음이 일어날 수 있는 환경에서 음절의 끝소리 규칙이 먼저 일어난 것을 설명해야 한다. 그런데 '/ㄴ/ 첨가 → 음절의 끝소리 규칙'의 순서를 가정하게 되면, /ㄴ/이 첨가됨으로써 자연스럽게 음절의 끝소리 규칙이 적용되는 환경이 되므로 연음과 관련된 설명의 부담을 지지 않아도 된다. 그래서 '/ㄴ/ 첨가 → 음절의 끝소리 규칙'의 순서를 가정하는 것이 설명력에서는 상대적으로 더 낫다.

(5) 밤길[밤낄], 안방[안빵], 강바람[강빠람], 물고기[물꼬기]

(5)에서 일어난 경음화는 사잇소리 첨가에 의한 경음화로 설명하는데, (5)에서 일어난 사잇소리 첨가는 공시적인 음운 변동으로 설명한다. 음성적으로는 (5)에서 경음화가 일어난 이유를 설명할 수 없다. 왜냐하면 (6)에서 보듯이 유성 자음 /ㅁ, ㄴ, ㅇ, ㄹ/ 뒤에서는 경음화가 일어나지 않는 것이 자연스럽기 때문이다.

(6) 감기[감기], 신발[신발], 공기[공기], 줄기[줄기]

그래서 (5)에서의 경음화가 일어난 원인을 음성적인 데서 찾을 수는 없다. (5)에서의 경음화는 사잇소리 첨가가 그 원인이다. 즉 사잇소리가 첨가되어 후행 요소의 초성을 경음화시킨 후 자신은 탈락한 것으로 설명한다.

(5)가 사잇소리 첨가에 의한 경음화라는 것에 대해서 학문적으로 논란이 없지는 않다. 논란이 되는 이유는 크게 두 가지이다. 첫째, 만일 공시적인 사잇소리 첨가에 의해 경음화가 일어났다고 할 경우, 무엇보다 국어의 음절구조제약으로 인해 사이시옷이 첨가될 수 없다는 것이 문제이다. 즉 '안ㅅ방'과 같은 음절이 불가능하다. 둘째, 그럼에도 사잇소리가 첨가되었다는 것을 인정한다 하더라도, 첨가된 후 반드시 탈락해야 하는 소리를 왜 첨가했느냐 하는 물음에 대해서도 답을 하기가 어렵다.

하지만 (5)에서 확인할 수 있는, 이견이 없는 명백한 사실은 어찌 되었건 경음화가 일어났다는 것이다. 그것이 사잇소리 첨가에 의한 것이든, 아니면 다른 원인에 의한 것이든 경음화가 일어났고, 음운론에서는 왜 경음화가 일어났는지를 설명해야 한다. 현재까지 이에 대한 가장 그럴듯한 설명이 사잇소리 첨가에 의한 경음화이다.

2.

형태소와
단어에 대한
Q & A

2.1. '갔다'를 형태소 분석하면 '가+ㅆ+다'인가요, '가+았+다'인가요?

한마디로 설명

형태소 분석은 형태소를 분석하는 것이니까, 이 개념에 정확하게 일치하는 분석은 '가+았+다'이다. '-ㅆ-'은 '-았/었-'의 이형태이다. 즉 '갔다', '섰다'에서 나타나는 '-ㅆ-'은 '가았다 → 갔다', '서었다 → 섰다'에서 보듯이 형태소 '-았/었-'에 동일 모음 탈락이라는 음운 변동이 적용된 이형태이다.

결론적으로 '-ㅆ-'은 형태소가 아니라 '-았/었-'의 이형태이므로 '가+ㅆ+다'는 형태소 분석의 개념에 정확히 일치하지는 않는다. '갔다'를 형태소 분석하면, '가+았+다'이다. 그렇다고 '가-ㅆ-다'로 하면 틀렸다고 할 수는 없다. 다만 '-ㅆ-'이 이형태이므로 적절하지 않은 것이다.

자세히 설명

단어나 굴절형(곡용형, 활용형)을 형태소 단위로 분석하는 것은 형태론이나 통사론에서 중요하고 기본적인 작업이다. 단어를 형태소 분석하는 것은 해당 단어가 단일어인지, 복합어인지 그리고, 복합어라면 파생어인지, 합성어인지를 판단하기 위한 기초 작업이다. 어떤 단어가 형태소 분석이 되지 않는다면, 그 단어는 단일어이고, 어떤 단어가 형태소 분석이 된다면 그 단어는 파생어이거나 합성어이다.

통사론에서 곡용형과 활용형을 분석하는 것은 문장을 분석하는 데 필수적이다. 체언은 조사(격조사, 보조사)와 결합하여 문장에 쓰이고, 용언은 어미(선어말어미, 어말어미)와 결합하여 문장에 쓰인다. 체언에 조사를 결합하는 것을 곡용이라고 하고,

69

체언에 조사가 결합한 형태를 곡용형이라고 한다. 평행하게 용언에 어미가 결합하는 것을 활용이라고 하고, 용언에 어미가 결합한 형태를 활용형이라고 한다. 곡용형과 활용형은 두 개 이상의 형태소로 이루어진 구성이므로 해당 구성이 어떤 형태소의 결합으로 이루어져 있는지를 파악하는 것이 필요하다. 이는 문장에서 어(주어, 목적어, 서술어 …)의 기능을 파악하기 위해서, 또한 서술어가 이끄는 문장의 의미를 파악하기 위해서 반드시 필요한 분석 과정이다.

형태소 분석은 둘 이상의 형태소가 결합한 구성을 다시 형태소 단위로 구분하는 작업이다. 그런데 형태소는 고정불변의 형태가 아니라 교체를 한다. 형태소가 교체를 겪은 형태를 음운론에서는 교체형이라고 하고, 형태론에서는 이형태라고 한다. 형태소 중에는 항상 단일한 형태로 나타나는 즉, 이형태가 없는 형태소도 있지만, 둘 이상의 이형태가 있는 형태소가 많다.

음운론적으로 대부분의 이형태는 형태소가 특정 조건 환경에서 음운 변동을 겪은 형태이다.[1] 즉 이형태는 음운론적으로 교체형이다. 곡용형과 활용형의 경우 어간이 교체하기도 하고, 어미나 조사가 교체하기도 한다.

(1) ㉠ 먹-는[멍는]
     ㉡ 잃-으면[이르면]

(2) ㉠ 가-서
     잡-아서

---

1 주격 조사 '이 ~ 가', 목적격 조사 '을 ~ 를'은 이형태 관계이지만, '이'에서 음운 변동을 겪어 '가'가 된 것은 아니다. 마찬가지로 '을'에서 음운 변동을 겪어 '를'이 된 것이 아니다. 이처럼 이형태 관계에 있는 형태들 중에는 음운 변동을 겪은 교체형이 아닌 경우도 있다.

ⓒ 가-니

　　잡-으니

(3) ⊙ 읽-고[일꼬]

　　ⓒ 끓-는[끌른]

　　(1)은 어간이 교체한 경우이고, (2)는 어미가 교체한 경우이고, (3)은 어간과 어미가 모두 교체한 경우이다. (1⊙)에서 어간 [멍]은 비음동화된 /먹-/의 교체형(이형태)이고, (1ⓒ)에서 어간 [일-]은 어간 /잃-/에서 /ㅎ/이 탈락한 교체형(이형태)이다. (2⊙)의 '가서'에서 어미 [-서]는 /-어서/에서 두음 /ㅓ/가 탈락한 교체형이고, (2ⓒ)의 '가니'의 어미 [-니]는 /-으니/에서 두음 /ㅡ/가 탈락한 교체형이다. (3⊙)에서 어간 [일-]은 /읽-/에서 /ㄱ/이 탈락한 교체형이고, 어미 [-꼬]는 /-고/에서 어미의 두음이 경음화된 교체형이다. (3ⓒ)에서 어간 [끌-]은 /끓-/에서 /ㅎ/이 탈락한 교체형이고, 어미 [-른]은 /-는/에서 어미의 두음이 유음동화된 교체형이다.

　　〈한글 맞춤법〉에서는 교체를 표기에 반영한 경우도 있고, 교체를 표기에 반영하지 않은 경우도 있다. (1)과 (3)은 교체를 표기에 반영하지 않았고, (2)는 교체를 표기에 반영하였다. 형태소 분석에 어려움을 겪거나 혼란스러워 하는 때는 (2)처럼 교체가 표기에 반영된 경우이다(가서(←가+아서), 가니(←가+으니)). 이때는 표기상으로는 교체가 없는 것처럼 착각하기 쉽기 때문이다. 그래서 더욱이 형태소 분석을 할 때는 교체가 일어난 이형태 상태가 아니라, 교체가 일어나기 전의 형태 즉 형태소를 찾아 형태소 분석을 하는 것이 중요하다. 그럴 때 어떠한 음운 변동이 일어났는지를 실수하지 않고 정확히 분석해 낼 수 있다.

　　(4) 역시 교체가 표기상에 이미 반영된 경우이다.

(4) ㉠ 갔어
    ㉡ 아니
    ㉢ 고파
    ㉣ 줘

(4㉠)의 '갔어'는 '-았-'에서 /ㅏ/ 탈락이 일어난 대로 표기한 것이고(가+았+어
→ 갔어), (4㉡)의 '아니'는 어미 /-으니/의 두음 /ㅡ/ 탈락과, 어간 /알-/의 /ㄹ/이
탈락한 대로 표기한 것이다(알+으니 → 아니). (4㉢)은 어간 /고프-/의 말모음 /ㅡ/가
탈락한 대로 표기한 것이고(고프+아 → 고파), (4㉣)의 '줘'는 어간 /주-/의 모음 /ㅜ/
가 반모음 /w/로 교체된 대로 표기한 것이다(주+어 → 줘).

형태소 분석은 이형태가 아니라 형태소를 분석하는 것이니까 (4)를 형태소 분석
하면 (5)와 같다.

(5) ㉠ 가- + -았- + -어
    ㉡ 알- + -으니
    ㉢ 고프- + -아
    ㉣ 주- + -어

(5)처럼 형태소 분석을 하고 나면, 표면형에 적용된 음운 변동을 분석해 내기가
훨씬 쉽고 편하다.

그러면 '갔어'를 '가+ㅆ+어'로, '아니'를 '아+니', '고파'를 '고ㅍ+아', '주어'를
'ㅈw+어'로 분석하면 틀린 것이냐? 맞다고 하기도 어렵지만, 틀렸다고 하기도 어
렵다. 왜냐하면 형태소 분석을 이형태 단위로 하면 안 된다는 원칙이 따로 있는 것

은 아니기 때문이다. 하지만 이형태 단위로 형태소 분석을 했을 경우, 얻을 수 있는 정보가 제한되거나 얻고자 하는 정보를 제대로 파악할 수 없는 경우가 있다. 또한 음운 변동과 관련된 정보를 분석해 내기도 어렵다. 이형태 단위로 형태소 분석을 할 경우 (6)과 같은 경우는 형태소를 분석하기도 어렵다.

(6) ㉠ 아셨어
     ㉡ 생각케

(6㉠)은 '알+시+었+어'가 축약된 것이고, (6㉡)은 '생각하+게'가 축약된 것이다. (6)의 경우는 음운 변동이 복잡하게 일어나서[2] 어간의 형태와 어미의 형태가 표면적으로 잘 구분되지 않는다. 그래서 형태소 단위가 아니라 이형태 상태로 분석하는 것이 오히려 더 어려울 수도 있다.

결론적으로 형태소 분석을 한다고 할 때는, 교체가 일어난 이형태 상태로 분석하는 것이 아니라 교체가 일어나기 전의 형태소 단위로 분석하는 것이 바람직하다. 이형태 상태로 분석한다고 해서 잘못 되었다고 할 수는 없다 하더라도, 그럴 경우 형태소 분석을 통해 얻을 수 있는 정보를 제대로 얻지 못할 가능성이 높기 때문이다.

그리고 형태소 분석이라는 작업은 필요에 의해 하는 행위이다. 그래서 필요한 만큼 하면 된다. 예컨대 (6㉠)에서 어간이 무엇인지 알고 싶으면, '알+셨어'로 분석을 하는 것으로 충분하다. 그런데 (6㉠)에서 어미가 무엇인지도 알고 싶으면, '알+셨어'로 분석해서는 충분하지 않다. 이때는 '알+시+었+어'로 분석을 해야 한다. 이

---

2   '아셨어'는 '알+시+었+어'에서 /ㄹ/ 탈락, /y/ 반모음화가 일어난 형태이고, '생각케'는 '생각하+게'에서 어간 말모음 /ㅏ/ 탈락 후 /ㅎ/ 축약이 일어난 형태이다.

처럼 형태소 분석은 필요한 만큼 하면 되는 것이고, 굳이 필요 이상으로 할 이유는 없다.

어떤 단어가 파생어인지 합성어인지를 판단할 때도 분석이 필요한데, 파생어인지 합성어인지를 판단하는 데는 한 번의 분석이면 충분하다. 파생어인지 합성어인지는 직접구성요소 분석의 결과로 판단한다. 즉 1차 분석의 결과에 의해 결정된다. 그러므로 파생어인지 합성어인지를 알기 위해 분석을 한다면, 일차만 하면 되고 그것으로 충분한다.

(7) ㉠ 쓴웃음

  ㉡ 가로막히다

㈦의 '쓴웃음'은 '쓴+웃음'이 결합한 '어근+어근'의 합성어이다. '쓴'은 형용사 '쓰-'에 관형사형 어미 '-(으)ㄴ'이 결합한 활용형이고, '웃음'은 동사 '웃-'에 명사 파생 접미사 '-(으)ㅁ'이 결합한 파생 명사이다.

합성어인지 파생어인지는 1차 분석의 결과로만 판단한다. 즉 1차 분석의 결과 두 구성 요소 중 어느 것도 접사가 아니면 합성어로 판단한다. '쓴+웃음'은 '쓴'도 접사가 아니고, '웃음'도 접사가 아니므로 합성어이다. 이처럼 파생어인지 합성어 인지를 판단하는 데는 '쓴'을 다시 '쓰+(으)ㄴ'으로, '웃음'을 다시 '웃+(으)ㅁ'으로 형태소 분석할 필요가 없다는 말이다. 형태소 분석은 필요한 만큼 하면 되는 것이 고, 굳이 필요 이상으로 할 이유는 없다.

㈦ⓒ의 '가로막히-'를 1차 분석하면 '가로막+히'이므로 파생어이다. '-히-'가 접미사이기 때문이다. 물론 '가로막-'은 다시 '가로+막'이 결합한 합성어이다. 그 러나 '가로막히-'가 합성어인지 파생어인지를 판단하는 데는 1차 분석한 '가로막+ 히'로 결론이 난다. 즉 '가로막-'을 다시 '가로+막'으로 분석할 필요가 없다. 다만 '쓴웃음'의 어근 '웃음', 그리고 '가로막히-'의 어근 '가로막-'을 다시 분석할 이유 나 필요가 생기면, 그때 다시 분석하면 된다.

'공부시키다'가 사전에 없는데, 그러면 단어가 아닌가요?

한마디로 설명

'공부시키다'는 '공부'에 접미사 '-시키다'가 결합하여 만들어진 파생어이므로 단어가 맞다. 모든 단어가 사전에 등재되어 있는 것은 아니다. 실제로 그럴 수도 없다. 단어이지만 사전에 등재되지 않은 것들도 많다. 그 중에 대표적인 것이 생산적인 접사가 결합한 파생어들이다. 예컨대 '-들'은 복수의 뜻을 더하는 접미사인데, '학생들, 새들, 강아지들 …'처럼 접미사 '-들'이 결합하여 만들어지는 파생어들은 셀 수 없이 많고, 지금도 '-들'이 결합한 새로운 파생어들이 만들어지고 있다. 그래서 '-들'이 결합한 파생어들은 사전 지면의 제약 때문에 모두 사전에 올릴 수가 없다.

접사 '-시키-'도 생산성이 높은 접사 중의 하나이다. 즉 '공부시키다, 교육시키다, 일치시키다, 훈련시키다 …'처럼 접미사 '-시키다'가 명사 어근에 결합하여 만들어진 파생어가 무척 많고, 지금도 명사에 '-시키다'가 결합한 새로운 단어들이 만들어지고 있다. 이처럼 '-시키다'가 결합하여 만들어진 단어들이 많고, 또 지금도 새로이 만들어지고 있기 때문에 사전에서 '-시키다'가 결합하여 만들어진 파생어들을 표제어로 등재

---

1   문법적으로 접미사의 형태소는 '-시키-'이다. 다만 동사 '가-'를 말할 때 편의적으로 '-다'가 결합한 '가다'로 표현하는 것처럼 용언을 파생시키는 접미사들도 편의상 '-시키다'처럼 어미 '-다'가 결합한 형태로 말하기도 한다. 『표준국어대사전』에서도 '-시키다'의 형태로 표제어로 등재되어 있다. 하나의 예만 더 들어 보면, '아름답다'에서 접미사는 '-답-'이지만, 일반적으로 '-답다'라고 말하고 사전의 표제어 역시 '-답다'로 등재되어 있다. 이와 관련된 추가적인 설명은 『문법하고 싶은 문법』 ☞2.11. '집에 갔다'에서 동사는 '갔다'인가요, '가-'인가요? 참조.

하지 않은 것뿐이다. 다시 말해 '공부시키다'는 명사 '공부'에 접미사 '-시키다'가 결합하여 만들어진 단어(파생어)가 분명하다. 단지 사전에 등재되어 있지 않을 뿐이다. 이처럼 생산적인 접사가 결합한 파생어들은 단어에 따라서, 또 사전에 따라 표제어로 올리기도 하고 올리지 않기도 한다. 『표준국어대사전』에는 '공부시키다'가 표제어로 올라 있지 않은데, 고려대 『한국어대사전』에는 '공부시키다'가 표제어로 올라 있다.

자세히 설명

사전은 단어를 모아 놓은 일종의 책이다. 그러니까 사전에 올라 있다는 것은 기본적으로 단어라고 생각해도 된다. '엄마 생각', '큰 바위 얼굴'처럼 단어보다 큰 단위인 구는 단어가 아니므로 원칙적으로 사전에 올리지 않는다. 그래서 단어인지 구인지 헷갈릴 때는 사전을 찾아서 사전에 있으면 단어, 사전에 없으면 구라고 판단해도 된다.

사전에 올라 있다고 해서 모두 단어는 아니다. 사전에는 어미, 접사처럼 단어보다 작은 단위인 형태소도 표제어로 등재되어 있다. 그리고 표준어뿐만 아니라 방언, 비속어, '잘못된 말' 등도 올라 있다. 또한 '걔'처럼 ― '걔'는 '그 아이'가 '줄어든 말'[2]이다 ― 단어보다 큰 구성도 일부 등재되어 있다.

---

2   『표준국어대사전』에서는 '준말'과 '줄어든 말'을 구분하고 있다. 그런데 '준말'과 '줄어든 말' 모두 음운론적으로 축약이나 탈락이 일어난 말로 문법적으로 엄격히 구분되는 것도 아니고, 또 엄격히 구분할 필요도 없다. 하지만 사전에서는 필요에 의해 이를 구분하고 있다. 『표준국어대사전』에서 '준말'은 탈락이나 축약이 단어 차원에서 일어난 것으로, '줄어든 말'은 단어보다 큰 단위인 구 차원에서 일어난 것으로 개략적으로 정의하고 있다. 그래서 『표준국어대사전』에서 '디디다'와 '딛다'는 준말의 관계이고, '그 아이'와 '걔'는 '줄어든 말'의 관계이다. 이에 대한 자세한 설명은 ☞2.6. '이게 뭐야'에서 '뭐'는 준

그런데 모든 단어가 사전에 올라 있는 것은 아니다. 사전이라는 지면의 제약 때문에 당연히 모든 단어를 사전에 올릴 수 없다. 생산적인 접사가 결합하여 만들어진 단어(파생어)도 이러한 예에 해당한다. 생산적인 접사의 대표적인 예가 '-님', '-들'이다. (1)은 접미사 '-님'이 결합한 파생어이고, (2)는 접미사 '-들'이 결합한 파생어이다. 하지만 『표준국어대사전』에 (1), (2)의 단어들은 표제어로 등재되어 있지 않다. 물론 '-님'이 결합한 파생어 중에 '선생님', '달님'처럼 몇몇 단어는 『표준국어대사전』에 표제어로 올라 있다.

(1) ㉠ 사장님, 회장님, 부장님, 실장님, 대리님 …
     ㉡ 별님, 바람님, 바위님, 하늘님 …
     ㉢ 공자님, 맹자님, 예수님, 산신령님, 용왕님 …

(2) ㉠ 학생들, 소녀들, 소년들, 아이들 …
     ㉡ 돌들, 나무들, 풀들, 꽃들 …

'-님'은 높임의 뜻을 더하는 접미사로 (1㉠)처럼 사람과 주로 결합하지만, (1㉡)처럼 사물에도 결합할 수 있고, (1㉢)처럼 성인이나 신적인 존재와도 결합한다. 그래서 '-님'이 결합하여 만들어진 단어가 매우 많다. '-들' 역시 복수의 뜻을 더하는 접미사로, 셀 수 있는 명사이면 어느 명사와도 결합하여 새로운 단어를 만들기 때문에 '-들'이 결합하여 만들어진 단어가 매우 많다.

명사에 '-님'이 결합하면 명사를 높이는 의미가 있다는 것이 예측이 된다. 그리

말인데 왜 '이게'는 준말이 아닌가요? 참조.

고 명사에 '-들'이 결합하면 복수의 의미가 더해진다는 것을 예측할 수도 있다. 이처럼 '-님'과 '-들'이 결합하여 만들어진 단어는 그 의미가 예측 가능하다. 그래서 굳이 사전에서 뜻풀이를 해 줄 필요가 없기도 하다.

'-님', '-들'이 결합한 파생어들을 사전에 올리지 않는 일차적인 이유는 첫째, 의미를 예측할 수 있기 때문이고, 둘째, 그 수가 너무 많기 때문이다. 이처럼 생산적인 접사가 결합하여 만들어진 단어의 경우 사전 편찬자의 판단에 의해 일부의 단어만 사전에 올리기도 하고, 올리지 않기도 한다.

'-님'의 경우 '달님, 별님, 형님, 선생님, 신령님, 아버님, 어머님 …'처럼『표준국어대사전』에 표제어로 등재되어 있는 단어도 있지만, (1)의 단어들처럼 '-님'이 결합한 대부분의 단어들은 등재되어 있지 않다. (1)의 단어들이 사전에 올라 있지 않다고 해서 단어가 아닌 것은 아니고, 사전에는 없지만 단어(파생어)인 것은 변하지 않는 사실이다.

'-들'이 결합한 파생어들 역시『표준국어대사전』에는 올라 있지 않다. 그렇다고 '-들'이 결합한 (2)가 단어가 아닌 것은 아니다. (2)의 단어들 모두 파생어이다. 단지 사전에 올라 있지 않을 뿐이다.

접미사 '-시키다' 역시 생산적인 접사여서, '-시키다'가 결합하여 새로 만들어지는 단어는 매우 많다. '-시키다'는 명사에 결합하여 사동의 뜻을 더해 주는 접미사인데, '-시키다'가 결합하여 만들어진 파생어들은 이러한 의미를 충분히 예측할 수 있다. '-시키다'가 결합하여 만들어진 (3)의 파생어들은『표준국어대사전』에는 표제어로 올라 있지 않은데, 생산적이라는 것과 의미 예측이 가능하다는 사실이 (3)을 표제어로 올리지 않은 이유로 추측할 수 있다. (1), (2)와 마찬가지로『표준국어대사전』에는 올라 있지 않지만, (3) 역시 단어(파생어)이다.

(3) 공부시키다, 교육시키다, 복직시키다, 이륙시키다, 이주시키다, 개조시키다 …

    고려대학교에서 편찬한 『한국어대사전』에는 (3)이 표제어로 등재되어 있다. 그러면 왜 (3)의 단어들이 『표준국어대사전』에는 올라 있지 않은데, 『한국어대사전』에는 올라 있는가? 어떤 단어를 사전에 올리느냐 올리지 않느냐는 사전 편찬자(편찬기관)의 판단에 의해 결정된다. 그러니까 『표준국어대사전』 편찬자는 '-시키다'가 결합하여 만들어진 (3)의 단어들을 표제어로 등재할 필요가 없다고 판단한 것이고, 『한국어대사전』 편찬자는 표제어로 등재할 필요가 있다고 판단한 것일 뿐이다. 그러니까 (3)이 사전에 있느냐 없느냐가 (3)이 단어이냐 아니냐에 대한 판단의 기준은 아니다.

그러면 'X시키다'인 것은 모두 단어라고 할 수 있느냐? ⑷는 『표준국어대사전』
은 물론이고 『한국어대사전』에도 표제어로 올라 있지 않다.

> ⑷ 일시키다, 회복시키다, 심부름시키다, 조사시키다

⑷가 『한국어대사전』에 표제어로 올라 있지 않은 이유는 두 가지 중의 하나일
것이다. 하나는 단어(파생어)이지만, 모든 '-시키다'가 결합한 파생어를 모두 사전에
올릴 필요는 없다고 판단했기 때문일 수 있고, 다른 하나는 ⑷가 단어가 아니라 구
라고 판단했기 때문일 수도 있다. 어느 쪽인지는 사전 편자자만이 알 수 있기 때문
이 추론할 수밖에 없다.

'시키다'는 접사 '-시키다'도 있지만, 동사 '시키다'도 있다.

> ⑸ ㉠ 인부에게 일을 시켰다.
>
> ㉡ 담당 검사에게 피의자에 대한 조사를 시켰다.
>
> ㉢ 짜장면 한 그릇을 시켰다.

⑸에서 '시키다'는 동사인데, ⑸㉠에서 목적격 조사 '을'이 생략되면 '일 시키다'
이다. '일시키다'가 '목적어-동사' 구성의 '일 시키다'인지, '일'에 접미사 '-시키
다'가 결합하여 만들어진 파생어 '일시키다'인지에 대한 실증적인 판단은 어렵다.

참고로 '-님', '-들'을 언급하면서 '생산적인 접사', '생산적이다'는 표현을 썼는
데, '생산성'의 개념에 대해 설명을 할 필요가 있을 듯하다. 형태론에서 '생산성'의
개념은 크게 두 가지로 대립된다.

첫째, 실재어의 수의 비율.

둘째, 가능어의 수. 즉 새로운 단어를 생성할 수 있는지의 유무.[3]

첫째는 해당 접사로 이미 만들어진 단어가 많으면 생산적인 접사이고, 그렇지 않으면 생산적이지 않은 접사로 보는 것이다. 이에 비해 둘째는 이미 만들어진 단어의 수는 중요하지 않고, 현재 시점에서 여전히 새로운 단어를 만들어 낼 수 있는 접사이면 생산적인 접사이고, 새로운 단어를 만들어 내지 못하면 비생산적인 접사로 보는 것이다. 현재 형태론에서 생산성의 개념은 여전히 대립되기는 하지만, 둘째의 개념이 일반적으로 받아들여지고 있다고 할 수 있다.

그리고 어떤 말이 어느 날 갑자기 단어가 되는 것은 아니다. 새로운 말은 주로 파생이나 합성의 방법에 의해 만들어지지만, 최근에는 다양한 방법으로 새로운 말이 만들어지기도 한다. '갑분싸(갑자기 분위기 싸해짐)', '애빼시(애교 빼면 시체)' 같은 말이 그것인데, 이러한 말이 만들어져서 일부 집단에서 통용된다고 해서 곧 단어인 것은 아니다. 'X시키다'의 경우도 마찬가지이다. 어느 날 누군가가 접미사 '-시키다'를 이용하여 '드론을 날리게 하다'는 의미로 '드론시키다'는 말을 사용하였다고 해서 '드론시키다'가 바로 단어가 되는 것은 아니다. 광고에서 광고 효과를 높이기 위해 생산적인 접사를 사용하여 '룰루하다(룰루 비데를 사용하다)', '키움하다(키움 증권을 이용하다)' 등의 단어를 만들어 광고하는데, 이러한 단어를 사용할 수 있는 것은 '-하다'라는 접사 역시 매우 생산적인 접사이기 때문이다. 그러나 '룰루하다', '키움하다'가 단어가 되었다고 할 수는 없는데, 그것은 아직 사회 구성원으로부터 약속을 획득하지 못했기 때문이다.

---

[3] 생산성을 이렇게 정의하는 것은 Bauer(1983)가 대표이다. Bauer(1983)는 접사의 생산성을 해당 접사가 결합한 실재어의 수로 보아서는 안 되며, 해당 접사와 결합해서 새로운 단어를 만드는 조어 능력으로 이해해야 한다고 하였다.

어떤 말이 단어가 되려면 그 사회 구성원으로부터 약속을 얻어야 한다. 이 과정을 도식으로 나타내면 (6)과 같다. 처음 우연히 만들어 낸 말이 '우연한 형식'이고, 이것이 어느 정도 사회적으로 인정을 받는 단계가 '제도화', 그리고 단어가 되는 단계가 '어휘화'이다.

(6)

우연한 형식(nonce formation)
↓
제도화(institutionalization)
↓
어휘화(lexicalization)

어떤 말이 사전에 등재된다는 것은 어휘화되었다는 것을 의미하고, 어휘화되었다는 것은 단어가 되었다고 해석해도 무방하다. 우리가 흔히 '신어'라고 하는 말들이 이러한 과정을 거쳐서 끊임없이 생겨난다. 그리고 또 많은 단어들은 새로 생겨났다가 소멸되기도 한다.

지금까지의 설명을 정리하면, 사전에 표제어로 올라 있지 않은 경우는 크게 세 가지로 정리할 수 있다.

첫째, 단어이긴 하지만, 생산성이 아주 높고 의미가 예측 가능한 접미사와 결합한 단어이기 때문에.
둘째, 단어보다 큰 구성이기 때문에.
셋째, 아직 어휘화되지 않았기 때문에.

물론 이 세 가지 경우 외에도 어떤 말이나 단어가 사전에 표제어로 올라 있지 않은 이유는 많다. 단어 개별적인 이유도 있을 것이고, 사전 편찬자의 판단이 달라서 일 수도 있고, 의도치 않은 누락도 있을 수 있다. 위에서 말한 세 가지는 위의 질문과 관련하여 생각해 볼 때 그렇다는 뜻이다.

2.3. 사동사는 모두 타동사이고, 피동사는 모두 자동사인가요?

사동 접미사 '-이/히/리/기/우/구/추-'가 결합하여 형성된 사동사는 모두 타동사라고 말하는 것은 성립한다. 하지만 피동 접미사 '-이/히/리/기-'가 결합하여 형성된 피동사가 모두 자동사라고 말하는 것은 성립하지 않는다. 그것은 피동 파생으로 만들어진 피동사 중에는 타동사로 쓰이는 것도 있기 때문이다.

피동 파생으로 형성된 피동사는 기본적으로 자동사이다. 다만 피동 파생으로 형성된 피동사 중에는 자동사로 쓰이면서 부분적으로 타동사로 쓰이는 것도 있다. 하지만 피동 파생으로 형성된 피동사가 자동사로는 쓰이지 않고, 타동사로만 쓰이는 것은 없다.

㉮ 주머니에서 열쇠가 집히지 않았다.
㉯ 동생이 가재에게 손가락을 집혔다.

'집히다'는 타동사 '집다'에 피동 접미사 '-히-'가 결합한 피동사이다. '집히다'는 ㉮처럼 목적어를 취하지 않는 자동사로 쓰이지만, ㉯처럼 목적어를 취하는 타동사로도 쓰인다. 의미적으로는 주격 조사가 결합한 '열쇠'도 '집히다'의 대상이고, 목적격 조사가 결합한 '손가락'도 '집히다'의 '대상'이다.

동사를 다시 그 기능이나 의미에 따라 (1)처럼 구분하기도 한다. 그런데 이러한 동사의 하위분류를 헷갈려 하는 경우들이 많다. 동사의 하위분류를 명확히 구분하려면, 분류 기준을 이해하는 것이 필요하다.

(1) ㉠ 자동사 : 타동사
　　 ㉡ 피동사 : 능동사
　　 ㉢ 사동사 : 주동사

(1㉠)의 자동사와 타동사를 구분하는 기준은 목적어 논항의 유무이다. 즉 (2㉠)의 '흐르다' 처럼 목적어 논항을 요구하지 않는 동사는 자동사이고, (2㉡)의 '읽다' 처럼 목적어 논항을 요구하는 동사는 타동사이다.

(2) ㉠ 물이 흐른다.
　　 ㉡ 지범이가 책을 읽는다.

동사에 따라서는 아래 (3)처럼 보충어, 학교문법의 용어로 필수적 부사어를 더 필요로 하는 것도 있다. (3㉠)에서는 '엄마와' 가, (3㉡)에서는 '천사로' 가 바로 필수적 부사어이다. 그런데 (3㉠)의 '닮다' 는 어쨌든 목적어 논항을 필요로 하지 않는 동사이고, (3㉡)의 '여기다' 는 목적어 논항을 필요로 하는 동사이다.

(3) ㉠ 아기가 엄마와 닮았다.
　　 ㉢ 그녀는 고양이를 천사로 여긴다.

자동사이냐 타동사이냐의 구분은 목적어 논항의 유무만 따진다. 그러니까 (3㉠)

의 '닮다'는 주어 외에 필수적 부사어 논항을 더 필요로 하지만 목적어 논항을 필요로 하지 않기 때문에 어쨌든 자동사이다. 그리고 (3ⓒ)의 '여기다'는 필수적 부사어 논항도 필요로 하지만 목적어 논항을 반드시 필요로 하기 때문에 어쨌든 타동사이다.

형용사는 기본적으로 목적어를 요구하지 않는다. 그래서 자동사와 타동사 중에 어느 하나에 귀속시킨다면 형용사는 자동사이다. 형용사와 동사를 구분하지 않고, 동사를 다시 동작 동사와 상태 동사로 구분하기도 한다. 이때 형용사는 상태 동사이고, 목적어를 필요로 하지 않으므로 자동사이다.

동사의 하위분류에서 (1ⓒ)의 피동사, (1ⓒ)의 사동사는 각각 피동 파생, 사동 파생에 의해 만들어진 파생어를 가리키는 게 일반적이다. '당하다', '되다'처럼 어휘 자체가 피동의 의미를 가진 동사도 있고, '시키다'처럼 어휘 자체가 사동의 의미를 가진 동사도 있다. 그래서 일반적으로 피동사, 사동사라고 할 때는 각각 피동 접미사, 사동 접미사가 결합한 파생 동사를 가리킨다.

자동사와 타동사의 구분은 목적어 논항의 유무라는 통사적 특성에 따른 것인데 비해, '피동사', '사동사'는 통사적 특성에 따른 것이 아니라 의미적 기준에 따른 구분이다. 의미적으로 어떠한 행위를 당하는 의미가 있으면 피동사이고, 어떠한 행위를 하게 하는 의미가 있으면 사동사이다. 그리고 피동의 대응 개념이 능동이고, 사동의 대응 개념이 주동이다. 그러니까 피동사와 능동사가 하나의 쌍이고, 사동사와 주동사가 하나의 쌍이다.

피동사, 능동사가 의미적 기준에 의한 구분이므로 피동사에 대응되는 능동사 그리고 사동사에 대응되는 주동사 역시 마찬가지로 의미적인 구분이다. 피동사와 사동사는 의미적으로 서로 대립되는 관계이므로 피동사이면서 동시에 사동사일 수 없다. 즉 피동사는 절대로 사동사일 수 없고, 또한 사동사는 절대로 피동사일 수 없다. 또한 피동사이면서 주동사일 수도 없고, 사동사이면서 능동사일 수도 없다.

하지만 피동사이면서 자동사이거나, 사동사이면서 타동사인 것은 성립한다. 그것은 '자동사/타동사'의 분류는 통사적 기준에 따른 것이고, '피동사', '사동사'의 분류는 의미적 기준에 따른 것으로, 서로 분류 기준의 층위가 다르기 때문이다. 그래서 피동사이면서 자동사일 수 있고, 사동사이면서 타동사일 수 있다.

능동사는 피동사에, 주동사는 사동사에 대응되는 개념이다. 그래서 능동사의 특성, 주동사의 특성을 독립적으로 정의하는 것은 어렵다. 피동사에 대응하여 피동사가 아닌 동사가 능동사이고, 사동사에 대응하여 사동사가 아닌 동사가 주동사라고 이해하게 된다. 즉 능동사가 따로 있는 게 아니라 피동사에 대응하는 동사가 능동사이다. 마찬가지로 주동사가 따로 있는 게 아니라 사동사에 대응하는 동사가 주동사이다. 실제 능동사에 대해서, 주동사에 대해서 굳이 묻지 않는 이유가 여기에 있다. 그리고 학문적으로도 능동사를 별도로, 주동사를 별도로 연구하는 경우는 찾기 어렵다.

	동사유형			가준
목적어 ×	**자동사**	**타동사**	목적어 ○	통사적 기준
당하는 의미	**피동사**	**능동사**	피동의 대응 개념	의미적 기준
어떠한 행위를 하게 하는 의미	**사동사**	**주동사**	사동의 대응 개념	
→ 서로 분류 기준의 층위가 다르다				

위에서 이미 설명한 것처럼 '자동사 : 타동사'의 구분은 통사적 기준이고, '피동사', '사동사'의 구분은 의미적 기준으로 구분하는 기준의 층위가 서로 다르다. 그래서 ⑷에서 보듯이 사동사이면서 타동사일 수 있고, 피동사이면서 자동사일 수 있다.

(4)

		피동사/사동사	자/타동사
㉠	웃다		자동사
	웃기다	사동사	타동사
㉡	꺾다		타동사
	꺾이다	피동사	자동사
㉢	먹다		타동사
	먹히다	피동사	자동사
	먹이다	사동사	타동사

(4㉠)의 '웃기다'는 사동사이면서 타동사이고, (4㉡)의 '꺾이다'는 피동사이면서 자동사이다. 이처럼 '자동사/타동사'와 '피동사/사동사'는 서로 중첩될 수 있다. 앞에서 능동사는 피동사에 대응하는 개념이고, 주동사는 사동사에 대응하는 개념이라고 하였다. 이를 기계적으로 적용하여 사동사 '웃기다'의 주동사는 '웃다'이고, 피동사 '꺾이다'의 능동사는 '꺾다'라고 말할 수는 있다. 그러면 (4㉢)의 경우 '먹다'는 피동사 '먹히다'의 능동사이면서 동시에 사동사 '먹이다'의 주동사가 된다. 그러나 굳이 이렇게 능동사, 주동사를 따로 구분할 이유도 없고, 구분해서 얻을 수 있는 이점 또한 별로 없다.

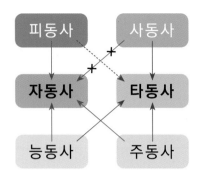

점선은 부분적으로 타동사인 경우가 있음.

그리고 '웃다'는 사동사 '웃기다'가 있지만 피동사는 따로 없고, '꺾다'는 피동사 '꺾이다'가 있지만 사동사는 따로 없다. 이에 비해 '먹다'는 피동사 '먹히다'도 있고, 사동사 '먹이다'도 있다. 이러한 상황은 개별 어휘에 따라 다르다. 이는 피동 파생과 사동 파생이 필수적인 것이 아니라 필요한 경우에, 필요할 때 단어를 만들기 때문이다. 즉 피동사가 필요하면 피동 접미사를 결합시켜 피동사를 만들고, 사동사가 필요하면 사동 접미사를 결합시켜 사동사를 만든다. 그래서 능동사에 대응되는 피동사가 있기도 하고 없기도 하며, 주동사에 대응되는 사동사가 있기도 하고 없기도 한 것이다.

'가다, 오다, 끄다'처럼 아예 피동사도, 사동사도 없는 경우도 있다. 피동사와 사동사가 따로 없어도 '가게 되다', '가게 하다'처럼 통사적으로 '-게 되다', '-게 하다'를 결합시켜 피동과 사동의 의미를 나타낼 수 있기 때문에 반드시 피동사와 사동사가 필요한 것도 아니다.

피동 접미사는 '-이/히/리/기-'이고 사동 접미사는 '-이/히/리/기/우/구/추-'이다. 형태상으로 '-이/히/리/기-'는 피동 접미사와 사동 접미사가 같다. 하지만 '-이/히/리/기-'가 결합한 파생어의 경우 피동사인지 사동사인지는 일단 의미적으로 구분할 수 있다. 그리고 통사적으로 목적어 논항의 유무를 통해 명확하게 구별할 수 있다. 목적어를 반드시 요구하면 일단 사동사로 판단해도 좋다. 사동사는 반드시 목적어 논항을 요구하는 타동사이기 때문이다.

'읽히다'와 '안기다'는 피동사와 사동사의 형태가 같다. 그렇지만 문장에서 목적어 논항을 요구하는지의 유무를 통해 피동사인지 사동사인지를 판단할 수 있다.

(5) ㉠ 오늘은 책이 잘 읽힌다.
  ㉡ 엄마가 동생에게 책을 읽혔다.

(6) ㉠ 아이가 엄마에게 안겼다.
  ㉡ 엄마가 아기를 나에게 안겼다.

(5㉠)의 '읽히다'와 (6㉠)의 '안기다'는 목적어를 요구하지 않는 자동사이므로 피동사이고, (5㉡)의 '읽히다'와 (6㉡)의 '안기다'는 목적어를 요구하는 타동사이므로 사동사이다.

피동사는 기본적으로 자동사이다. 그런데 피동사 중에 일부는 목적어를 요구하는 타동사로 쓰이기도 한다. 하지만 자동사로는 쓰이지 않고, 타동사로만 쓰이는 피동사는 없다.

(7) ㉠ 얼굴이 가시에 긁혔다.
  ㉡ 아기가 모기에게 물렸다.
  ㉢ 편지 봉투가 뜯겨 있었다.
  ㉣ 일이 손에 잡히지 않는다

(8) ㉠ 고양이에게 손을 긁혔다.

　　 ㉡ 아기가 모기에게 코를 물렸다.

　　 ㉢ 후배가 친구들에게 돈을 뜯겼다.

　　 ㉣ 그녀는 나에게 약점을 잡혔다.

(7), (8)의 '긁히다', '물리다', '뜯기다', '잡히다' 는 모두 피동사이다. 위에서 피동
사는 기본적으로 자동사라고 하였는데, 실제 (7)에서는 목적어를 요구하지 않는 자
동사로 쓰였다. 하지만 (8)에서는 목적어가 있는 타동사로 쓰였다. 이처럼 일부 피동
사는 자동사로도 쓰이고 타동사로도 쓰인다. 그래서 목적어의 유무만으로 피/사동
사를 바로 판단하는 것은 주의할 필요가 있다.

지금까지 얘기한 '자동사/타동사' 와 '피동사/사동사' 의 관계를 (9)처럼 정리할
수 있다.

(9) ㉮ 사동사는 항상 타동사이다.

　　 ㉯ 피동사는 기본적으로 자동사이다. 다만 일부 피동사는 자동사로도 쓰이
　　　　 고 타동사로도 쓰인다. 하지만 자동사로는 쓰이지 않고, 타동사로만 쓰
　　　　 이는 피동사는 없다.

그러면 지금부터는 접미사와 결합하는 어근의 성격에 대해 살펴보기로 하자. 피
동 접미사 '-이/히/리/기-' 와 결합하는 어근은 타동사이다. 이에 비해 사동 접미사
'-이/히/리/기/우/구/추-' 와 결합하는 어근은 타동사, 자동사, 형용사 모두 가능
하다. (10)은 피동사의 예이고, (11)은 사동사의 예이다.

(10) 꺾이다, 먹히다, 들리다, 끊기다

(11) ㉠ 먹이다, 입히다, 알리다, 넘기다
　　 ㉡ 피우다, 앉히다, 눕히다, 숨기다
　　 ㉢ 높이다, 낮추다, 굽히다, 밝히다

(10)에서 접미사 '-이/히/리/기-'와 결합한 어근 '꺾-', '먹-', '들-', '끊-'은 타동사이다. 이처럼 피동 접미사와 결합하는 어근은 타동사이다. 즉 타동사 어근에 피동 접미사 '-이/히/리/기-'가 결합하여 피동사가 되면, 타동사에서 자동사로 바뀐다. 이처럼 피동 파생은 어근의 품사를 바꾸지는 않지만, 어근의 성격을 타동사에서 자동사로 바꾼다.

이에 비해 사동사인 (11)의 경우, 사동 접미사와 결합하는 어근은 타동사, 자동사, 형용사 모두 가능하다. (11㉠)에서 어근 '먹-', '입-', '알-', '넘-'은 타동사이고, (11㉡)에서 어근 '피-', '앉-', '눕-', '숨-'은 자동사이고, (11㉢)에서 어근 '높-', '낮-', '굽-', '밝-'은 형용사이다. 어근이 타동사이든 자동사이든 형용사이든 사동 파생이 된 사동사는 모두 타동사이다. 사동 파생은 형용사를 동사로 바꾸기도 하므로 피동 파생과 달리 어근의 품사를 바꾸기도 한다. 또한 자동사가 사동 파생의 결과 타동사가 되므로 자동사에서 타동사로 어근의 성격을 바꾸기도 한다.

정리하면, 피동 파생에 참여하는 어근과 사동 파생에 참여하는 어근의 종류는 다르다. 피동 파생에 참여하는 어근은 타동사만 가능하고, 사동 파생에 참여하는 어근은 타동사와 자동사, 형용사도 가능하다. 그래서 사동 파생에 참여하는 어근에 비해 상대적으로 피동 파생에 참여하는 어근이 더 제약적이라고 말한다.

'주세요'의 '요'가 보조사인데 어떻게 '-세요'가 어미일 수 있나요?

한마디로 설명

'-세요'는 '-시어요'의 준말이다. '-시어요'에서 '-시-'는 주체 높임 선어말어미이고, '-어'는 '먹어'에서 '-어'와 같은 종결어미이다. '-어'가 종결어미이니까 '-시어요'에서 '요'는 보조사일 수밖에 없다. 종결어미는 서술어의 마지막에 오는 어미인데, 그 뒤에 다시 또 다른 어미가 결합할 수는 없다. 그러므로 '요'가 어미일 수는 없고, 어미가 아니라면 보조사 외에 다른 것을 상정할 수 없다.

'-세요'는 이처럼 세 개의 형태소가 결합한 구성이지만, 마치 하나의 단위처럼 쓰인다. 즉 하나의 어미처럼 쓰인다. 그래서 '-세요'의 '요'가 분명히 보조사 '요'임에도 불구하고, 보조사 '요'가 결합한 '-세요' 전체를 하나의 어미처럼 보기도 하는 것이다.

『표준국어대사전』에서는 '-세요'를 아예 어미라고 정의해 놓았는데, 사전에 어미라고 기술되어 있다고 해서 '-세요'가 정말 어미는 아니다. 사전의 처리는 언어적 사실이 아니라 해석상의 문제이다. '-세요'는 '-시-어-요' 3개의 형태소가 결합하여 음운 변동(반모음화)이 적용되어 된 구성이다(-시어요 → -셔요 〉 -세요).[1] 그리고 항상 '-세요'의 형태로 쓰여 하나의 어미와 같이 행동한다. 그래서 '-세요'가 정말 하나의 어미는 아니지만 하나의 어미와 같은 단위로 해석할 수 있는 부분이 있고, 『표준국어대사전』의 기술처럼 하나의 어미로 보기도 한다.

[1] '시어요/si-ə-yo/ → -셔요/syəyo/'는 /i/ 모음이 반모음 /y/로 바뀌는 반모음화가 적용된 것이다. 그리고 '-셔요 〉 -세요'는 '져비 〉 제비', '벼개 〉 베개' 처럼 'yə 〉 e' 변화가 적용된 것이다. 'yə 〉 e' 변화는 어휘에 따라 산발적으로 일어난 변화이다. 현대국어에서 특히 경상도 방언에서 '형님', '별로'를 '헹님', '벨로'라고 말하는데, 이것도 같은 음운 현상이다.

자세히 설명

　　조사나 어미는 단독으로도 쓰이지만, 둘 이상의 조사가 결합하여 쓰이기도 하고, 어미 역시 둘 이상의 어미가 결합하여 쓰이기도 한다. 조사가 둘 이상이면 대체로 '격조사+보조사'이거나 '보조사+보조사'이다. '주격 조사-목적격 조사', '관형격 조사-주격 조사'처럼 격이 다른 격조사는 일반적으로 중첩될 수 없지만, 격조사와 보조사 그리고 보조사들끼리는 중첩될 수 있다. 일반적이지는 않지만 '우리 학교에서의 실험'처럼 격조사가 중첩된 경우도 없지는 않다. 부사격 조사와 관형격 조사의 중첩은 어느 정도 가능하다. 그리고 어미가 둘 이상이면 마지막 어미는 무조건 어말어미이고, 어말어미 앞에 있는 어미는 몇 개이든 간에 모두 선어말어미이다.

　　먼저 조사가 둘 이상 쓰인 경우부터 살펴보자.

(1) ㉠ 학교로

　　㉡ 학교까지도

　　㉢ 학교로부터

(1㉠)에서는 조사 '로'가 단독으로 쓰였다. 이에 비해 (1㉡)의 '까지도'는 '까지+도'가 결합한 구성이고, (1㉢)의 '로부터'는 '로+부터'가 결합한 구성이다. 이때 (1㉡)의 '까지도'는 두 개의 조사가 결합한 통사적 구성으로 보는 데 반해, (1㉢)의 '로부터'는 하나의 조사로 보기도 한다. 즉 원래는 '로'와 '부터' 두 개의 조사가 결합한 통사적 구성이었지만, 이렇게 결합한 '로부터'가 어휘부에 등재되어 있는 또 다른 하나의 조사로 해석하는 것이다. 이는 두 개의 단어가 결합하여 또 다른 단어 즉, 합성어가 되는 것을 떠올리면 그렇게 이상한 일은 아니다. 하지만 조사는 일반적으로 단어 형성에 참여하지 않는다는 사실을 고려하면 예외적인 경우라고 볼 수 있다. 물론 관점에 따라서는 여전히 '로부터'도 '까지도'와 마찬가지로 통사적 구성으로 해석하기도 한다. 참고로 『표준국어대사전』의 경우, '로부터'는 조사로 표제어로 등재되어 있고, '까지도'는 표제어로 등재되어 있지 않다.[2]

2　사전에서 조사로 등재해 놓으면 조사이고, 사전에서 등재해 놓지 않으면 조사가 아닌 것은 아니다. 교육 현장에서 사전을 중요하게 활용을 하지만, 사전이 곧 국어학적 사실이라고 생각하는 것은 바람직하지 않다. 간단한 예로 '학생들', '산신령님'은 각각 접미사 '-들', '-님'이 결합한 파생어이다. 하지만 『표준국어대사전』에 '학생들'과 '산신령님'은 표제어로 등재되어 있지 않다. 사전에 표제어로 등재되어 있지 않다고 해서 '학생들'과 '산신령님'이 파생어가 아닌 것은 아니다. 사전이 모든 단어를 등재하는 것도 아니고, 그럴 수도 없다. 그리고 사전이 학문적인 사실을 모두 반영할 수도 없고, 그럴 수도 없기 때문이다. 그러나 중등교육 현장에서 사전이 중요한 교육 자료라는 것은 또한

(2)는 어미가 둘 이상 쓰인 경우이다.

> (2) ㉠ 잡아.
> ㉡ 잡았니?
> ㉢ 잡으세요.

(2㉠)에서는 어미 '-아'가 단독으로 쓰였다. 이에 비해 (2㉡)에서는 '-았-니' 2개의 어미가 쓰였다. 그리고 (2㉢)에서는 어미 '-(으)세'와 보조사 '요' 이렇게 2개가 쓰였다(-(으)세-요). '-(으)세요'에서 '-(으)세'가 '-(으)시-어'의 준말이라는 사실을 고려하면 3개의 어미가 쓰였다고 할 수도 있다. (2㉡)의 '-았니'는 선어말어미 '-았-'과 어말어미 '-니'가 결합한 통사적 구성이다. (2㉢)의 '-(으)세요' 역시 어미 '-(으)세'와 보조사 '요'가 결합한 통사적 구성이다.

그런데 '-(으)세요'는 마치 하나의 어미처럼 항상 붙어 다니는 경향이 있다. 그래서 '-(으)세요' 전체를 어미로 해석할 수도 있다. 즉 원래는 통사적 구성이었지만, 통사적 구성이 어미로 그 성격이 바뀌었다고 보는 것이다. 참고로 『표준국어대사전』에서는 '-(으)세요'를 어미로 등재해 놓고 있다. (2㉡)의 '-았니'는 통사적으로 '-았-'과 '-니'가 결합한 통사적 구성이라는 데 이견이 없으므로 당연히 표제어로 등재되어 있지 않다.

현재 사전에서는 '로부터', '-(으)세요'처럼 둘 이상의 조사 또는 둘 이상의 어미, 그리고 '어미+보조사' 구성을 하나의 조사나 하나의 어미로 기술하고 있는 경우가 많다. 이는 학문문법에서의 통합적 관점을 반영한 것이다. 통합적 관점에 대립되는 것이 분석적 관점인데, 분석적 관점에서는 '로부터', '-(으)세요'를 하나의 조사, 하

분명한 사실이다. 이와 관련한 보다 자세한 설명은 ☞2.2. '공부시키다'가 사전에 없는데, 그러면 단어가 아닌가요? 참조.

나의 어미로 보지 않는다. 아무튼 사전에 조사나 어미로 등재되어 있다고 해서 이들 구성이 정말 조사나 어미인 것은 아니다. 다만 그렇게 해석할 수도 있다는 의미로 이해하는 것이 좋다.

그러면 둘 이상의 조사(조사+조사) 또는 둘 이상의 어미(어미+어미) 또는 '어미+조사'의 구성이 하나의 조사나 어미로 기능한다고 보는 예들을 살펴보기로 하자. 먼저 조사의 예를 살펴본 후 어미의 예를 살펴보겠다.

(3)은 『표준국어대사전』에 조사로 등재된 것 중 일부이다.

(3)	조사	형태소 분석
㉠	로부터	부사격 조사 '로' + 보조사 '부터'
㉡	에서부터	부사격 조사 '에서' + 보조사 '부터'
㉢	에서³	부사격 조사 '에' + 보조사 '서'
㉣	에게서	부사격 조사 '에게' + 보조사 '서'

3 『표준국어대사전』에서 '에서'는 형태소 분석 없이 조사로 처리해 놓았는데, 이는 말 그대로 사전의 처리 방식이다. 국어사적으로 '에서'가 부사격 조사 '에'와 보조사 '서'가 결합한 구성이라는 데는 이견이 없다. 역사적으로 '에'도 있었고, '서'도 있었기 때문이다. 다만 현대국어라는 공시태에서 보조사 '서'의 위치가 안정적이지 않기 때문에 공시적으로 '에서'를 '에'와 '서'로 분석하는 것보다 하나의 구성으로 다루는 것이 문법 설명에 더 효율적일 수 있다. 사전은 이러한 관점에서 '에서'를 형태소 분석 없이 하나의 조사로 처리하고 있는 것이다. 사전에 기술된 내용이 국어학적 사실을 반영한 것이기는 하지만, 사전에 기술된 내용이 곧 국어학적 사실은 아니다. 그러므로 사전에 전적으로 기대어 판단하거나 가르치는 것은 바람직하지 않다. 그럴 경우 자칫 국어학적 사실을 왜곡할 수도 있으므로 주의할 필요가 있다.

조사는 단어 형성의 단위가 아니기 때문에 (3)의 조사들이 비록 둘 이상의 조사가 결합한 구성이지만, 이를 파생어나 복합어의 범주 안에서 다루지는 않는다.[4] (3)의 조사들은 항상 하나의 단위처럼 붙어 다니는 경향이 있다. 그래서 하나의 조사로 볼 수도 있다.

그런데 '로', '부터', '에서', '에게', '서'[5]는 각각 단독으로도 쓰인다. 그래서 아래 (4)의 '에게조차도' 처럼 (3)의 조사들을 둘 이상의 조사가 결합한 통사적 구성으로 볼 수도 있다.

> (4)　나에게조차도 : 나+에게+조차+도

(4)에서 '에게조차도'는 하나의 조사로 해석하는 일이 없다. 사전을 찾아봐도 '에게조차도'는 표제어로 없다. 일반적으로 '에게-조차-도'는 '에게'와 '조차', '도'가 통사적으로 결합한 통사적 구성으로 해석하기 때문이다. 그렇다면 평행한 논리로 (3)의 조사들 역시 하나의 조사가 아니라 둘 이상의 조사가 통사적으로 결합한 통사적 구성으로 해석할 수도 있다. 학문적으로는 여전히 통사적 구성으로 해석하는 견해도 있다.

『표준국어대사전』에서 (3)을 조사로 등재해 놓았다는 것은 사전 편찬자의 관점에서는 (3)을 통사적 구성이 아니라 하나의 어휘로 보았다는 것이다. 단일어 '강'과

4　이에 대한 자세한 설명은 『문법하고 싶은 문법』 ☞2.9. 조사 '로'와 '부터'가 결합하여 형성된 '로부터'는 왜 합성어가 아닌가요? 참조.

5　『표준국어대사전』은 '서'를 "'에서'의 준말"로 뜻풀이 해 놓았는데, 사전의 뜻풀이가 국어학적 사실은 아니다. '서'가 '에서'의 준말이라는 것은 증명된 사실이 아니기 때문에, 일반적으로 통용되는 해석은 아니다.

'산'이 결합하여 또 다른 단어 즉, 복합어 '강산'이 만들어지는 것과 같은 방식으로 생각하면 이해가 쉬울 것이다. 그러니까 (3)은 조사와 조사가 결합하여 또 다른 조사가 만들어진 것으로 일종의 복합 조사인 셈이다. 물론 조사는 단어 형성의 단위가 아니기 때문에 '조사+조사'가 결합하여 새로운 조사가 만들어졌다고 해서 복합어라고 하지는 않는다.

(5)는 둘 이상의 어미 또는 '어미+보조사'가 결합한 구성인데, 하나의 어미로 다루기도 하는 예들이다. 참고로 (5㉠~㉢)은 『표준국어대사전』에서 어미로 등재해 놓은 것들이다. 앞서 (3)의 조사들은 그래도 범주가 같은 것끼리 즉, 조사(격조사, 보조사)들끼리 결합한 구성이다. 그런데 (5)의 어미들은 범주가 이질적인 것들이 결합한 것도 있다. (5㉢)의 '-습니다/-ㅂ니다'처럼 어미들끼리만 결합한 구성도 있지만, (5㉠,㉡)처럼 어미와 보조사가 결합한 것도 있고, (5㉢)처럼 여러 이질적인 성격의 형태소가 결합한 구성도 있다.

(5) ㉠ -시어요 ~ -세요 ~ -셔요
     ㉡ -어요 ~ -에요
     ㉢ -을지라도
     ㉣ -자마자
     ㉤ -습니다/-ㅂ니다

(5)는 모두 둘 이상의 형태소가 결합한 구성이다. 그래서 (5㉠~㉤) 모두 (3)과 마찬가지로 분석적 관점에서 둘 이상의 형태소로 분석할 수도 있다. 하지만 이들이 항상 하나의 단위처럼 행동하기 때문에, 하나의 어미로 다루기도 한다. 사전에서 어미라고 했다고 이들이 정말 어미인 것은 아니고, 학문적인 관점에서 설명의 효율성이라는 측면에서 하나의 어미로 다루기도 한다. 사전에서 어미라고 한 것은 이러한

관점을 반영한 것이지, (5㉠~㉺)이 정말 하나의 어미라는 것이 증명되었기 때문에
어미라고 기술한 것은 아니다.

먼저 질문의 대상이 된 (5㉠)부터 살펴보자.

Ⓐ	옷 입으시어**요**
	옷 입으세**요**
	옷 입으셔**요**
Ⓑ	*옷 입으시어
	옷 입으세
	옷 입으셔
Ⓒ	옷 입어
	옷 입어**요**

Ⓐ의 '-세요'는 '-시어요'의 준말이고, '-시어요'의 준말에는 '-셔요'도 있다.
이때 '-시어요', '-세요', '-셔요'의 '요'는 보조사이다. '요'가 보조사니까 '요'가
결합하지 않은 '-시어', '-세', '-셔'도 있어야 할 텐데, 현실 언어에서는 나타나지
않거나 나타나더라도 일상적인 것이 아니다. '-시-'가 결합하지 않은 '-어', '-어
요'는 일상적으로 나타난다. '-어요'는 종결어미 '-어'에 보조사 '요'가 결합한 것
이다.

Ⓑ의 '*옷 입으시어'에서 보듯이 '-시어'가 종결어미로 현실 언어에서 나타나
는 경우는 없다. '옷 입으세', '옷 입으셔'처럼 '-세', '-셔'는 현실 언어에서 나타나
기는 한다. 그런데 '옷 입으세'의 '-세'는 명령의 의미가 아니라 청유의 의미를 가
진 어미이다. 그래서 명령의 의미를 가진 '-(으)시어'가 '-(으)시어 → -세'가 된 '-

세'와는 다르다. 청유의 '-세'는 역사적으로 '-ᄉ이어(ᄉ-이-어)'에서 음운 변동을 겪은 형태로 추정한다. '-셔'는 일상적으로 사용되는 것은 아니다. 높임의 대상이 아닌, 수평적으로 친한 관계에서 또는 윗사람이 아랫사람에게 특정한 상황 맥락에서 사용하기는 하는데, 일상적으로 나타나지는 않는다.[6]

ⓒ에서 '옷 입어'의 '-어'는 비격식체 '해체'의 종결어미이고, 여기에 보조사 '요'가 결합한 '옷 입어요'의 '-어요'는 비격식체의 '해요체'의 종결어미이다.

다음으로 (5ⓒ)의 '-에요'는 서술격 조사 '-이-'나 형용사 '아니-' 뒤에서만 나타나는데, 형태론적으로는 '-어요'와 같다. 즉 /i/ 모음 뒤에서만 나타난다는 점에서 '-어요'의 이형태와 같은 성격을 띤다. '-에요'는 'NP이어요, 아니어요'에서 /i/ 모음 뒤에서 /y/가 첨가된 '-여요', 그리고 '-여요'에서 '/ㅕ/ 〉 /ㅖ/' 변화를 겪은 것으로 추정한다(-əyo → -yəyo 〉 -eyo).

(5ⓒ)의 '-을지라도'는 상당히 복잡한 구성인데, '관형사형 어미 -(으)ㄹ+의존명사+보조사'의 통사적 구성이다.

▶ -을지라도/-ㄹ지라도
　　-(으)ㄹ : 관형사형 어미
　　지　　 : 의존 명사
　　라도　 : 보조사

위에서 보듯이 '-을지라도'는 복잡한 통사적 구성이었던 것인데, '-을지라도'가 마치 하나의 어미처럼 항상 붙어 다니면서 어미처럼 기능하게 된 것이다. 그래서 현

102

6　　세대에 따라 다르기는 한데, 예전 텔레비전 프로그램 '날아라 슈퍼보드'의 등장인물 중의 하나인 저팔계가 사용했던 대화체의 특징이다. 그때 저팔계의 대화체를 많이 따라했는데, 그 영향일 가능성을 생각해 볼 수 있는데, 실증적으로 증명된 것은 아니다.

대국어라는 공시태에서 '-을지라도'를 하나의 어미로 해석할 수도 있게 된 것이다.

(5ㄹ)의 '-자마자' 역시 통사적 구성이었던 것이 어미처럼 기능하고 있는 경우이다. '-자마자'는 역사적으로 그 형성 과정을 실증하기가 쉽지는 않지만, '-자 말자' 구성이 긴밀해지면서 어미처럼 기능한 것으로 해석된다. 예전에는 '부젓가락(불+젓가락)', '싸전(쌀+전)'처럼 /ㅈ/ 앞에서 /ㄹ/이 탈락하였다. 그래서 '-자 말자'에서 '말-'의 종성 /ㄹ/이 어미 '-자'의 /ㅈ/ 앞에서 탈락하여 '-자마자'가 되고, 이 '-자마자'가 항상 하나의 단위처럼 쓰이면서 현대국어에서는 어미처럼 기능하고 있는 것이다.

(5ㅁ)의 '-습니다/-ㅂ니다'는 중세국어 '-습-ᄂᆞ-니-이-다'가 응축된 형태이다. '-습니다'가 통시적으로 '-습-ᄂᆞ-니-이-다'의 응축형이라는 것을 분석해 낼 수는 있지만, 현대국어에서 '-습니다'를 '-습-ᄂᆞ-니-이-다'로 분석할 수는 없다. 현대국어에는 '-습-'이 없고, '-ᄂᆞ-', '-이-'도 존재하지 않기 때문이다. 그래서 통시적으로 5개의 형태소가 결합한 구성이었음에도 현대국어라는 공시태에서는 하나의 어미로 보기도 한다.

다만 '-습니다'를 '-습니-다'로 분석하여 '-습니-'를 선어말어미로 보는 견해도 있다. 그 근거는 '먹습니다 : 먹습디다'의 대응이다. 즉 어말어미 '-다'를 빼고 나면 '-습니-'와 '-습디-'가 대응하므로 '-습니-'와 '-습디-'를 선어말어미 보는 것이다. 그러나 이 경우에도 '-습니-'와 '-습디-'를 다시 분석하지는 않는다.

참고로 『표준국어대사전』에서는 '-습니다', '-습디다'를 어말어미로 등재해 놓았지만, '-습니-'와 '-습디-'를 선어말어미로 등재해 놓지는 않았다.

'착하다'의 어근 '착'을 사전에서 찾으면
'품사 없음'이라고 나오는데, 이게 무슨 말인가요?

한마디로 설명

어근은 접사에 대응되는 개념이다. 즉 파생어, 합성어를 구분하기 위해서 설정된 개념이다. 두 개의 형태소가 결합해서 단어가 만들어질 때, 두 개의 형태소는 둘 다 어근이거나(합성어), '접사+어근'이다(파생어). 이때 어근은 단어일 수도 있고, 단어가 아닐수도 있다. 어근이 단어이냐 아니냐는 파생어와 합성어를 판단하는 데 관여적이지 않다. 그래서 질문에 대한 대답은 다음과 같다. '착'은 단어가 아니어서 품사를 말할 수없다. 그렇다고 해서 접사도 아니다.

단어 형성 단위의 하나인 어근은 단어일 수도 있고, 단어가 아닐 수도 있지만, 그렇다고 접사인 것은 아니다. '단어가 아닐 수 있다'고 할 때 단어는 조사를 뺀 8개의 품사 중의 하나를 말한다. 조사가 학교문법에서 품사의 하나로 분류되어 있기는 하지만, 조사는 단어 형성의 단위가 아니다. 그래서 조사는 어근이 될 수도 없고, 접사가 될 수도 없다.[1]

---

1 이에 대한 자세한 설명은 『문법하고 싶은 문법』 ☞ 2.9. 조사 '로'와 '부터'가 결합하여 형성된 '로부터'는 왜 합성어가 아닌가요? 참조.

자세히 설명

어근과 단어의 구분을 어려워하는 경우들이 많다. 합성어는 '어근+어근', 파생어는 '어근+접사'인데, 이때 어근이 단어인 경우가 대부분이지만, 어근이 단어가 아닌 경우도 있기 때문이다. 사실 어근을 그 자체로 정의하는 것은 학문적으로도 쉽지 않은 일이다. 한 가지 명확한 것은 접사가 아니라는 것이다. 그러면 접사를 그 자체로 정의하는 것은 명료하냐 하면 그렇지도 않다. 그러나 접사가 어근이 아니라는 것은 명확하다. 이처럼 어근과 접사는 서로가 서로를 정의하는 데 필요한 개념이지만, 서로 기대지 않고 그 자체로 자신을 정의하는 것은 쉽지가 않다.

교육 현장에서는 대개 사전을 활용하여 파생어, 합성어를 판단하고, 또 어근인지 접사인지를 판단한다. 즉 사전에서의 기술을 수업 시간에 활용한다. 이것 자체는 자연스러운 일이다. 그런데 사전의 내용에 전적으로 의존하여 가르치는 것은 문제가 발생할 수 있다. 사전이라는 것은 학문적 사실을 정리해 놓은 것이 아니라, 일반 언중들을 대상으로 만든 일종의 어휘 자료집이다. 그래서 학문적 논의만큼 체계적이고 일관성이 있는 것은 아니다. 그렇다고 사전이 문제가 있다는 말은 아니다. 사전은 단어에 대한 정보(형태, 의미, 품사, 발음, 용례 등)를 일반 독자들이 필요로 하는 만큼 전달하면 되는 것이지, 국어학적 사실을 밝히는 곳은 아니기 때문이다. 그래서 사전에 기술된 정보를 활용하되, 국어학적 사실을 바탕으로 사전의 정보를 해석해서 가르쳐야 하는 경우가 있다. 이렇게 말하면 누군가가 '수능이나 임용에서 사전을 활용해서 문제를 내기 때문에 사전을 그대로 가르칠 수밖에 없지 않느냐'고 반문할 수 있다. 그런데 수능이나 임용, 공무원 시험처럼 국가 기관이 주관하는 시험에서는 학문문법의 내용과 조금이라도 어긋나거나 이상한 것은 절대 문제로 출제하지 않는다. 아니 출제할 수가 없다. 그럴 경우 문항의 정합성이 논란이 되기 때문이다. 다시 한 번 강조하지만, 사전에 기술된 정보를 기계적으로 있는 그대로 수업에 활용하게 되면, 문법적 사실과 충돌하는 경우가 있으므로 주의할 필요가 있다.

[질문]에서 제기된 '착하다'의 '착'의 사전 뜻풀이를 보면서 얘기를 계속하기로 하자. 사전은 『표준국어대사전』을 인용한다.

(1) **착** 「품사 없음」
'착하다'의 어근.

착-하다 「형용사」

(1)에서 보듯이 '착하다'의 '착'을 사전에서 찾으면 '품사 없음'으로 되어 있다. 여기서 '품사 없음'이라는 말은 정말 품사가 없다는 것이라기보다는 품사를 모른다는 의미이다. 품사가 무엇인지 규정할 수는 없지만, 그러나 접사는 아니라는 뜻이

다. 그런데 왜 어근이라고 했느냐? 그것은 '착하다'가 파생어이고, '착하다'에서 접사는 '-하다'이니까, 접사와 결합한 '착'은 그 정체가 정확히 무엇인지는 모르겠지만, 아무튼 접사에 대응되는 어근이라고 하는 것이 설명의 부담을 줄여 주기 때문이다. 물론 '풋-내기'처럼 접사와 접사가 결합한 파생어도 있기는 하지만, 이는 매우 예외적인 경우이다.

'착하다'의 '착'과 달리 '아름답다'의 '아름'은 아예 사전에 없다. (2)에서 보듯이 '아름답다'는 '아름-답다'로 즉, '아름'과 '-답-'으로 직접구성요소 분석을 해 놓았다. 그런데 정작 사전에서 '아름'을 찾으면 표제어로 올라 있지 않다.

(2) **아름-답다** 「형용사」

단어 형성에서 '아름답다'를 다룰 때는 '정답다, 꽃답다'와 같은 파생어로 다루게 된다. '-답-'이 접미사이니까, '아름'은 '정', '꽃'과 마찬가지로 어근이다. 그런데 '정', '꽃'은 명사이지만, '아름'은 '정', '꽃'과 같지 않다. '아름'은 '아름답다'에서만 나타나고, 다른 곳에서는 나타나지 않는다. 그래서 '아름'의 품사가 무엇인지 실증적으로 말할 수 없다. 그러나 접사 '-답-'이 결합하였으므로 '아름'이 어근이라고 하는 것은 가능하다. 하지만 '아름'이 명사인지 아닌지는 알 수 없다. 그래서인지 모르지만, 사전에서는 아예 '아름'을 표제어로 올리지도 않았다.

또 다른 예로 '괴롭다'를 보자. '괴롭다'는 '지혜롭다, 슬기롭다'와 마찬가지로 접미사 '-롭-'이 결합한 파생어이다.

107

(3) **괴롭다** 「형용사」

그런데 '괴롭다'의 경우에는 (3)에서 보듯이 사전에서 아예 직접구성요소 분석이 되지 않은 채 표제어로 올라 있다. 그리고 '착하다'의 '착'과 달리 '괴롭다'의 '괴'는 '아름'과 마찬가지로 표제어로 올라 있지 않다. 사전에 올라 있는 '괴'는 '괴하다'의 어근으로 '괴롭다'의 '괴'와는 무관하다. 사전에서 직접구성요소 분석이 없는 경우는 단일어라는 의미를 내포하고 있다. 따라서 사전의 처리 방식으로만 보면 '괴롭다'는 단일어라고 해야 되는 셈이다.

언어 변화라는 관점에서 보면, '괴롭다'가 단일어화 되어 가고 있는 것은 사실이다. 하지만 아직은 '괴롭다'를 단일어라고 말하기는 어렵다. 국어학 개론서들에서도 '괴롭다'를 단일어로 분류한 경우는 찾아보기 어렵다. 대부분의 경우 '괴롭다'는 접미사 '-롭-'이 결합한 파생어의 예로 제시되어 있다. 통시적으로 보면 '괴롭다'는 '고(苦)롭다 〉 괴롭다'였을 것으로 해석한다. 일부 방언에서 '괴롭다'를 '고롭다'라고 하는 사실도 이를 뒷받침한다. '고롭다'에서 모종의 음운 변동이 일어나 '고롭다 〉 괴롭다'가 되었다.

현대국어에서 '괴'는 '괴롭다' 외에는 나타나지 않는다. '괴롭다'에서만 확인되기 때문에 명사라고 할 수도 없고, 그렇다고 접사로 볼 근거도 없다. 그렇지만 분명한 것은 접미사 '-롭-'이 결합하였다는 사실이고, 접미사 '-롭-'에 결합하는 어근은 일반적으로는 명사이다. 그래서 '괴'가 명사라고 할 수는 없지만, 어근이라고 하는 것은 가능하다.

사전의 정보를 참고하는 것은 좋으나, 사전의 기술을 그대로 받아들여 암기하거나 가르치는 것을 경계해야 하는 또 다른 예로 (4)를 들 수 있다.

(4)

쇠-고기 「명사」	**소-고기** 「명사」
소의 고기.	소의 고기.

'쇠고기'는 중세국어 관형구 '쇼이 고기'가 단어가 된 것이다.[2] 즉 '쇼-이 고기 → 쇠고기 〉쇠고기'의 과정을 거쳐 단어가 된 것이고, '소고기'는 '소+고기'의 합성어이다. 그런데 '쇠'와 '소'의 사전의 기술을 보면 다소 의아하게 되어 있다.

(5) **쇠-「접사」**
소의 부위이거나 소의 특성이 있음을
나타내는 접두사.

소「명사」
솟과의 포유류.

(5)에서 보듯이 '쇠-고기'의 '쇠'가 접사로 기술되어 있다. 통시적으로 보면 '쇠'는 위에서 설명한 것처럼 명사 '쇼'에 관형격 조사 '이'가 결합한 곡용형이다. 그런데 접사로 처리되어 있는 것이다. 『표준국어대사전』의 기술 방식을 그대로 따른다면 '쇠고기'와 '소고기' 두 단어의 성격은 다르게 된다. 즉 '쇠고기'는 파생어, '소고기'는 합성어가 된다.

그러면 사전의 기술대로 학생들에게 '쇠고기'는 파생어이고, '소고기'는 합성어라고 가르쳐야 하는가? 여기서 말하고 싶은 것은 그래서는 곤란하다는 것이다. 그것은 문법을 가르치는 것이 아니라 사전을 가르치는 것이기 때문이다. 국어학 개론서에서 '쇠고기'를 파생어로 분류한 개론서를 찾을 수는 없을 것이다. '쇠고기'를 파생어라고 볼 근거도 딱히 없기도 하고, 또한 '쇠고기'를 군이 파생어라고 규정해야 할 필요도 없고 이유도 없기 때문이다. 앞에서도 얘기했지만 중등 교육에서 사전이 중요한 교육 자료이긴 하지만, 사전의 내용이 곧 국어학적 사실은 아니다. 또한 문법 교육이 사전을 가르치는 것은 더 더욱 아니다.

---

2   이에 대한 자세한 설명은 『문법하고 싶은 문법』 ☞ 2.10. 왜 '소고기'를 '쇠고기'라고도 하나요? 참조.

그러면 어떻게 가르쳐야 하는가? 현대국어에서 '쇠고기'는 '쇠-고기'로 분석된 다는 사실만 가르쳐도 된다. 여기서 더 나아가 가르친다면, '소'와의 구별을 위해서 이때의 '쇠'는 중세국어에서는 '쇼'에 관형격 조사 '이'가 결합한 곡용형이었다는 사실까지 얘기해 줄 수는 있을 것이다. 그러나 더 나아가 군이 '쇠고기'가 파생어이 니 합성어이니 하면서 꼭 규정해 줄 필요는 없다는 말이다.

현대국어라는 공시태에서 '쇠'의 형태론적 성격을 규정하기가 쉽지는 않다. 하 지만 그렇다고 학문문법에서 '쇠'를 접사로 규정하는 것은 일반적인 견해는 아니 다. 그럼에도 불구하고 단지 사전에 '쇠'가 접사로 되어 있다는 이유만으로, 사전 에 기대어 '쇠고기'를 파생어로 가르치는 것은 올바른 태도라고 할 수 없다. 학문적 으로 규정할 수 없거나 규정하기 어려운 예를 군이 수업 현장에서 학생들에게 어느 한쪽으로 규정해 줄 필요는 없다. 그럴 경우 오히려 사실을 왜곡하여 받아들일 위 험만 가중시킬 뿐이다.

사전의 내용을 있는 그대로 기계적으로 가르칠 경우, 국어 현상에 대한 학생들 의 호기심과 질문을 차단하는 문제가 생길 수 있다. 또한 사전에 전적으로 의존하 게 되면, 학생들이 국어 현상을 맞냐 틀리냐의 정오의 문제로 단순화하고 도식화 해 버릴 수 있다. 사전은 기본적으로 정의로 이루어져 있는데, 문법은 정의하는 것 이 아니라 분석하고 증명하는 것이다. 사전의 내용을 가르치는 것이 문법 교육은 아니다. 그럴 경우 문법 교육이 단순히 규범의 정오를 가르치는 것으로 전락할 수 있다.

국어과 교육과정에서 국어에 대해 탐구하는 능력을 키우는 것은 국어 및 문법 교육의 중요한 목표 중의 하나임을 분명하게 밝히고 있다. 단순히 이것은 맞고 저 것은 틀렸다는 식으로 국어의 다양한 현상을 이분법적으로 재단하게 하는 규범 교 육이 국어 및 문법 교육의 지향점일 수는 없다. 규범에 맞게 언어생활을 하는 것도 국어 및 문법 교육 목표의 하나이기는 하지만, 이것은 실용적 필요성에 의한 것이 지 이것이 문법 교육의 지향점일 수는 없다. 탐구는 왜에 대한 호기심과 물음에서 비롯되는데, 규범은 맞냐 틀리냐를 판정해 주는 것이다. 맞냐 틀리냐를 판정해 주는 사고에서 왜에 대한 탐구적 사고가 일어날 수는 없다.

2.6. '이게 뭐야'에서 '뭐'는 준말인데 왜 '이게'는 준말이 아닌가요?

한마디로 설명

'이게'가 준말이 아니라는 것은 『표준국어대사전』에서의 처리가 그렇다는 말이다. 『표준국어대사전』에서 준말은 단어가 줄어든 것만을 가리킨다.

그래서 '뭐'는 단어 '무어(대명사)'가 줄어든 말이므로 준말이다. 하지만 '이게'는 대명사 '이것'에 주격조사 '이'가 결합한 곡용형 '이것이'가 줄어든 말이므로, 즉 단어가 줄어든 말이 아니므로 준말이 아니다. 『표준국어대사전』에는 '이게'가 표제어로 올라 있지도 않다.

자세히 설명

준말을 글자 그대로 풀이하면 말이 줄어든 것이다. 이때 말을 단어로 제한하면, 단어가 줄어든 것만 준말이다. 『표준국어대사전』의 준말의 정의가 이에 해당한다. 『표준국어대사전』에서 '준말'은 '단어의 일부가 줄어든 것'으로 정의되어 있다. 준말의 정의를 이렇게 해 놓았기 때문에, 단어보다 큰 구성이 줄어든 말은 '줄어든 말' 또는 '줄여 이르는 말'이라고 하여 '준말'과 구분하고 있다. 그리고 '줄어든 말'과 '줄여 이르는 말'은 줄어들기 전의 말이 이미 단어가 아니기 때문에, 표제어로 등재된 '줄어든 말'과 '줄여 이르는 말'에는 품사 정보가 없다. 준말은 단어가 줄어든 것이므로 품사 정보가 있고, 그 품사는 줄어들기 전의 품사와 같다.

(1) ~ (3)은 『표준국어대사전』에서 각각 '준말'과, '줄어든 말', '줄여 이르는 말'로 뜻풀이 해 놓은 표제어들이다.

(1) **준말**
ㄱ 뭐(← 무어)
ㄴ 맘(← 마음)
ㄷ 갖다(← 가지다)

(2) **줄어든 말**
ㄱ 걔(← 그 아이)
ㄴ -는대도(← -는다고 하여도)
ㄷ 대입(· 대학교 입학)

(3) 줄여 이르는 말

　　㉠ 수능(← 대학 수학 능력 시험)

　　㉡ 사대(← 사범 대학)

　　㉢ 헌재(← 헌법 재판소)

　　『표준국어대사전』에 '준말'은 단어가 줄어든 말로 정의되어 있는데 반해, '줄어든 말'과 '줄여 이르는 말'은 정의되어 있지 않다. 『표준국어대사전』에서 '줄어든 말'은 대체로 곡용형이나 활용형 및 구 구성이 줄어든 것을 이르는 것으로 보인다. (2㉠)의 '걔'는 '관형어+명사' 구성이 줄어든 것이고, (2㉡)의 '-는대도'는 문법적으로 무엇과 무엇이 줄어들었다고 말하기도 쉽지 않은 구성이 줄어든 것이고, (2㉢)의 '대입'은 '단어+단어'의 구 구성이 줄어든 것이다.

　　이에 비해 『표준국어대사전』에서 '줄여 이르는 말'은 (3)에서 보듯이 대체로 소위 머리글자를 따서 줄인 말을 이르는 것으로 보인다. 그러나 '줄어든 말'과 '줄여 이르는 말'의 구분이 그렇게 명료한 것은 아니다. (2㉢)의 '대입'은 성격상 오히려 (3)의 '줄여 이르는 말'과 더 가까운 데도 '줄어든 말'로 다루고 있다.

　　모든 사전이 준말을 단어에서 줄어든 것만으로 정의하고 있지는 않다. 이희승 『국어대사전』, 한글학회에서 만든 『우리말 큰사전』에서 준말은 단어에서뿐만 아니라 구나, 구에 상응하는 구성에서 줄어든 것까지 준말로 정의하고 있다. 북한의 『조선말대사전』에서도 구에 상응하는 크기의 구성에서 줄어든 것도 준말로 정의하고 있다. 이처럼 준말의 정의가 사전마다 조금씩 다르다. 『표준국어대사전』의 준말의 정의가 상대적으로 좁은 의미의 정의이다.

　　학문적으로도 준말의 정의는 다양하다. (1)만 준말로 정의하기도 하고, (1)보다 더 좁게 준말을 정의하기도 한다. 즉 (1) 중에서 음운론적으로 축약 과정을 설명할 수 있는 것만 준말로 정의하기도 한다. 반면 (1) ~ (3) 모두를 준말로 정의하기도 한다. (1) ~ (3)을 모두 준말로 정의하는 경우, (1), (2), (3) 각각은 준말의 하위 유형으로 분류된다.

준말을 넓게 정의하는 경우에도 무엇이든 줄어들기만 하면 준말이라고 하지는 않는다. 준말이라고 할 때는 적어도 두 가지 조건이 충족되는 경우이다.

첫째, 준말은 줄어들기 전의 말과 의미가 같아야 한다. 만일 줄어든 말이 줄어들기 전의 말과 의미가 다르다면 이미 준말이 아니라 새로운 말이다.

둘째, 줄어든 형식이 단어이거나 단어에 상응하는 크기의 언어 형식이어야 한다. 줄어든 말이 단어보다 큰 구의 형식일 때는 준말이라고 하지 않는 것이 일반적이다.

일상의 언어에서 우리가 사용하는 준말은 무지막지하게 많다. 당연히 준말을 모두 사전에 등재할 수 없다. 준말 —『표준국어대사전』의 '준말', '줄어든 말', '줄여 이르는 말'을 아우르는 의미의 준말 — 중의 극히 일부가 사전에 등재되어 있을 뿐이다.

『표준국어대사전』의 경우 '쌈(← 싸움)', '담(← 다음)'은 등재되어 있지만, 우리가 일상의 구어 발화에서 흔히 들을 수 있는 '샘(← 선생님)', '글고(← 그리고)', '짱(← 짜증)'은 등재되어 있지 않다. '샘', '글고', '짱'은 단어가 줄어든 것이므로『표준국어대사전』의 준말 정의에도 부합함에도 표제어로 등재되어 있지는 않다. 그리고『표준국어대사전』의 줄어든 말, 줄여 이르는 말에 해당하는 많은 것들도 표제어로 등재되어 있지 않다. 표제어의 등재 여부도 특별히 어떤 기준이 있는 것으로 보이지 않는다. 곡용형 '이것이/저것이/그것이'가 줄어든 '이게/저게/그게'는 표제어로 없지만, 곡용형 '어디에'가 줄어든 '어데'는 사전에 등재되어 있다. 그런데 '저기에'가 줄어든 '저게'는 또 사전에 등재되어 있지 않다. 또한 '공고(← 공업 고등학교)', '농고(농업 고등학교)'는 사전에 등재되어 있지만, '자사고(자립형 사립고)'는 사전에 등재되어 있지 않다. '수능'은 사전에 등재되어 있지만, '임고(임용 고사)'는 사전에 등재되어 있지 않다.

참고로 좁은 의미의 준말 즉, 단어에서 줄어든 준말은 본말과 별도로 독자적으로 행동을 한다. 이것이 무슨 말이냐 하면, 본말은 본말대로 곡용 또는 활용을 하고, 준말은 준말대로 독자적으로 곡용 또는 활용을 한다는 뜻이다. 예컨대 '뭐가'는 '뭐'에 조사 '가'가 결합한 곡용형이지(뭐+가 → 뭐가), 곡용형 '무어가'에서 줄어든 말이 아니다.

용언의 준말 역시 마찬가지이다. '머물다'는 '머무르다'의 준말인데, (4)에서 보듯이 '머무르-'와 '머물-'이 각각 독자적으로 활용을 한다. 단 준말 '머물-'의 경우 이유는 알 수 없지만, '-어X' 어미와의 활용은 제약이 된다. 그래서 '*머물어'가 되지 않는다. '-어X' 어미와의 결합은 '머무르-'의 활용형 '머물러'만 가능하다.

(4)	어간	어미 두음이 자음	어미 두음이 모음
본말	머무르-	머무르다, 머무르고	머무르니, 머무르면, 머물러
준말	머물-	머물다, 머물고	머무니, 머물면, *머물어

(4)에서 '머물고'는 '머무르고'의 준말이 아니고, '머무니' 역시 '머무르니'의 준말이 아니다. '머물고'는 '머물+고'의 활용형이고, '머무니'는 '머물+으니'의 활용형이다. 이는 /ㄹ/ 말음을 가진 다른 용언 어간의 활용 패턴과 비교해 보면 명확하게 드러난다.

(5) ㉠ 알다, 알고, 아니, 알면, 알어

　　㉡ 저물다, 저물고, 저무니, 저물면, 저물어

　(5)에서 보듯이 '머물-'의 활용은 /ㄹ/ 말음 어간 '알-', '저물-'의 활용 패턴과 정확히 일치한다. 따라서 (4)에서 '머물다, 머물고, 머무니, 머물면'이 준말 '머물-'의 활용형이라는 것을 확인할 수 있다.

　그런데 준말의 경우 본말과 달리 활용에 제약이 많다. '머물-'의 경우에는 '-어 X' 어미와의 활용만 제약이 되었지만, '디디-', '가지-'의 준말 '딛-', '갖-'의 경우에는 모음으로 시작하는 모든 어미와의 활용이 제약된다.

(6)

		어간	어미 두음이 자음	어미 두음이 모음
㉠	본말	디디-	디디고, 디디지	디디니, 디디면, 디뎌
	준말	딛-	딛고, 딛지	*딛으니, *딛으면, *딛어
㉡	본말	가지-	가지다, 가지고	가지니, 가지면, 가져
	준말	갖-	갖다, 갖고	*갖으니, *갖으면, *갖어

엄마, 그럼 '딛고'는 '디디고'의 준말인가요?

아니야, '디디-'의 준말이 '딛-'이지만, '딛고'는 준말 '딛-'에 '-고'가 결합한 거야.

만일 '딛고'가 '디디고'에서 줄어든 말이라면 '디디니, 디디면, 디뎌'에서 줄어든 말도 있어야 하잖아~. 근데 없어. 호호호~~~~^^
'딛-'은 자음으로 시작하는 어미하고만 활용할 수 있거든. 차암 히안하지?

(6)에서 보듯이 준말 '딛-'은 본말 '디디-'와 달리 자음으로 시작하는 어미와만 활용을 하고, 모음으로 시작하는 어미와의 활용은 제약된다. '딛고'가 '디디고'에서 줄어든 말이 아니라는 것은 '디디니, 디디면, 디뎌'에서 줄어든 말이 존재하지 않는 것을 통해 증명할 수 있다. 어간 '디디-'가 줄어든 '딛-'이라는 준말이 새로이 단어 가 되었고, 이렇게 새로 만들어진 '딛-'이 활용한 것이 '딛고, 딛지'이다. 다만 '딛-' 은 자음으로 시작하는 어미하고만 활용을 하는 제약이 있다.

본말과 준말의 관계를 학문적으로 '쌍형 어간'이라고 하기도 한다. 본말과 준말 이 상보적 분포를 보이지 않기 때문에 형태소와 이형태 관계는 아니다. 어쨌든 의 미는 같으므로 유의어라고 할 수도 있기는 하지만, 일반적인 유의어와는 또 성격이 다르다. 그래서 유의어와 구분하여 본말과 준말을 '쌍형 어간'이라고 부르기도 한다.

2.7.
명사, 동사라고 하면 되지 왜 쓸데없이 체언, 용언이라고도 하나요?

한마디로 설명

분류는 일종의 범주화이다. 그러니까 단어를 보다 쉽게 이해하기 위해 범주화한 것이 'ㅇㅇ사'이고 또 'ㅇㅇ언'이다. 이러한 범주화는 간략하게 할 수도 있고, 정밀하게 할 수도 있다. 분류가 간략하다고 해서 단어를 이해하는 데 쉽다거나, 분류가 정밀하다고 해서 단어를 이해하는 데 어렵다고 할 수 없다. 중요한 것은 분류가 간략하냐 정밀하냐가 아니라, 어떤 분류가 단어를 이해하는 데 가장 쉽고 언어적 사실에 가까우냐 하는 것이다.

'ㅇㅇ사'로 단어를 이해하는 것이 더 쉽고 사실에 가까울 수도 있고, 'ㅇㅇ언'으로 단어를 이해하는 것이 더 쉽고 사실에 가까울 수도 있다. 그러니까 명사, 대명사, 수사로 각각 구분하여 이해하는 것이 나으면 그렇게 구분하는 것이고, 명사, 대명사, 수사로 구분하지 않고 이들 세 품사를 묶어서 '체언'으로 이해하는 것이 더 나으면 구분하지 않고 '체언'으로 이해하는 것일 뿐이다. 또한 'ㅇㅇ사'와 'ㅇㅇ언'을 함께 고려하여 단어를 이해하는 것이 더 나으면, 둘 다를 고려하여 이해하는 것이다.

자세히 설명

　　분류는 현상이나 대상을 범주화하는 행위이다. 범주화는 현상이나 대상을 그 공통적인 속성, 기능, 관계 등을 이용하여 조직화하는 것을 이른다. 이러한 범주화는 현상이나 대상을 보다 쉽게 기억하고 이해하게 해 준다.

　　현재 우리가 쓰고 있는 국어의 단어가 얼마나 되는지 정확히 말하는 것은 거의 불가능하다. 『표준국어대사전』에 실린 표제어의 수가 약 50만개가 넘는데, 그렇다고 국어의 단어가 약 50만개라고 말할 수는 없다. 아마도 실제 국어에 존재하는 단어의 수는 이보다 훨씬 더 많을 것이다. 우리는 기억의 한계 때문에 50만개가 훨씬 넘는 단어를 각각 기억하고 이해할 수 없다. 그런데 우리는 단어들이 문장에서 특정한 기능을 한다는 것을 직관적으로 알고 있다. 그래서 단어들이 문장에서 하는 기능에 따라 단어를 분류하여 범주화하게 되면, 단어를 보다 쉽게 이해할 수 있다. 물론 단어를 분류하고 범주화할 때는 문장에서의 기능 외에도 의미적 특성, 형태적 특성도 고려한다. 이렇게 단어를 분류하여 범주화한 것이 품사이다.

그런데 문장에서의 기능에 따라, 부분적으로 의미적 기준 및 형태적 기준을 고려하여 단어를 분류하여 범주화할 때, 몇 개로 범주하는 것이 가장 적절할까?[1] 이에 대한 절대적 기준은 없다. 위에서 범주화가 위계적인 특성을 가진다고 하였는데, 범주화를 몇 단계의 위계로 하는 것이 더 적절하냐에 대한 기준 역시 절대적이지 않다. 분류와 범주화의 적절성은 관점에 따라 상대적일 수 있기 때문이다.

그렇기 때문에 국어학의 초기부터 다양한 국어 품사 분류 체계가 제안되었다. 지금까지도 국어의 품사 분류 체계는 단일하지 않고, 학자에 따라 여러 품사 체계가 제안되고 있다. 한 학자 내에서도 품사 분류 체계가 다르기도 하다. 예컨대 주시경의 경우, 처음에는 7품사 체계를 설정했지만, 이후 6품사 체계, 다시 9품사 체계를 설정하였다가 최종적으로 『말의 소리』(1914년)에서 6품사 체계를 제시하였다. 이처럼 품사 분류 체계는 어느 것이 절대적으로 올바르고, 또한 어느 것이 국어에 가장 적절하다는 식의 말을 하기 어렵다. 어떤 필요에 의해서는 어떤 품사 체계가 더 적절하고, 또 어떤 목적에서는 어떤 품사 체계가 국어의 단어를 이해하는 데 더 낫다는 식의 상대적 평가는 가능하다.

---

1   품사 분류 기준에 대한 자세한 설명은 ☞2.8. 동사 '감다'는 형태가 변하지 않는데 왜 가변어인가요? 참조.

지금까지 국어학계에서 제안된 국어 품사 분류 체계는 적게는 5품사 체계, 많게는 13품사 체계까지 다양하다. 5품사 체계와 13품사 체계 사이에 6, 7, 8, 9, 10, 11, 12품사 체계가 모두 제안되었다.

> (1) ⊙ 5품사 체계 : 명사, 동사, 형용사, 부사, 감탄사
>   ⓒ 13품사 체계 : 학교문법의 9품사 + 지정사, 존재사, 조용사[2], 접속사

5품사 체계에서 13품사 체계 사이에 품사 분류 체계가 다양하게 존재하지만, 그 내용을 살펴보면 사실 그렇게 복잡한 것은 아니다.

　　1 대명사의 독립 품사 설정 유무

　　2 수사의 독립 품사 설정 유무

　　3 관형사의 독립 품사 설정 유무

　　4 접속사[3]의 독립 품사 설정 유무

　　5 조사의 독립 품사 설정 유무

　　6 어미의 독립 품사 설정 유무

　　7 존재사[4]의 독립 품사 설정 유무

　　8 지정사[5]의 독립 품사 설정 유무

2　조용사는 선어말어미를 이른다. 선어말어미를 독립 품사로 설정해야 함을 주장한 사람은 박승빈이다.

3　접속사는 현재 학교문법 9품사 체계에서 부사 중에서 접속 부사라고 부르는 '그리고, 그러나, 그런데, 또한 …'과 같은 것을 말한다.

4　'있다', '없다'를 이른다.

5　'이다', '아니다'를 이른다.

①~⑧ 모두 인정하지 않으면 5품사 체계이고, 모두 인정하면 13품사 체계가된다. 그리고 ①~⑧ 중에서 어떤 것을 인정하고 어떤 것을 인정하지 않느냐에 따라 6, 7, 8, 9, 10, 11, 12품사 체계가 되는 것이다. 예컨대 (1㉠)의 5품사 체계에서 조사를 인정하면, 6품사가 체계이고, 학교문법의 9품사 체계에서 조사를 인정하지 않으면 8품사 체계가 된다.

관형사는 주시경 선생님이 설정한 국어 특유의 품사이다. 이를 국어학계에서 계속 계승하고 있는 것이며, 학교문법 역시 9품사 체계에서 관형사를 독립 품사로 설정해 왔다. 일반언어학에서는 관형사라는 품사 범주가 없다. 그래서 관형사를 독립 품사로 설정하는 것에 대한 문제 제기가 학문문법에서 계속 있어 왔다. 실제 국어에서 수 관형사(한, 두, 세, 네 …)와 지시 관형사(이, 그, 저, 이런, 저런, 그런 …)를 제외하면 관형사라고 할 수 있는 단어는 손에 꼽을 정도이다. '헌, 새, 옛, 갖은, 이런, 저런, 그런, 바른 …' 등을 떠올릴 수 있겠지만, 다른 품사의 단어와 비교해 보면 절대적으로 그 수가 얼마 되지 않는다. 그나마 '갖은, 이런, 저런, 그런, 바른' 등은 용언의 관형사형이 관형사로 단어가 된 것이다. 용언의 관형사형이 관형사로 된 것을 빼고 나면 관형사라고 할 수 있는 단어는 정말 손으로 꼽을 정도밖에 남지 않는다. 문장에서 관형어의 기능을 하는 것은 관형사보다는 용언의 관형사형이 대부분이라는 점에서 관형사를 독립 품사로 설정하는 것의 부담이 없지는 않다.

그리고 조사는 주시경 문법에서 국어의 독립 품사로 설정된 것인데, 이후 학교문법에서 이를 수용하여 지금에까지 이르고 있다. 초기 주시경 문법에서는 어미도 조사와 마찬가지로 독립 품사로 설정되었으나, 이후 국어의 품사 분류에서 빠지게 된다.

학교문법에서는 조사가 독립 품사로 설정되어 있지만, 학문적으로는 조사가 독립 품사가 될 수 없다는 논의가 지속적으로 제기되었다. 일반언어학의 원론적인 단어 정의에 입각했을 때 조사는 의존 형태소인 데다가 실질 형태소도 아니기 때문에 단어일 수는 없다. 단어의 일반적인 정의는 다음과 같다.

　　자립 형식은 단어, 구, 문장 등 그 크기가 제한되지 않는데, (2㉠)은 그 중에서 최소의 자립 형식을 단어라고 정의한 것이다. (2㉡)은 표현은 다르지만, 문장에서 전후에 휴지가 있고 그 형태 내부에 휴지가 올 수 없는 문장의 일부는 결국 (2㉠)의 정의 즉, '최소의 자립 형식'과 내용상 크게 다르지는 않다.[6]

　　품사는 단어를 대상으로 단어를 그 기능, 형태, 의미에 따라 분류하여 범주화한 것이므로 품사에 해당하는 대상은 정의상 단어이어야 한다. 학교문법에서 조사를 독립 품사로 설정했다는 것은 품사의 정의에 의해 조사가 단어라는 것을 전제하고 있다. 『표준국어대사전』의 단어의 정의도 조사를 포함시킨 것인데, 그러다 보니 단

6　문장은 단어로 이루어진 구성이니까 단어는 당연히 문장의 일부이다. (2㉡)은 인구어를 대상으로 이루어진 단어의 정의이다. 그래서 굴절어를 대상으로 정의된 (2㉡)을 교착어인 국어에 그대로 적용하면, 맞지 않는 부분이 있기는 하다. 국어에서도 단어가 문장의 일부이기는 하지만, 체언은 조사와 결합하여 문장에 쓰이고 용언은 어미와 결합하여 문장에 쓰인다. 그래서 (2㉡)의 정의를 그대로 적용하면, '하늘이 푸르렀다'의 경우 단어는 '하늘이'와 '푸르렀다'가 된다. 하지만 '하늘이'와 '푸르렀다'가 단어는 아니다. 학교문법의 9품사 체계를 적용하면 '하늘이'는 명사 '하늘'과 조사 '이'가 결합한 즉, 2개의 단어가 결합한 것이고, '푸르렀다'는 '푸르렀다'가 단어가 아니라 어간 '푸르-'가 단어이다. '푸르렀다'가 형용사가 아니라 '푸르-'가 형용사라는 것에 대해 더 알고 싶으면, 『문법하고 싶은 문법』 ☞ 2.11. '집에 갔다'에서 동사는 '갔다'인가요, '가-'인가요? 참조.

어의 정의가 약간 어색하고 정교하지 않게 되어 있다.

더 문법하고 싶은 문법

2. 형태소와 단어에 대한 Q&A

> (3) 『표준국어대사전』에서 '단어'의 정의
> 분리하여 자립적으로 쓸 수 있는 말이나 이에 준하는 말. 또는 그 말의 뒤에
> 붙어서 문법적 기능을 나타내는 말.

(3)에서 보면 '또는 그 말의 뒤에 붙어서 문법적 기능을 나타내는 말'을 사족처럼 덧붙여서 단어를 정의하고 있는데, 이 사족 같은 진술이 바로 '조사'를 단어의 정의 안에 포함시켜야 하기 때문에 들어간 것이다. 『표준국어대사전』의 단어 정의에는 '분리하여 자립적으로 쓸 수 있는 말'의 크기가 규정되지 않았는데, (2㉠)과 비교해 보면 어떤 문제가 있는지 짐작할 수 있을 것이다. (2㉠)처럼 단위의 크기가 '최소'로 규정되지 않으면, 분리하여 자립적으로 쓸 수 있는 말이 왕창 늘어난다. 즉 활용형, 곡용형도 해당되고, 심지어 구(句)나 문장도 분리하여 자립적으로 쓸 수 있는 말이 될 수 있다.

> (4) ㉠ '내일의 희망'이 '어제의 화려함'보다 낫다.
> ㉡ '내일 지구가 멸망한다.'는 말은 무의미한 말이다.

> (5) ㉠ 천리 길도 한 걸음부터.
> ㉡ 백지장도 맞들면 낫다.

(4㉠)에서 '내일의 희망', '어제의 화려함'은 구이고, (4㉡)의 '내일 지구가 멸망한다.'는 문장인데, (4)에서는 각각 하나의 분리해서는 안 되는 단위로 쓰였다. 즉 (4㉠)

에서 '내일의 희망'과 '어제의 화려함' 그리고 (4ⓒ)에서 '내일 지구가 멸망한다.'는 분리될 수 없다. 또한 (5)의 속담은 항상 그 전체로 쓰인다. 즉 '천리 길도 한 걸음부터'가 분리되어서 쓰일 수 없고, '백지장도 맞들면 낫다'도 분리되어서 쓰이는 일이 없다. 분리되지 않을 뿐더러, 항상 하나의 단위로 자립적으로 쓰인다. 그래서 (2ⓐ)처럼 자립하는 단위 중에서 '최소'라는 제한이 단어의 정의에 반드시 필요하다.

현재 학교문법의 9품사(명사, 대명사, 수사, 동사, 형용사, 관형사, 부사, 조사, 감탄사) 체계는 1963년에 마련된 '학교문법통일안'에 바탕을 두고 있다. 이때 설정된 9품사 체계가 2015 교육과정까지 그대로 받아들여지고 있다. '학교문법통일안'은 국어학, 국어교육 분야의 전문 위원 16명이 1962년 4월 15일부터 5월 22일까지 12회에 걸쳐 회의를 하여 의결한 내용이다. 이 중 1명은 의결권이 없었기 때문에 15명이 과반수 이상 찬성하면 결정한다는 원칙하에 안건들이 의결되었다. 그때 결정된 내용 중에서 지금 설명하는 내용과 관련된 부분만 발췌하여 보이면 다음과 같다.

(6) 제3회(4월 20일): 토(조사)는 독립 품사로 보고 어미는 독립 품사로 인정하지 않음. 참석 10에 8:1로 채택.

제4회(4월 24일): '이다'를 품사로 인정하지 않음. 참석 11에 6:5로 채택.

제5회(4월 25일): 명사, 대명사, 수사를 각각 독립 품사로 인정. 참석 10에 3차 투표 결과 6:4로 채택.

존재사를 품사로 인정하지 않음. 참석 9에 7:2로 채택.

제6회(4월 30일): 접속사를 품사로 인정하지 않음. 참석 14에 8:6으로 채택.

학교문법에서는 9품사를 대상으로 다시 체언, 용언, 수식언, 관계언, 독립언 이렇게 5가지 '언(言)'으로 범주화한다. 9품사가 단어를 범주화하여 분류한 추상적인 것인데, 이 추상적인 9품사를 대상으로 또 다시 추상화한 것이 5개의 언(言)이다.

같은 'ㅇㅇ언'에 속하는 'ㅇㅇ사(詞)'는 공통적인 기능 또는 속성을 가지고 있으면서, 또 각각은 약간의 차이가 있다. 예컨대 체언에 속하는 '명사, 대명사, 수사'는 문장에서 격조사와 결합하여 주어, 목적어로 쓰인다는 점에서 공통적이고, 용언에 속하는 동사와 형용사는 문장에서 서술어로 기능한다는 점에서 공통적이다. 그리고 수식언에 속하는 관형사와 부사는 수식하는 대상은 다르지만, 문장에서 수식하는 기능을 한다는 점에서 공통적이다. 이처럼 'ㅇㅇ언'은 9품사를 대상으로 하여, 공통점이 있는 것들끼리 묶어서 다시 범주화한 것이다.

같은 'ㅇㅇ언'에 속하는 'ㅇㅇ사'는 공통점을 가지고 있으면서 차이점이 있다고 하였는데, 이 차이점이 같은 'ㅇㅇ언'에 속하는 'ㅇㅇ사'를 구분하게 하는 기준이다. 즉 동사와 형용사는 문장에서 서술어로 기능한다는 점에서는 공통적이지만, 현재 시제 선어말어미와의 결합 유무, 명령형이나 청유형의 가능 유무, '-고 있다'의 결합 유무 등에서 차이가 있다. 명사, 대명사, 수사는 의미적으로 차이가 분명하고, 기능적으로도 관형어의 수식 정도에서 명사가 가장 자유롭고 수사가 가장 제약을 받는 등의 차이가 있다.[7]

그런데 그냥 9품사라고 하면 되지 왜 9품사를 다시 체언, 용언처럼 'ㅇㅇ언'으로 분류하느냐고 물을 수 있다. 그것은 명사, 대명사, 수사를 각각으로 이해하는 것보다 하나로 이해하는 것이, 그리고 동사, 형용사로 따로 이해하는 것보다 이 둘을 하나로 이해하는 것이 더 나을 때가 있기 때문이다. 예컨대 서술어로 기능하느냐 아니냐가 중요하다면, 굳이 그 서술어가 동사이냐 형용사이냐를 따질 필요가 없다. 그럴 때는 동사, 형용사를 구분하는 것보다 용언으로 이해하는 것이 더 낫다. 마찬가지로 주어로 쓰일 수 있는 단어가 무엇인지가 필요한 정보라면, 그것이 명사인지 대명사인지 수사인지를 구분하기보다는 체언이라는 하나의 범주로 이해하는 것

---

7   명사는 사물이나 개념 등을 나타내는 말, 대명사는 명사를 대신하는 말, 수사는 수를 나타내는 말이라고 하는 것은 의미적 기준에 따른 구분이다.

이 더 낫다. 이러한 필요에 의해 9품사를 대상으로 다시 상위 수준의 5개의 'ㅇㅇ언(言)'으로 범주화한 것이다. 그래서 동사, 형용사로 구분할 필요가 있을 때는 동사, 형용사로 구분하는 것이고, 동사, 형용사로 구분하지 않는 것이 현상을 이해하는 데 더 나을 때는 굳이 구분하지 않고 그냥 용언이라고 한다.

위에서 분류는 필요에 의한 행위이고, 그렇기 때문에 필요한 만큼 이루어진 분류가 가장 적절한 분류라고 하였다. 이 말을 떠올리면 왜 동사, 형용사라고 하면서 굳이 또 이 둘을 아우르는 용언이라는 범주를 설정하는지에 대한 물음에 충분한 답변이 되었으리라 생각한다.

참고로 학자에 따라서는 용언이라는 상위 범주 대신 동사 안에서 동작 동사와 상태 동사로 구분하기도 한다.

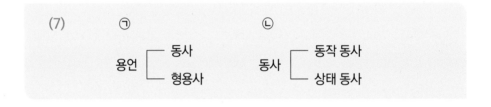

(⑦ㄴ)으로 분류하면 '용언'이라는 새로운 범주를 설정하지 않아도 된다. 아무튼 (7㉠)과 (7㉡)은 관점의 차이에 따른 해석의 문제이지, 옳고 그름의 문제도 아니고 사실이냐 아니냐의 문제도 아니다. 다시 말해 이는 문장에서 서술어로 기능하는 단어를 이해하는 데 어느 것이 더 적절하냐의 문제이지, 사실 관계의 문제는 아니다.

2.8. 동사 '감다'는 형태가 변하지 않는데 왜 가변어인가요?

한마디로 설명

학교문법에서 품사 분류의 기준은 형태(form), 기능, 의미 세 가지이다. 이 중에서 '형태'는 단어의 형태가 변하느냐 아니냐를 기준으로 한 분류이다. 그런데 국어의 동사와 형용사는 영어의 'eat – ate – eaten', 'good – better – best'처럼 진짜 형태가 변하지는 않는다.

(가) 감다, 감고, 감으면, 감아서, 감았다
(나) 기쁘다, 기쁘고, 기쁘면, 기뻐서, 기뻤다

(가), (나)에서 보듯이 동사 '감–', 형용사 '기쁘–'는 형태 변화가 없다. 그렇지만 학교문법에서 동사와 형용사 어간에 어미가 결합하는 것을 형태가 변하는 것으로 보고, 동사와 형용사를 가변어로 분류하는 것이다. 즉 진짜 형태가 변한 것은 아니지만, 활용을 형태가 변하는 것으로 보자는 것이다. 그래서 학교문법에서 가변어와 불변어의 구분은 결과적으로 활용을 하는 단어이냐 아니냐의 구분과 같아진다. 그러니까 굳이 가변어이냐 불변어이냐 하는 새로운 개념을 도입할 필요 없이, 통사론에서 나오는 개념인 활용을 통해 활용을 하는 단어와 그렇지 않은 단어로 구분하는 것이 더 나을 수 있다.

자세히 설명

품사는 단어의 갈래인데, 단어를 분류할 때는 아무렇게 하는 것이 아니라 일정한 기준에 따라 그 갈래를 나눈다. 그러면 단어를 분류하는 기준에는 어떤 것이 있는가? 대부분의 개론서에서 제시하고 있는 기준은 형태, 기능, 의미 세 가지이고, 학교문법 역시 이 세 가지 기준을 제시하고 있다.

학교문법의 품사 분류는 9품사인데(명사, 대명사, 수사, 동사, 형용사, 관형사, 부사, 감탄사, 조사), 이렇게 단어를 아홉 개의 품사로 분류하는 핵심적인 기준은 기능이다. 이때 기능은 단어가 문장에서 하는 역할을 의미한다. 의미에 의한 단어 분류는 품사 분류에서 보조적이다.

의미가 품사 분류에 보조적인 이유는 '오늘'을 보면 쉽게 알 수 있다.

> (1) ㉠ 오늘이 내 생일이야.
>
>   ㉡ 나는 오늘 도서관에서 공부할거야.

(1㉠)의 '오늘'은 명사이고, (1㉡)의 '오늘'은 부사이다. (1㉠)의 '오늘'이 명사인 이유는 문장에서 주어의 기능을 하고 있기 때문이고, (1㉡)의 '오늘'이 부사인 이유는 문장에서 서술어 '공부하다'를 수식하고 있기 때문이다. (1㉠)의 '오늘'과 (1㉡)의 '오늘'은 문장에서의 기능이 다르고, 그래서 품사도 다르다. 그런데 (1㉠)의 '오늘'과 (1㉡)의 '오늘'의 의미가 다르다고 하기는 어렵다. 의미가 품사 분류의 핵심 기준이라면, (1㉠)의 '오늘'과 (1㉡)의 '오늘'은 의미가 같으므로 같은 품사이어야 한다. 이러한 사실은 의미가 왜 품사 분류에서 보조적인지를 잘 말해 준다.

학교 현장에서 동사와 형용사를 구분할 때, 움직임을 나타내는 단어이냐 성질이나 상태를 나타내는 단어이냐로 설명하는 경우가 있다. 2015 교육과정 『국어』 교과서, 『언어와 매체』 교과서에서조차도 이렇게 동사와 형용사를 설명하고 있기도 하다. 이는 전형적인 의미에 의한 구분이다. 초등교육에서는 학습자의 수준을 고려할 때 기능을 기준으로 품사를 설명하기 어려우므로, 부득이 의미를 기준으로 동사와 형용사를 구분하는 것이 효과적일 수 있다. 그러나 고등학교 수준에서 의미 기준으로 동사와 형용사를 설명하는 것은 바람직하지 않다. 왜냐하면 기능에 의한 구분과 달리 의미에 의한 구분은 그 기준이 모호한 경우가 많기 때문이다. 물론 기능을 통해 동사와 형용사를 구분하고 나서, 보조적으로 의미 기준을 추가하여 설명하는 것은 내용 심화이니까 상관이 없다.

의미 기준으로 동사와 형용사를 구분할 경우, 예를 들어 '생각하다'가 움직임을 나타낸다고 할 수 있는지, 또한 '사랑하다'가 움직임을 나타낸다고 할 수 있는지 당장 모호하다. '생각하다'는 그나마 뇌가 움직이는 거 아니냐고 할 수 있을 듯하다. 그러면 '사랑하다'는 무엇이 움직이는 것인가? 마음이 움직인다고 할 수도 있을 듯하다. 그러나 그러면 당장 '괴롭다'도 의미적으로는 마음이 움직이는 거 아니냐고 반문할 수 있다. 마음이 움직이지 않는데 괴로운 감정을 느끼게 되지는 않기 때문이다. 만일 '사랑하다'가 마음이 움직이니까 동사라고 한다면, '괴롭다', '아프다', '슬프다' 등 감정을 나타내는 단어들도 마음이 움직인다고 할 수 있고, 그러니까 모두 동사라고 할 수도 있지 않겠는가? 결론적으로 '움직임을 나타내는 말'이라는 것 자체가 모호하기 때문에 의미를 기준으로 해서는 동사와 형용사를 제대로 구분할 수 없다.

질문의 핵심은 형태에 대한 것인데, 이때 형태는 형태가 변하는 단어이냐 아니냐를 말한다. 그래서 형태가 변하는 단어를 가변어, 형태가 변하지 않는 단어를 불변어라고 한다. 현재 학교문법에서 가변어는 용언인 동사와 형용사만이 해당되고, 나머지 품사들은 모두 불변어로 분류되어 있다.

그런데 국어의 동사와 형용사가 진짜 형태가 변하는 단어인가? 이 질문에 답을 하기 전에 '가다'가 동사일까, '가-'가 동사일까 하는 것부터 명확히 해 둘 필요가 있다. 그래야만 형태가 변하느냐 아니냐에 대해 보다 분명하게 말할 수 있기 때문이다. 문법적으로 동사, 형용사라고 할 때는 어간만을 가리킨다. 그러니까 '가-'가 동사이다. 사전의 표제어 그리고 일반적으로 동사, 형용사를 언급할 때 '가다'처럼 어미 '-다'를 붙인 형태로 말하는 것은 단지 편의에 따른 약속일 뿐이다.[1] 이 사실을 기억하고서 (2)를 보자.

---

[1] 이에 대한 자세한 설명은 『문법하고 싶은 문법』 ☞2.11. '집에 갔다'에서 동사는 '갔다'인가요, '가-'인가요? 참조.

(2)

어간	어미
	-고
	-지
	-으니
	-으면
먹	-어서
	-는
	-었다
	-습니다

⑵에서 어간의 모양은 바뀌지 않는다. 누군가가 '먹는[멍는]'에서 어간의 형태가 바뀌지 않았느냐고 물을 수 있다. 물론 이때는 비음동화라는 음운 변동이 적용되어 어간의 형태가 '먹-'에서 '멍-'으로 교체되었다. 그런데 이러한 교체는 명사에서도 나타난다. '국만[궁만]'에서 명사 '국'은 '궁'으로 그 형태가 바뀌었다. 따라서 만일 '먹는[멍는]'을 근거로 형태가 바뀌므로 동사 '먹-'이 가변어라고 한다면, 명사인 '국' 역시 '국만[궁만]'에서는 그 형태가 바뀌므로 가변어라고 해야 한다.

그러나 [한마디로 설명]에서 간단히 설명한 것처럼 학교문법에서 가변어는 용언인 동사, 형용사만을 가리킨다. 그리고 학교문법에서 가변어어라고 할 때 '가변'은 '먹는[멍는]'처럼 어간이 음운 변동을 겪어 형태가 바뀌는 것을 의미하는 것이 아니라, ⑵에서처럼 용언 어간이 어미와 결합하는 것을 의미한다. 즉 문법적으로 정확히 표현하면, 학교문법에서 가변어는 형태가 변하는 단어가 아니라, 활용을 하는 단어이다. 그렇기 때문에 체언인 명사, 대명사, 수사 역시 조사가 결합할 때 그 형태가 바뀌지만, 체언에 조사가 결합하는 것은 곡용이지 활용이 아니기 때문에 가변어가 아니다. 이처럼 학교문법에서 가변어의 정의가 활용을 하는 단어의 의미이므로,

체언은 가변어가 아닌 것으로 분류될 수밖에 없다.

일반 언어학에서 가변어의 정의는 굴절을 하는 단어를 말한다. 그래서 굴절을 하는 단어를 가변어, 굴절을 하지 않는 단어를 불변어라고 한다. 굴절(inflection)은 기본적으로 곡용(declension)과 활용(conjugation)을 이른다. 가변어, 불변어처럼 형태 변화 유무에 의한 품사 분류는 굴절어인 인구어에서는 핵심적인 기준이다. Jespersen(1924:58~71)은 영어의 단어를 'wife's'처럼 s'의 결합에 의해 소유격(관형격)을 나타내는 단어 부류(명사), '-er, -est'에 의해 비교급, 최상급이 되는 단어 부류(형용사) 그리고, 'I - my - me - mine'처럼 어형 변화에 의해 격을 나타내는 단어 부류(대명사), 'drink - drank - drunk'처럼 어형 변화를 통해 문법적인 의미를 나타내는 단어 부류(동사)로 분류하였다.

그러나 교착어인 국어는 인구어처럼 형태 변화를 하는 단어가 없다. 그럼에도 인구어에서 확립된 품사 분류 기준인 형태를 국어에 그대로 적용하는 과정에서, 비록 형태가 변하는 단어는 없지만 곡용하는 단어와 활용하는 단어를 가변어로 보기도 한다. 언어 유형론적으로 영어와 같은 굴절어는 형태 변화를 통해 곡용과 활용을 하는데 비해, 교착어인 국어는 형태소(조사, 어미)의 첨가에 의해 곡용과 활용을 하는 언어로 분류된다. 그러니까 곡용을 하는 단어(명사, 대명사, 수사), 활용을 하는 단어(동사, 형용사)를 가변어로 분류한다.

이러다 보니 서술격 조사의 처리가 애매해지게 되었다. 서술격 조사는 활용을 하기 때문이다. 그래서 검정 국어 교과서에서는 가변어에 서술격 조사를 포함한 경우도 있고, 서술격 조사를 언급하지 않은 경우도 있다. 학교문법의 품사 정의를 따르면, 조사는 단어이고 조사 중에서 서술격 조사 '이'는 활용을 하므로 가변어로 분류해야 한다. 그리고 조사 중에서 유독 서술격 조사만 가변어이고, 다른 조사는 가변어가 아니라는 예외 조항도 설정해야만 한다.

그런데 왜 학교문법에서는 곡용을 하는 단어인 명사, 대명사, 수사는 빼고, 활용을 하는 단어인 동사, 형용사만 가변어라고 분류하였을까? 그것은 학교문법의 품사 분류에서 조사가 9품사의 하나로 설정되어 있기 때문이다. 품사의 정의가 단어의 갈래이므로, 품사의 하나인 조사는 정의상 단어이어야 한다.

(3)

명사	조사
국	이
	을
	의
	으로
	만
	도

학교문법에서 조사가 단어이므로 (3)에서 명사 '국'에 조사가 결합한 '국이, 국을 …'은 '단어+단어'의 결합형이다. 두 단어의 결합형이므로 곡용이라고 할 수 없게 된 것이다. 곡용은 체언에 문법적인 의미가 결합하는 것인데, (3)은 그냥 두 단어의 결합형이므로 곡용의 정의에 맞지 않게 된다. 이러한 이유로 학교문법에서 체언인 명사, 대명사, 수사는 가변어가 아닌 불변어로 분류되어 있는 것이다.

조사는 의존 형태소인데다 실질 형태소도 아니다. 그래서 언어학적으로 조사는 단어의 정의에 부합하는 특성을 가지고 있지 않다. 이러한 이유로 학문문법에서 조사는 독립된 품사로 보지 않는 경우가 많다. 설령 조사를 9품사의 하나로 설정한 경우에도, 단어 형성에서는 조사가 제외되고, 곡용에서는 조사가 문법 형태소로 다루어진다. 그래서 가변어, 불변어를 굳이 나눌 때는 체언인 명사, 대명사, 수사 그리고 용언인 동사, 형용사를 가변어로 분류한다. 관형사와 부사, 그리고 감탄사는 굴절을 하지 않으므로 불변어이다.

그런데 엄밀히 말해 국어에는 형태가 변하는 단어가 없다. 즉 원론적인 가변어의 정의에 따른다면, 국어에는 가변어가 없다. 인구어를 기반으로 만들어진 품사 이론에 국어를 끼워 맞추다 보니까, 가변어를 국어에 맞게 재정의하여 가변어로 규정한 것이라고 할 수 있다. 그러니까 다시 한 번 말하자면, 동사와 형용사가 정말 형태 변화를 해서 가변어인 것은 아니다. 단지 인구어에 맞추어 굴절을 하는 단어 즉, 곡용을 하는 단어(명사, 대명사, 수사)와 활용을 하는 단어(동사, 형용사)를 가변어라고 하자는, 국어에만 적용되는 수정된 가변어의 정의에 의해 가변어인 것이다. 학교문법은 여기에서 곡용을 하는 단어는 빼고, 활용을 하는 단어만 가변어라고 하자는 관점을 수용한 것이다.

2.9.

'먹지 못하다'와 '옳지 못하다'의 '못하다'는 같은 '못하다'인데, 왜 보조동사, 보조형용사로 품사가 서로 다른가요?

한마디로 설명

보조용언(보조동사, 보조형용사)의 경우 그 품사가 선행하는 용언의 품사와 관계없이 고정되어 있는 것도 있고, 선행하는 용언의 품사에 연동되어 품사가 결정되는 것도 있다.

(가) ㉠ 비가 올 듯싶다.
　　 ㉡ 그 사람은 착할 듯싶다.
(나) ㉠ 밥을 먹지 못하다.
　　 ㉡ 그것은 옳지 못하다.

(가)의 '듯싶다'는 선행하는 용언이 (가㉠)처럼 동사이든(오다), (가㉡)처럼 형용사이든(착하다) 항상 형용사(보조형용사)이다. 이에 비해 (나)의 '못하다'는 (나㉠)처럼 동사(먹다)가 선행하면 동사(보조동사)이고, (나㉡)처럼 형용사(옳다)가 선행하면 형용사(보조형용사)이다. 즉 보조용언 '못하다'는 선행하는 용언의 품사에 의해 자신의 품사가 결정된다.

자세히 설명

용언은 문장에서 서술어로 쓰인다. 그런데 보조용언은 용언이기는 하지만 다른 용언 없이 혼자서는 서술어로 쓰이지 못한다.[1] 즉 다른 서술어에 의존해서만 쓰일 수 있다고 하여 보조용언이라고 한다.

보조용언은 그 자체로 보조용언인 것도 있고, 본용언이면서 보조용언으로도 쓰이는 것도 있다. 여기에 보조동사, 보조형용사 조건을 더하여 보조용언을 분류하면 다음과 같다. 먼저 본용언으로는 쓰이지 못하고, 항상 보조용언으로만 쓰이는 단어들이다.

⑦ 항상 보조용언

㉠ 항상 보조형용사

- 듯싶다

- 듯하다

㉡ 항상 보조동사

- 척하다

- 체하다

㉢ 선행하는 용언의 품사에 연동되어 보조동사/보조형용사가 결정.

- 아니하다

  예) 먹지 아니하다   – 보조동사

      슬프지 아니하다 – 보조형용사

㉣ 선행하는 용언의 품사에 연동되지 않고 보조동사로도

  보조형용사로도 쓰임.

- 양하다

  예) 모르는 양하다   – 보조동사

      다한 양하다   – 보조형용사

---

1   이때 다른 용언은 동사, 형용사 그리고 'NP+이' 세 가지이다.

가에 해당하는 단어들은 본용언으로 쓰이는 일이 없다. 그래서 가의 용언들은 다른 용언의 도움 없이 자기 자신만으로는 서술어로 쓰이지 못한다. 다른 용언의 도움 없이 독자적으로 서술어로 쓰이지 못하기 때문에, 당연히 독자적으로 문장을 형성하지 못한다.

이에 비해 아래 나의 단어들은 본용언으로도 쓰이고, 보조용언으로도 쓰인다. 그렇기 때문에 나의 경우에는 본용언인지 보조용언인지를 문장 구조 분석을 통해 파악해야 한다.[2] 나의 단어들은 본용언으로도 쓰이고, 보조용언으로도 쓰이기 때문에 통사적으로 '본용언+본용언' 구성인지, '본용언+보조용언' 구성인지를 묻는 대상이 될 때가 많다. 그리고 특히 나(ㄴ)의 경우는 선행하는 용언의 품사에 의해 보조용언의 품사가 보조동사인지 보조형용사인지가 결정되기 때문에, 보조용언의 품사를 묻는 경우가 많다.

나 본용언, 보조용언 둘 다 쓰임.

ㄱ 본용언 동사, 보조용언 동사

• 가다

예) 알아 가다

• 놓다

예) 읽어 놓다

ㄴ 본용언 동사/형용사, 보조용언일 때는 선행하는 용언의 품사에 연동되어

보조동사/보조형용사

• 못하다

예) 먹지 못하다 - 보조동사

139

2 본용언과 보조용언의 구별에 대해서는 『문법하고 싶은 문법』 ☞3.7. '너 두고 보자'에서 '보자'는 본용언인가요, 보조용언인가요? 참조.

옳지 못하다 - 보조형용사

ⓒ 본용언 동사, 보조용언일 때는 보조동사로도 보조형용사로도 쓰임.

• 보다

예) 읽어 보다 - 보조동사

오나 보다 - 보조형용사

그러면 각각에 해당하는 예를 순서대로 하나씩 살펴보기로 하자. 먼저 ㉮(㉠~㉣)을 순서대로 살펴보고, 그러고 나서 ㉯(㉠~ⓒ)을 순서대로 살펴보겠다.

첫째, ㉮(㉠) '항상 보조형용사로만 쓰이는 경우'에 대해 살펴보자. 이들은 선행하는 용언의 품사가 동사이든 형용사이든 관계없이 항상 보조형용사로만 쓰인다. (1)은 이에 해당하는 단어들의 목록이고, (2)는 대표적으로 '듯하다'를 통해 실제 쓰임을 보인 것이다.

(1) 듯하다, 듯싶다, 만하다, 법하다, 뻔하다, 성부르다, 성하다, 성싶다, 싶다, 직하다

(2) ㉠ 비가 올 듯하다.
     ⓒ 문제가 어려울 듯하다.

(2㉠)에서는 '듯하다' 앞에 동사 '오다'가, (2ⓒ)에서는 형용사 '어렵다'가 왔는데, 선행하는 용언이 동사이든 형용사이든 관계없이 '듯하다'는 항상 보조형용사이다.

보조동사인지 보조형용사인지를 판별하는 기준은 동사와 형용사를 판별하는 기준과 같다. 즉 Ⓐ ~ Ⓕ가 동사와 형용사를 판별하는 기준인데, 보조동사인지 보조

형용사인지를 판별하는 기준도 이와 같다.

    Ⓐ 현재 시제 선어말어미 '-는/ㄴ-'과의 결합 유무

    Ⓑ '-고 있다'의 결합 유무

    Ⓒ 명령형의 가능 유무

    Ⓓ 청유형의 가능 유무

    Ⓔ 의도를 나타내는 어미 '-(으)려'와의 결합 유무

    Ⓕ 목적을 나타내는 어미 '-(으)러'와의 결합 유무

그런데 한 가지 주의할 것은 Ⓐ ~ Ⓕ 6가지 모두가 가능해야 동사가 아니라, Ⓐ ~ Ⓕ 중 어느 하나라도 가능하면 동사이다. 반면 Ⓐ ~ Ⓕ 6가지 모두가 가능하지 않을 때 형용사이다.

그래서 [질문]의 '못하다'의 경우, '먹지 못하다'의 '못하다'가 보조동사라는 것은 '먹지 못하고 있다'처럼 '-고 있다'가 가능하다는 것을 통해 알 수 있고, '옳지 못하다'의 '못하다'가 보조형용사라는 것은 '*옳지 못한다, *옳지 못하고 있다, *옳지 못해라, *옳지 못하자, *옳지 못하려고, *옳지 못하러'처럼 Ⓐ ~ Ⓕ 6가지가 모두 가능하지 않다는 것을 통해 알 수 있다.

둘째, ㉯(ⓒ) '항상 보조동사로만 쓰이는 경우'이다. 선행하는 용언의 품사가 동사이든 형용사이든 관계없이 항상 보조동사로만 쓰인다. (3)은 이에 해당하는 단어들의 목록이고, (4)는 대표적으로 '척하다'를 통해 실제 쓰임을 보인 것이다.

141

(3)   마지아니하다/마지않다, 버릇하다, 재끼다, 척하다, 체하다

(4) ㉠ 그는 나를 아는 척하고 있다.
     ㉡ 그는 애써 기쁜 척하고 있다.

(4㉠)에서는 '척하다' 앞에 동사 '알다'가, (4㉡)에서는 형용사 '기쁘다'가 왔는데, 선행하는 용언의 품사와 관계없이 '척하다'가 '-고 있다'와 결합한 것을 통해서 보조동사로 쓰이고 있는 것을 확인할 수 있다. '-고 있다'의 결합이 가능하다는 것은 '-고 있다'와 결합한 용언이 동사임을 증언한다.

셋째, ㉯(ⓒ) '항상 보조용언으로만 쓰이는데, 선행하는 용언의 품사에 연동되어 보조동사/보조형용사가 결정되는 경우'이다. ㉯(ⓒ)에 해당하는 예는 많지 않은데, '아니하다'가 전형적인 예이다.[3]

(5) ㉠ 그는 밥을 먹지 아니하고 있다.
     ㉡ 날씨가 맑지 아니하였다.

---

3 '아니하다'의 준말이라고 할 수 있는 '않다'는 '아니하다'와 달리 본용언으로도 쓰인다(자세한 설명은 아래 예문 (10) 참조). 예컨대 '그는 갑자기 말을 않는다.'에서의 '않다'가 본용언으로 쓰인 예이다. 즉 이때의 '않다'는 타동사이다. '그는 갑자기 말을 아니 한다.'를 들어 '아니하다'도 본용언으로 쓰이지 않느냐고 반문할 수 있는데, 이때는 이미 띄어 쓴 것에서 짐작할 수 있듯이 부사 '아니'가 동사 '하다'를 수식하는 구조이다. 실제 의미도 '그는 갑자기 말을 안 한다.'와 같다. 그래서 이때의 '아니 하다'는 보조용언 '아니하다'가 아니라, 부사 '아니'와 동사 '하다'가 결합한 구성이다.

(5㉠)에서 '아니하다'에 선행하는 용언은 동사 '먹다'이고, 동사가 선행하였기 때문에 이때의 '아니하다'는 동사이다. 실제 어간 '아니하-' 뒤에 '-고 있다'가 결합하여 보조동사라는 것을 확인할 수 있다. 반면 (5㉡)의 '아니하다'에 선행하는 용언은 형용사 '맑다'이고, 형용사가 선행하였기 때문에 이때의 '아니하다'는 보조형용사이다. 그래서 '*날씨가 맑지 아니하고 있었다.'처럼 '-고 있다'가 결합할 수 없다.

넷째, ㉗(㉣) '선행하는 용언의 품사에 연동되지 않고 보조동사로도 쓰이고, 보조형용사로도 쓰이는 경우'이다. 이러한 예는 거의 없는데, '양하다'가 전형적인 예이다. 그런데 '양하다'는 일상적으로 쓰이지 않는, 빈도가 매우 낮은 단어이다.

(6)　㉠ 아무것도 모르는 양하고 있어라.
　　　㉡ 동생은 벌써 공부를 다한 양하다.
　　　　 그가 웃는 걸 보니 기분이 좋은 양하다.

(6㉠)의 '양하다'는 '-고 있다'가 결합하였으므로 보조동사라는 것을 확인할 수 있다. (6㉡)의 경우, '다한 양하다'에서는 동사 '다하다'가, '좋은 양하다'에서는 형용사 '좋다'가 '양하다' 앞에 왔는데, '다한 양하다'의 '양하다', '좋은 양하다'의 '양하다' 모두 보조형용사이다. 즉 (6㉡)의 경우에는 '양하다' 앞에 오는 용언의 품사가 동사이든 형용사이든 관계없이 보조형용사이다. 결과적으로 '양하다'의 경우에는 선행하는 용언의 품사에 의해 품사가 결정되지 않는 보조용언이다.

다음으로 '㉯ 본용언으로도 쓰이면서 보조용언으로도 쓰이는 단어'에 대해 살펴보자. 설명의 편의상 앞에서 제시한 ㉯를 다시 가져온다.

Ⓓ 본용언, 보조용언 둘 다 쓰임.

㉠ 본용언 동사, 보조용언 동사

㉡ 본용언 동사/형용사, 보조용언일 때는 선행하는 용언의 품사에 연동되어

　　보조동사/보조형용사

㉢ 본용언 동사, 보조용언일 때는 보조동사로도 보조형용사로도 쓰임.

　　첫째, Ⓓ(㉠) '본용언으로 쓰이면서 보조용언으로 쓰일 때는 항상 보조동사로 쓰이는 경우'를 보자. 즉 선행하는 용언의 품사가 동사이든 형용사이든 항상 품사가 보조동사로 고정되어 있는 예들이다. (7)은 보조동사 앞에 동사가 선행하기도 하고 형용사가 선행하기도 하는 보조동사들이고, (8)은 보조동사에 앞에 항상 동사가 선행하는 보조동사들이다. (7)에서 '/'의 왼쪽은 보조동사 앞에 동사가 선행하는 예이고, '/'의 오른쪽 예는 보조동사 앞에 형용사가 선행하는 예이다. (7), (8) 모두 본용언으로 쓰인 예는 여기서 따로 제시하지는 않는다.

(7)　보조동사 앞에 동사가 선행하기도 하고, 형용사가 선행하기도 함.

　　㉠ 가다: 책을 다 읽어 간다. / 명성이 점점 높아만 간다.

　　㉡ 가지다: 책을 잔뜩 사 가지고 왔다. / 그렇게 착해 가지고 어떡하려고.

　　㉢ 놓다: 문을 열어 놓다. / 바지가 그렇게 작아 놔서 어디 입겠어?

　　㉣ 빠지다: 속이 다 썩어 빠진다. / 내 핸드폰은 낡아 빠졌어.

　　㉤ 오다: 날이 밝아 온다. / 마음이 아파 온다.

　　㉥ 지다⁴: 매년 새로운 말이 만들어진다. / 그녀는 점점 아름다워진다.

4　〈한글 맞춤법〉에서 보조용언 '지다'는 선행하는 용언과 붙여 쓰게 되어 있다. 보조용언 '지다'가 결합한 구성 중에는 '예뻐지다', '슬퍼지다'처럼 단어가 된

ⓢ 터지다: 국수가 불어 터지고 있다. / 그는 느려 터졌다.

(8) 보조동사 앞에 항상 동사가 선행

ⓐ 나가다: 글씨를 한 번에 써 나간다.

ⓑ 나다: 일을 마치고 나니 기분이 홀가분하다.

ⓒ 달다: 나에게 밥을 구해 달라.

ⓓ 대다: 그는 시간 날 때마다 먹어 댄다.

ⓔ 두다: 불을 켜 두어라.

ⓕ 들다: 그는 매사 따지고 든다.

ⓖ 말다: 음식을 남기지 말라.

ⓗ 버리다: 모두 다 집으로 가 버려라.

ⓘ 생기다: 이제 다 죽게 생겼다.

ⓙ 쌓다: 아이가 자꾸 보채 쌓는다.

ⓚ 앉다: 웃기고 앉았네.

ⓛ 있다: 의자에 앉아 있어라.

ⓜ 자빠지다: 헛소리하고 자빠졌네.

ⓝ 젖히다: 노래를 불러 젖힌다.

ⓞ 주다: 책을 대신 읽어 준다.

ⓟ 치우다: 감독을 갈아 치워라.

둘째, ㉯(ⓒ) '본용언으로 쓰이면서 보조용언으로 쓰일 때는 선행하는 용언의 품사에 여동되어 보조동사인지 보조형용사인지가 결정'되는 경우이다. 이에 해당하

것들도 있다. 이와 관련된 추가적인 설명은 『문법하고 싶은 문법』 ☞2.8. '가늘어지다'는 단어인가요, 구인가요? 참조.

는 예가 많지 않은데, [질문]의 '못하다'와 '않다' 정도를 들 수 있다.

(9) ㉠ 동사: 그는 공부를 못한다.
ㅤ ㉡ 보조동사: 고양이가 밥을 먹지 못한다.
ㅤ ㉢ 보조형용사: 마음이 편안하지 못하다.

(10) ㉠ 동사: 그는 갑자기 말을 않는다.
ㅤ ㉡ 보조동사: 고양이가 밥을 먹지 않는다.
ㅤ ㉢ 보조형용사: 마음이 편안하지 않다.

(9㉠), (10㉠)에서 보듯이 '못하다', '않다'가 본동사로 쓰일 때는 타동사이다. 그리고 (9㉡), (10㉡)처럼 동사가 선행하면 보조동사이고, (9㉢), (10㉢)처럼 형용사가 선행하면 보조형용사이다. (9㉡), (10㉡)에서 각각 '못한다', '않는다'에서 현재 시제 선어말어미가 결합하였으므로 품사가 보조동사임을 알 수 있다.

셋째, 나(㉢) '본용언으로 쓰이면서 보조용언으로 쓰일 때는 보조동사로도 쓰이고 보조형용사로도 쓰이는 경우'이다. 나(㉡)과 달리 선행하는 용언의 품사에 연동되지 않는 경우이다. 그래서 이때는 문장 안에서 문맥을 통해 보조동사인지 보조형용사인지를 판별하는 수밖에 없다. 보조용언으로 쓰인 '보다', '하다'가 이에 해당한다.

(11) ㉠ 책을 읽어 보아라.
　　 ㉡ 모두 집에 왔나 보다.
　　　 그녀는 인기가 많은가 보다.

　(11㉠)의 보조용언 '보다'는 보조동사이고, (11㉡)의 보조용언 '보다'는 보조형용사이다. (11㉠)의 '보다'가 보조동사라는 것은 명령문이 가능한 것을 통해서 알 수 있다. (11㉡)에서 보면, '왔나 보다'에서는 동사 '오다'가, '많은가 보다'에서는 형용사 '많다'가 '오다' 앞에 왔는데, 두 경우 모두 '보다'는 보조형용사이다. 즉 (11㉡)은 '보다'가 선행하는 용언의 품사에 연동되지 않고 보조형용사로 쓰인다는 것을 보여 준다.

(12) ㉠ 자꾸 노래를 부르게 한다.
　　 ㉡ 그는 동생을 무척 자랑스러워 한다.

(13) ㉠ 옷이 좋기는 하다.
　　 ㉡ 영화가 슬프기도 하다.

　(12)의 '하다'는 보조동사이고, (13)의 '하다'는 보조형용사이다. (12)의 '하다'가 보조동사라는 것은 현재 시제 선어말어미 '-ㄴ-'의 결합을 통해 알 수 있다. (12)의 경우 '부르게 하다'에서는 동사 '부르다'가, '자랑스러워 하다'에서는 형용사 '자랑스럽다'가 왔는데, 두 경우 모두 보조동사이다. 특히 (12㉠)의 보조동사 '하다'는 통사적 사동문을 만드는 '하다'이다. '부르게 하다'처럼 '용언(동사, 형용사) + -게 하다' 구성을 통사적 사동문이라고 한다. 그러니까 통사적 사동문을 만드는 '-게 하

다' 구성에 쓰인 '하다'는 보조동사이다.

(13)은 보조형용사로 쓰인 '하다'인데, 보조형용사로 쓰인 '하다' 앞에 오는 용언은 형용사로 제한된다. 즉 '보조형용사'로 쓰인 '하다' 앞에는 동사가 오는 경우가 없다.

(12) ~ (13)에서 보듯이 보조용언 '하다'는 양상이 꽤 복잡하다. 우선 보조동사 '하다'와 보조형용사 '하다'가 있다. 그리고 보조동사 '하다'의 경우에는 동사가 선행할 수도 있고 형용사가 선행할 수도 있는데 반해, 보조형용사 '하다'의 경우에는 형용사만 선행할 수 있다.

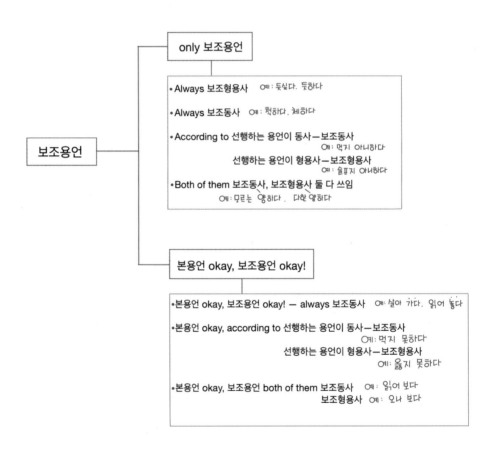

2.10. '크다'는 품사 통용인데 왜 '높이'는 품사 통용이 아닌가요?

한마디로 설명

품사 통용은 하나의 단어가 둘 이상의 품사로 쓰이는 경우이다.[1] '하늘이는 키가 크다'에서 '크다'는 형용사로 쓰였는데, '나무가 잘 크고 있다'에서 '크다'는 동사로 쓰였다. 이처럼 하나의 단어가 둘 이상의 품사로 쓰이는 것을 품사 통용이라고 한다. '하늘이는 키가 크다'의 '크다'가 형용사라는 것은 반의어 '작다(형용사)'를 통해서 확인할 수 있고, '나무가 잘 크고 있다'에서 '크다'가 동사라는 것은 진행상을 나타내는 '-고 있다'와의 결합을 통해 확인할 수 있다. 형용사는 상태의 의미이기 때문에 '-고 있다'와 결합할 수 없다.

'높이'는 명사로도 쓰이고, 부사로도 쓰인다. 그러면 품사 통용이 아닌가 하고 물을 수 있다. 그런데 명사 '높이'를 파생 시킨 접미사는 명사 파생 접미사 '-이'이고, 부사 '높이'를 파생시킨 접미사는 부사 파생 접미사 '-이'이다. 즉 명사 '높이'와 부사 '높이'는 우연히 그 형태가 같아진 것일 뿐, 서로 다른 파생 접미사가 결합한 별개의 단어이다. 동일한 단어가 아니므로 품사 통용일 수 없다.

149

---

1   품사 통용에 대한 자세한 설명은 『문법하고 싶은 문법』 ☞2.18. 동음이의어와 다의어, 품사 통용은 어떻게 다른가요? 참조.

자세히 설명

품사 통용은 동일한 단어가 둘 이상의 품사로 쓰이는 경우이다.

(1)　㉠ 오늘이 며칠이지?　　　　　→ 명사
　　㉡ 너는 오늘 누구를 만나니?　→ 부사

(2)　㉠ 그녀는 합리적인 판단을 하였다.　→ 명사
　　㉡ 그녀는 합리적 판단을 하였다.　　→ 관형사

(3)　㉠ 이번 주에 시험이 있다.　→ 형용사
　　㉡ 너는 집에 가 있어라.　　→ 동사

(1) ~ (3)은 동일한 단어가 둘 이상의 품사로 쓰인 예이다. (1㉠)의 '오늘'이 명사인 까닭은 격조사(주격 조사)와 결합하였고, 또 주어로 쓰이고 있기 때문이다. 그리고 (1㉡)의 '오늘'이 부사인 까닭은 서술어인 동사 '만나다'를 수식하고 있기 때문이다. (2㉠)의 '합리적'이 명사인 까닭은 격조사(서술격 조사)와 결합하였기 때문이고, (2㉡)의 '합리적'이 관형사인 까닭은 체언 '판단'을 수식하고 있기 때문이다. (3㉠)의 '있다'가 형용사인 까닭은 형용사 '없다'의 반의어이기 때문이다. 반의어를 이루는 두 단어의 품사는 반드시 같다. 즉 서로 다른 품사가 반의어를 이룰 수는 없다. (3㉡)의 '있다'가 동사인 까닭은 명령형 어미 '-아/어라'와 결합했기 때문이다.

　그런데 겉으로 보기에는 동일한 단어이지만 즉, 형태는 같지만, 실제는 동일한 단어가 아닌 것들이 있다. 이들은 말 그대로 동일한 단어가 아니므로 품사 통용의 예가 될 수 없다. 실제 단어 중에는 우연히 형태가 같은 단어들이 꽤 많다. 특히 파생어 중에 이러한 예들이 많은데, 그것은 파생 접사 중에 형태가 같은 것들이 있기 때문이다. 이러한 단어들은 말 그대로 형태만 같은 것이지, 결합한 접사가 다르기 때문에 다른 단어이다. 이처럼 형태가 같으면서 품사가 다른 경우, 자칫 품사 통용이 아닌가 하고 헷갈릴 수 있다.

(4)

명사	부사
높이	높이
깊이	깊이
길이	길이

(5) ㉠ 높이(/깊이/길이)가 얼마이지?
ㄴ 비행기가 높이 난다.
부모님 말씀을 깊이 새겨라.
좋은 전통은 길이 보전해야 한다.

(4)에서 보듯이 명사 '높이', '깊이', '길이'와 부사 '높이', '깊이', '길이'는 그 형태가 같다. (5㉠)의 '높이', '깊이', '길이'는 명사로 쓰인 예이고, (5ㄴ)의 '높이', '깊이', '길이'는 부사로 쓰인 예이다. 그러나 이들의 경우는 품사 통용이 아니라 별개의 단어이다. 왜 품사 통용이 아닌가? 그것은 단어를 구성하는 형태소가 서로 다르다. 단어를 구성하는 형태소가 다른데 동일한 단어일 수 없다.

(6) 명사 '높이', '깊이', '길이'

▶ 높-/깊-/길- + **-이**(명사 파생 접미사) → 높이 / 깊이 / 길이

(7) 부사 '높이', '깊이', '길이'

▶ 높-/깊-/길- + **-이**(부사 파생 접미사) → 높이 / 깊이 / 길이

(6), (7)에서 보듯이 형태는 같지만, 결합한 접미사가 서로 다르다. 다른 접미사가 결합한 것이므로 (6)의 명사 '높이', '깊이', '길이'와 (7)의 부사 '높이', '깊이', '길이' 는 별개의 단어이다. 별개의 단어이므로 품사 통용일 수 없다.

참고로 중세국어에서는 명사 '높이'와 부사 '높이'가 형태상으로도 구분이 되었다.

(8)

가. 명사	나. 부사
노픠	노피
기픠	기피
기릐	기리

중세국어는 연철 표기였으므로 연철로 표기한 것인데, 중세국어에서 척도 명사를 파생시키는 접미사는 '-이/의'였고, 부사를 파생시키는 접미사는 '-이'였다. 그래서 파생어의 형태도 (8)처럼 구분이 되었다. 그러다가 근대국어 이후 이중모음이 단모음화 되면서 '노픠〉노피', '기픠〉기피', '기릐〉기리'로 형태가 변화하였다. 그 결과 부사 '노피, 기피, 기리'와 그 형태가 같아지게 되었다.

형태가 같고 품사도 같지만, 동일한 단어가 아닌 경우도 있다. 이 역시 결합한 접미사 형태소가 서로 다르기 때문에 별개의 단어이다.

(9)

가. 피동사	나. 사동사
닦이다	닦이다
읽히다	읽히다
날리다	날리다
안기다	안기다

(10) ㉠ 창문이 잘 닦인다.

책이 잘 읽힌다.

종이비행기가 잘 날린다.

아기가 엄마에게 안긴다.

㉡ 아빠가 구두닦이에게 구두를 닦인다.

엄마가 아이에게 책을 읽힌다.

동생이 비행기를 날린다.

엄마가 누나에게 아기를 안긴다.

(9)의 동사들은 정확히 형태가 같지만, (9가)의 동사들은 피동사이고, (10㉠)에서 보듯이 목적어를 요구하지 않는 자동사이다. 이에 비해 (9나)의 동사들은 사동사이

고, (10ⓒ)에서 보듯이 목적어를 요구하는 타동사이다.[2] 즉 형태는 같지만 (9가)와 (9나)는 서로 다른 별개의 단어이다.

(9가)와 (9나)가 별개의 단어인 이유는 결합한 접미사 형태가 '-이/히/리/기-'로 같지만, (9가)의 '-이/히/리/기-'는 피동사 파생 접미사이고, (9나)의 '-이/히/리/기-'는 사동사 파생 접미사이기 때문이다. 즉 (9가)의 접미사 형태소와 (9나)의 접미사 형태소는 서로 형태만 같을 뿐 내용 즉 의미(또는 기능)는 서로 다른 형태소이다. 서로 다른 형태소가 결합한 것이므로 (9가)와 (9나)는 다른 동사이다.

어떤 동사는 형태 변화 없이 자동사로도 쓰이고 타동사로도 쓰인다. 이들은 품사가 바뀌는 것은 아니므로 품사 통용에 해당하지는 않는다.

(11)

자동사	타동사
비가 그쳤다.	아이가 울음을 그쳤다.
차가 멈추었다.	선생님이 차를 멈추었다.

(12)

자동사	타동사
태극기가 바람에 펄럭인다.	건우가 태극기를 펄럭인다.
불빛이 반짝거린다.	영호가 불빛을 반짝거린다.
지렁이가 꿈틀댄다.	잠자던 사자가 몸을 꿈틀댄다.

---

2 '능동사/피동사', '주동사/사동사', '자동사/타동사'의 관계에 대한 자세한 설명은 ☞2.3. 사동사는 모두 타동사이고, 피동사는 모두 자동사인가요? 참조.

(11), (12)에서 보듯이 형태 변화 없이 목적어를 요구하지 않는 자동사로도 쓰이고, 목적어를 요구하는 타동사로도 쓰이는 동사들이 있다. 특히 (12)의 접미사 '-이-', '-거리-', '-대-'가 결합한 파생 동사들은 자동사로도 쓰이고 타동사로도 쓰이는 예들이 많다. 이러한 부류의 동사들을 따로 능격 동사(ergative verb)라고 한다. '능격 동사'의 개념은 학교문법의 내용에는 포함되어 있지 않다. 하지만 (11), (12)의 동사들은 일상적으로 사용되는 단어이다. 그래서 탐구의 방식으로 이러한 특성을 보이는 동사들이 있다는 것을 학생들에게 보여 주는 것은 언어 현상에 대한 관심을 유발할 수 있을 것이다.

2.11. 두 어근이 '동사+형용사'인 합성어는 없나요?

한마디로 설명

　　두 어근이 모두 용언인 합성어일 때, 두 어근은 '동사+동사'이거나 '형용사+형용사'가 일반적이다. 그러나 '형용사+동사'(또는 '동사+형용사') 구성의 합성어도 없지는 않다.

- 게을러빠지다
- 게을러터지다
- 검기울다(검은 구름이 퍼져서 해가 가려지고 날이 차차 어두워지다.)

　　위 세 단어는 '형용사+동사' 구성의 합성어이다. 이 중 합성어의 품사는 '게을러빠지다'와 '게을러터지다'가 동사이고, '검기울다'는 형용사이다.

두 어근이 '용언+용언' 구성의 합성어인 경우, 대부분은 두 용언의 품사가 같다. 즉 '동사+동사'이거나 '형용사+형용사'가 일반적이다. 특히 용언의 어간이 바로 결합한 '용언어간+용언어간' 구성의 비통사적 합성어의 경우에는 두 용언의 품사가 다른 경우를 찾기 어렵다. [한마디로 설명]에 제시한 '검기울다' 같은 예가 없지는 않지만, 일상적으로 잘 쓰이지 않는 말이다. 일상적으로 쓰이는, 빈도가 높은 단어 중에 '검기울다'처럼 '형용사+동사' 또는 '동사+형용사'가 결합한 단어를 찾기는 어렵다.

(1) 듣보다, 붙잡다, 넘보다, 오가다, 나오다, 나들다

(2) 높푸르다, 넓둥글다, 검붉다, 검푸르다

(1)은 '동사+동사' 구성의 비통사적 합성어이고, (2)는 '형용사+형용사' 구성의 비통사적 합성어이다. 두 어근의 품사가 같으므로 결과된 합성어의 품사는 어근의 품사와 일치한다. 즉 (1)은 '동사+동사' 구성의 비통사적 합성 동사이고, (2)는 '형용사+형용사' 구성의 비통사적 합성 형용사이다.

(3)은 통사적 합성어의 예인데, 통사적 합성어의 경우에도 두 용언의 품사가 같은 경우가 일반적이다. (3)은 '동사+동사' 구성의 통사적 합성 동사이다.

(3) 들어가다, 돌아오다, 잡아먹다, 일어나다, 치고받다

그런데 '동사+동사' 구성의 통사적 합성어인 점에서는 (3)과 같지만, 결과된 품사가 동사가 아니라 형용사인 특이한 예도 있다.

더 문법하고 싶은 문법

2. 형태소와 단어에 대한 Q&A

> (4) 뛰어나다, 깎아지르다

'뛰어나다'의 두 구성 요소 '뛰다'와 '나다'는 각각 동사이다. 그리고 '깎아지르다'의 두 구성 요소 '깎다'와 '지르다' 역시 각각 동사이다. 하지만 합성어가 된 '뛰어나다'와 '깎아지르다'의 품사는 형용사이다. 예외 없는 법칙이 없듯이 (4)와 같은 경우는 단어 형성에서 아주 특이한, 예외적인 경우이다.

'본용언+보조용언'의 통사적 구성이었던 것이 단어가 된 것들도 많은데, 이때에도 본용언과 보조용언의 품사가 일치하는 경우가 일반적이다. 즉 본용언이 동사이면, 보조용언도 동사이고, 본용언이 형용사이면 보조용언도 형용사이다.

> (5) 노려보다, 해보다, 갈라지다, 기울어지다,

> (6) 적잖다, 시답잖다, 올곧잖다

(5)는 '동사+보조동사' 구성의 합성어이고, (6)은 '형용사+보조형용사' 구성의 합성어이다. 본용언과 보조용언의 품사가 같으므로, 품사도 예측 가능하다. 즉 '동사+보조동사' 구성의 합성어는 동사이고, '형용사+보조형용사' 구성의 합성어는 형용사이다.

그런데 '본용언+보조용언' 구성의 합성어 중에는 본용언과 보조용언의 품사가 다른 합성어들이 있다. '용언+용언' 구성의 비통사적 합성어 중에는 두 용언의 품

159

사가 다른 경우를 찾기 어려운데 반해, '본용언+보조용언' 구성의 합성어 중에는 두 용언의 품사가 다른 경우를 비교적 쉽게 찾을 수 있다.

(7)   ㉠ 기뻐하다, 좋아하다, 즐거워하다, 싫어하다, 슬퍼하다
      ㉡ 슬퍼지다, 가벼워지다, 높아지다, 밝아지다

(7㉠)은 '형용사-아/어 하다' 구성이 단어가 된 것이고, (7㉡)은 '형용사-아/어 지다' 구성이 단어가 된 것이다. 이때 후행하는 보조용언 '하다'와 '지다'는 보조동사이다. (7㉠), (7㉡) 모두 합성어의 품사는 후행하는 보조용언의 품사와 일치한다. 즉 (7㉠,㉡) 모두 품사는 동사이다.

3.

활용과 곡용,
문장 구조에 대한
Q & A

3.1. 마침표가 없으면 문장이 아닌 건가요?

한마디로 설명

　마침표의 유무는 통사론적으로 어떤 구성이 문장인지 아닌지를 판단하는 데 관여적이지 않다. 즉 마침표가 있든 없든 문장은 문장이고, 마침표가 있더라도 문장이 아닌 것은 문장이 아니다. 〈한글 맞춤법〉에서 종결어미로 끝난 서술어 뒤에는 마침표나 물음표, 느낌표 중의 하나를 찍게 되어 있다. 설령 종결어미로 끝난 문장 뒤에 마침표, 물음표, 느낌표 중의 하나가 없다 하더라도 그것이 문장이라는 사실에는 변함이 없다. 다만 그 경우 〈한글 맞춤법〉의 문장 부호 사용법을 어겼을 뿐이다.

자세히 설명

　문장의 핵심은 서술어이다. 즉 문장이라고 하면 서술어가 반드시 있어야 한다. 그리고 모든 서술어는 주어 하나를 가진다고 가정한다. 그러니까 문장의 최소 요건은 서술어 하나와 주어 하나이다. 그런데 문장 끝에 마침표를 찍는 경우도 있고 찍지 않는 경우도 있다. 그리고 문장 끝에 쉼표를 찍는 경우도 있고, 문장 끝에 아무런 문장 부호를 넣지 않는 경우도 있다. 마침표를 찍어야 하는데 찍지 않았다고 해서 문장이 문장이 아닌 것은 아니고, 단지 그 경우는 〈한글 맞춤법〉의 문장 부호 사용법을 어긴 것일 뿐이다.

마침표의 정의는 2015년에 수정되었다. 그런데 수정된 마침표의 정의가 아직 언중들에게 일반적으로 인지되어 있지 못한 상황이다. 그래서 우선 마침표의 정의부터 짚고 넘어갈 필요가 있을 듯하다. 1988년 〈한글 맞춤법〉에서의 문장 부호 용어가 일부 개정되어 2015년 1월 1일자로 고시되었는데, 마침표의 정의도 이때 개정되었다. 관련된 내용은 (1)과 같다.

(1)

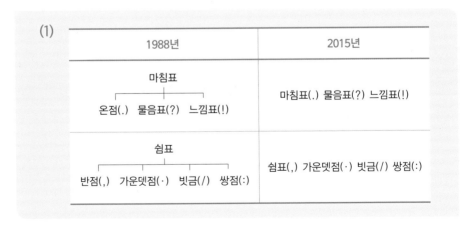

1988년	2015년
마침표 온점(.) 물음표(?) 느낌표(!)	마침표(.) 물음표(?) 느낌표(!)
쉼표 반점(,) 가운뎃점(·) 빗금(/) 쌍점(:)	쉼표(,) 가운뎃점(·) 빗금(/) 쌍점(:)

(1)에서 보듯이 마침표는 '온점, 물음표, 느낌표'의 상위어였는데, 2015년 개정에서는 상위어 마침표를 없애고, 온점을 마침표로 바꾸었다. 쉼표 역시 마찬가지이다. 쉼표가 상위어였는데, 상위어 쉼표를 없애고, 반점을 쉼표로 바꾸었다.

그래서 2015년 문장 부호가 개정되기 전의 버전으로는 종결어미 뒤에 마침표를 찍는다고 하는 것이 맞다. 하지만 2015년 문장 부호가 개정된 이후에는 종결어미 뒤에 마침표, 물음표, 느낌표 중의 하나를 찍는다고 표현하는 것이 맞다. 물론 종결어미 뒤에 마침표, 물음표, 느낌표가 찍히지 않았다고 해서 문장이 문장이 아니게 되는 것은 아니다.

문장 부호는 문장을 시각적으로 나타내는 하나의 기호일 뿐이다. 통사적으로 문장 뒤에는 마침표, 물음표, 느낌표를 찍는 경우도 있고, 쉼표를 찍는 경우도 있고, 문장이지만 아무런 문장 부호도 찍지 않는 경우도 있다.

문장 뒤에 마침표, 물음표, 느낌표 중의 하나를 찍는 경우는 종결어미 뒤이다. (2㉠)은 평서형 종결어미 '-다' 뒤여서 마침표가, (2㉡)의 [해가 뜰까]에서는 의문형 종결어미 '-을까' 뒤여서 물음표를 찍었다. 그리고 쉼표를 찍는 경우는 (2㉡)의 [비가 그치면]처럼 문장이 연결어미로 끝난 경우이다. '-면'은 조건을 나타내는 종속적 연결어미이다. 마지막으로 문장 뒤에 아무런 문장 부호도 찍지 않는 경우는 (2㉢)처럼 문장이 전성어미로 끝난 경우이다. [해가 뜬]은 서술어가 관형사형 전성어미 '-(으)ㄴ'으로 끝난 안긴문장이다.

(2) ㉠ 산이 높다.

   ㉡ [비가 그치면], [해가 뜰까]?

   ㉢ [해가 뜬] 날이 좋다.

종결어미, 연결어미[1], 전성어미[2]에 어떤 것이 있는지를 알면 보다 쉽게 이해가 될 것이다.

어말어미의 종류

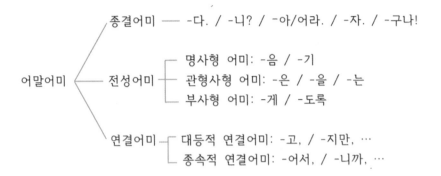

서술어가 종결어미로 끝나든, 연결어미로 끝나든, 전성어미로 끝나든 서술어는 서술어이다. 그리고 '본용언+보조용언' 구성을 예외로 제외하면, 서술어의 개수

---

1 연결어미에는 보조적 연결어미(-아/어, -게, -지, -고)도 있다. 보조적 연결어미는 '본용언+보조용언' 구성에서 본용언 어간에 결합하는 어미를 가리킨다. 보조적 연결어미는 연결어미이기는 하지만 대등적 연결어미, 종속적 연결어미와는 그 성격이 평행하지 않아서 여기의 분류에 포함하지 않았다. 보조적 연결어미 뒤에는 문장 부호를 넣지 않는 것이 원칙이다. 어미의 분류 체계에 대한 자세한 설명은 『문법하고 싶은 문법』☞3.3. '좋은 추억을 품고 산다.'에서 어말어미는 몇 개인가요? 참조.

2 품사의 성질을 바꿔 주는 어미이다. 품사의 성질을 바꾼다는 것은 용언(동사, 형용사)이 명사처럼, 또는 용언이 관형사처럼 기능할 수 있게 해 준다는 뜻이다. 이때 성질만 바꿔 주는 것이므로 원래의 품사 자체는 바뀌지 않는다. 예컨대 '먹다'는 동사인데, '밥을 먹기가 힘들다'에서 '먹기'에는 주격 조사 '가'가 결합할 수 있는데, 그것은 명사형 전성어미 '-기'가 동사를 명사처럼 기능할 수 있게 해 주었기 때문이다. 그러나 '먹기'의 품사는 여전히 동사이다.

가 곧 문장의 개수와 같다. 국어에서 서술어로 기능하는 것은 동사, 형용사, 그리고 'NP+이'이다. 그래서 서술어가 종결어미로 끝나든 연결어미로 끝나든 전성어미로 끝나든 서술어가 있으면 문장이다.

더 문법하고 싶은 문법

(3) ㉠ 문법이 재미있다.
     ㉡ 문법이 재미있니?
     ㉢ 문법이 참 재미있구나!

(4) ㉠ 문법이 재미있다
     ㉡ 문법이 재미있니
     ㉢ 문법이 참 재미있구나

3. 활용과 곡용, 문장 구조에 대한 Q&A

(3)과 (4)는 통사론적으로 정확히 같은 문장이다. 그러면 (3)에는 마침표가 찍혀 있고, (4)에는 마침표가 찍혀 있지 않으므로 다르다고 반문하는 사람이 있을 수 있다. 물론 다르다. 그러나 이때 다른 것은 맞춤법의 차원에서 (3)은 맞고, (4)는 틀렸다는 점에서 다르다. (4)는 문장 부호 사용법이 틀린 문장이다. 즉 말 그대로 문장 부호를 찍어야 하는데 찍지 않은 것이다. 그렇지만 통사론적으로 (3)과 (4)는 정확히 동일한 문장이다.

(5) ㉠ 문법이 재미있음
     ㉡ 문법이 재미있음.

(5) 역시 형용사 '재미있-'이 있으므로 하나의 문장이다. 다만 (5㉠)은 마침표가

없고, (5ⓒ)은 마침표가 있다는 차이가 있다. 하지만 그 차이는 문장 부호 사용의 차이이고, 통사론적으로 (5ⓒ)과 (5ⓒ)은 정확히 동일한 문장이다.

(6)은 비록 마침표가 있지만 문장이 아니다.

    (6)   아침 식사 준비 끝.

(6)에는 서술어가 없다. 서술어가 없으므로 문장이 아니다. 마침표의 유무, 쉼표의 유무는 문장이냐 아니냐를 결정하는 데 전혀 관여하지 않는다. 다만 마침표의 유무나 쉼표의 유무는 맞춤법의 문장 부호 사용법에 맞느냐 틀리느냐와 관여적이다.

참고로 (5ⓒ)처럼 개조식 문장이거나 (6)과 같이 명사로 끝난 경우 마침표를 찍는 것이 맞춤법에 맞는지, 찍지 않는 것이 맞춤법에 맞는지에 대해 헷갈려 하는 경우가 많다. 이에 대한 답변은 (5ⓒ), (6)처럼 마침표를 찍는 것이 원칙이고, (5ⓒ)처럼 찍지 않는 것도 허용된다. 그러니까 마침표를 찍든 안 찍든 둘 다 맞으니까 신경 쓰지 않아도 된다는 말이다. 실제 언어 사용에서는 마침표를 찍지 않는 경우들이 많고, 마침표를 찍으면 시각적으로 불편해서 의식적으로 넣지 않는 경우도 있다.

3.2. '부사어'는 없어도 되는데 '필수적 부사어'는 왜 꼭 있어야 하나요?

한마디로 설명

필수적 부사어는 주어도 아니고 목적어도 아니지만 서술어(동사, 형용사)가 필수적으로 요구하는 문장 성분으로서 누락되면 해당 문장이 적격한 문장이 되지 못한다. 이에 반해 부사어는 문장의 의미를 보충해 주는 성분으로서 누락되어도 해당 문장의 적격성에는 영향을 주지 않는다. 다만 누락되면 문장의 의미가 상대적으로 불충분해진다.

㉮ 아기가 엄마와 닮았다.
㉯ 나는 용돈으로 책을 샀다.

㉮의 '엄마와'가 누락된 '*아기가 닮았다'는 비문이다. 즉 ㉮가 적격한 문장이 되기 위해서는 '엄마와'가 반드시 있어야 한다. 그래서 '엄마와'는 필수적 부사어이다. 이에 반해 ㉯에서 '용돈으로'가 누락된 '나는 책을 샀다.'는 여전히 적격한 문장이다. 그래서 '용돈으로'는 부사어이다. 다만 부사어 '용돈으로'는 책을 어떤 돈으로 샀는지에 대한 정보를 주는데, '용돈으로'가 없으면 이 정보를 알 수 없게 되므로 의미적으로 정보가 불충분하게 된다. 하지만 '용돈으로'가 누락되더라도 문장의 적격성에는 문제가 없다. 다만 필요한 의미 정보가 부족할 뿐이다.

169

자세히 설명

문장은 핵심은 서술어이다. 즉 어떤 구성이 문장이냐 아니냐를 판단할 때 서술어가 있느냐 없느냐를 기준으로 한다.[1] 그리고 모든 서술어는 주어 하나를 가진다고

---

1   서술어가 없는 절을 가정하기도 한다. 소위 소절(small clause)이라고 하는 것이 이에 해당한다.

ⓐ 나는 [그녀를 천사]로 여긴다.
ⓑ I consider [John very smart]

ⓐ은 국어학에서 소절 논의에 언급되는 예이고, ⓑ은 영어학에서 소절로 다루어지는 예이다. ⓐ에서 [그녀를 천사]의 경우 의미적으로는 '그녀가 천사이

가정한다.[2] 국어에서 서술어로 기능하는 것은 동사, 형용사 그리고 'NP+이'이다. 서술어에 따라서는 타동사와 같이 목적어를 가지는 경우도 있다.

　　그런데 어떤 서술어는 주어, 목적어 외에 또 다른 어떤 성분을 필수적으로 요구한다. 이 성분이 누락되면 해당 서술어가 이끄는 문장이 부적격하게 된다.

다'이다. 즉 의미상 서술어는 '천사이다'이고, 주어는 '그녀'이다. ⓛ에서도 의미상 서술어는 'is smart'이고, 주어는 John이다. 영어에서는 형용사가 서술어가 되려면 필수적으로 be 동사가 있어야 하는데, ⓛ에서는 be 동사 없이 smart만 쓰였기 때문에 통사적으로 온전한 서술어는 아니다.

　　㉠, ⓛ처럼 서술어가 없지만, 의미상 '주어+서술어' 또는 '목적어+서술어' 구성이 있는데, 이러한 절을 '소절'이라고 한다. 소절에 대한 개념 정의도 학문적으로는 단순하지 않은데, 여기서 설명한 '소절'은 가장 전형적으로 언급되는 개념을 소개한 것이다.

2　학자에 따라서는 아래 ㉠, ⓛ과 같은 문장을 주어가 없는 문장 즉, 무주어문으로 보고, 이를 다른 언어와 구분되는 국어의 특징 중의 하나로 설명하기도 한다.

　　㉠ 불이야!
　　ⓛ 도둑이야

　　2002년 국정 『문법』 교과서에서도 국어의 특징 중의 하나로 ㉠, ⓛ과 같은 예를 제시하면서 무주어문이 있다고 기술하였다. 그런데 이는 이론적인 해석 차원에서의 논쟁이다. 무주어문의 가정은 주로 구조주의 통사론의 이론적 배경에서 나온 얘기이고, 생성언어학에서는 보이지는 않지만 주어가 있다고 가정한다. '불이야'를 영어로 표현하면 'it is fire!' 정도가 될 텐데, 이때 'it'는 실질적인 주어가 아니라 가주어이다. 언어 유형론에서는 영어의 'it'처럼 형식적인 주어를 나타내는 외현적인 장치가 있는 언어이냐 아니냐로 언어 유형을 구분한다. 이에 따르면 국어는 외현적으로 형식적인 주어를 나타내는 장치가 없는 언어로 분류된다.

(1) ㉠ 영이는 어른이 아니다.

㉡ 애벌레가 나비가 되었다.

㉠' *영이는 아니다.

㉡' *애벌레가 되었다.

(2) ㉠ 영이는 엄마와 닮았어.

㉡ 빠르기가 번개와 같다.

㉠' *영이는 닮았어.

㉡' *빠르기가 같다.

(3) ㉠ 세월이 나를 시인으로 만들었다.

㉡ 나는 그를 스승으로 삼았다.

㉠' *세월이 나를 만들었다.

㉡' *나는 그를 삼았다.

(1㉠)에서 '어른이', (1㉡)에서 '나비가'가 누락되면 적격한 문장이 되지 못하고, (2㉠)에서 '엄마와', (2㉡)에서 '번개와'가 누락되어도 역시 적격한 문장이 되지 못한다. 그리고 (3㉠)에서 '시인으로', (3㉡)에서 '스승으로'가 누락된 문장 역시 적격한 문장이 되지 못한다.

(1㉠)의 '어른이', (1㉡)의 '나비가', (2㉠)의 '엄마와', (2㉡)의 '번개와', 그리고 (3㉠)의 '시인으로', (3㉡)의 '스승으로'는 주어도 아니고 목적어도 아니다. 하지만 누락되면 문장의 적격성에 문제가 생기는 성분이라는 점에서 공통적이다. 즉 이들은 주어도 아니고, 목적어도 아니지만, 반드시 서술어가 필요로 하는 성분이라는 점에서는 같다. 이러한 성분을 보충어 또는 보어라고 한다. 보충어, 보어 둘 다 영어

compliment의 번역어이다.

학교문법에서는 (1)처럼 '아니다', '되다'의 보충어를 따로 '보어'라고 하고, (2)와 (3)의 보충어는 '아니다', '되다'의 보충어와 구분하여 따로 '필수적 부사어'로 구분한다. 더 정확히 표현하면 '아니다', '되다'의 보충어가 조사 '이 ~ 가'와 결합해서 나타날 때 보어라고 한다. 조사 '이 ~ 가'와 결합한 보충어를 '보어'라고 하기 때문에, '어른이', '나비가'의 조사 '이 ~ 가'를 주격 조사 '이 ~ 가'와 구분하여 따로 보격 조사라고 한다. 학교문법에서는 이처럼 보격 조사 '이 ~ 가'를 따로 설정하고, 보격 조사 '이 ~ 가'와 결합한 성분만 보어라고 하기 때문에, (4)처럼 '되다'의 보충어가 부사격 조사와 결합했을 때는 필수적 부사어로 다루게 된다.

(4) 애벌레가 나비로 되었다.

이상에서 살펴본 것처럼 보충어(또는 보어) — 학교문법의 용어로는 보어와 필수적 부사어 — 는 서술어가 적격한 문장이 되기 위해서 반드시 필요로 하는 성분이다. 이처럼 서술어가 반드시 필요로 하는 성분을 논항(argument)이라고 한다. 논항은 과거에 '자리 수'라고 할 때의 '자리'라는 개념과 평행하다. 즉 '가다'는 한 자리 서술어, '먹다'는 두 자리 서술어, '주다'는 세 자리 서술어 이렇게 표현했는데, 이때 '자리'가 논항과 같은 개념이라고 이해해도 무방하다.

모든 서술어는 주어 하나를 가진다고 전제하므로 주어는 논항이다. 그리고 타동사는 반드시 목적어를 필요로 하므로 목적어 역시 논항이다. 그리고 (1) ~ (3)에서처럼 주어도 목적어도 아니지만, 서술어가 반드시 필요로 하는 성분 역시 논항이다.

이에 비해 관형어와 부사어는 서술어가 반드시 필요로 하는 성분이 아니다. 즉 관형어와 부사어는 논항이 아니다. 관형어와 부사어는 수식하는 성분인데, 수식어는 피수식어의 의미를 풍성하게 해 주는 기능을 한다. 그렇기 때문에 관형어나 부사어가 누락된다고 해서 문장의 적격성에 영향을 주지는 않는다. 다시 말해 관형어나 부사어의 있고 없음이 문장의 적격성과는 무관하다. 다만 관형어나 부사어가 있으면 문장의 의미적 정보가 풍성해진다.

(5) ㉠ 나는 온갖 설움을 이겨냈다.
     ㉡ 나는 설움을 이겨냈다.

(6) ㉠ 독수리가 하늘을 높이 난다.
     ㉡ 독수리가 하늘을 난다.

(5㉠)의 관형어 '온갖'이 없는 (5㉡)은 적격한 문장이다. (6㉠)의 부사어 '높이'가 없는 (6㉡) 역시 적격한 문장이다. 다만 관형어 '온갖'이 있는 (5㉠)과 부사어 '높이'가 있는 (6㉠)이 각각 (5㉡), (6㉡)에 비해 의미적으로 더 풍성하다.

이제 '필수적 부사어'와 '부사어'가 어떻게 다른지 이해가 되었으리라 생각한다. 필수적 부사어는 서술어가 반드시 필요로 하는 성분 즉, 논항이다. 그래서 필수적 부사어가 누락되면 해당 서술어가 이끄는 문장이 비문이 된다. 이에 반해 부사어는 서술어가 반드시 필요로 하는 성분 즉, 논항이 아니다. 그래서 부사어는 누락되더라도 해당 서술어가 이끄는 문장의 적격성에 영향을 주지 않는다. 이때 적격하다 적격하지 않다고 할 때의 적격성은 의미적인 차원이 아니라 구조적인 차원에서의 판단이다.

그래서 만일 필수적 부사어인지 그냥 부사어인지 헷갈린다면, 해당 성분을 생략해 보라. 생략되어도 문장이 적격하면 그냥 부사어이고, 생략했더니 문장이 온전하지 않게 되면 필수적 부사어라고 판단하면 된다.

(7) ㉠ 나는 내일 짜장면을 먹을래.

   ㉡ 동생은 집에서 놀아.

   ㉢ 코끼리는 코로 과자를 먹어.

   ㉣ 그는 사랑에 눈이 멀었다.

(7㉠)에서 '내일', (7㉡)에서 '집에서', (7㉢)에서 '코로', (7㉣)에서 '사랑에'가 없더라도 문장은 여전히 적격하다. 다만 정보가 불충분해서 이들 부사어가 있을 때에 비해 의미적으로 갑갑할 뿐이다. 일반적으로 '언제', '어디서', '어떻게', '왜'에 해당하는 성분들은 기본적으로 부사어이다. (7㉠)의 '내일'은 '언제'에 해당하는 성분이고, (7㉡)의 '집에서'는 '어디서'에 해당하는 성분, (7㉢)의 '코로'는 '어떻게'에 해당하는 성분, (7㉣)의 '사랑에'는 '왜'에 해당하는 성분이다.

문장에서 부사어로 기능하는 것은 세 가지이다.

첫째, 부사가 부사어로 기능하는 경우이다. (7㉠)이 이에 해당한다. 부사 '내일'이 문장에서 부사어로 기능하고 있다. 모든 부사는 문장에서 항상 부사어로 기능한다. 하지만 그 역은 성립하지 않는다. 즉 모든 부사어가 부사는 아니다. 그것은 아래 둘째, 셋째와 같은 부사어도 있기 때문이다.

둘째, 'NP+부사격조사'가 부사어로 기능하는 경우이다. (7㉡,㉢,㉣)의 '집에서', '코로', '사랑에'가 바로 이에 해당한다. 이처럼 'NP+부사격 조사'의 곡용형도 문장에서 부사어로 기능한다.

셋째, 부사절이 부사어로 기능하는 경우이다.

(8) [하늘이 [눈이 부시게] 푸르다].

⑻에서 [눈이 부시게]는 절인데, 서술어인 형용사 '푸르다'를 수식하고 있으므로 부사어이다. 즉 [눈이 부시게]는 절이 부사어로 기능하는 경우이다.

3.3. '넌 이제 큰일 났다.'는 미래 시제인가요, 과거 시제인가요?

한마디로 설명

'큰일 났다'의 '큰일'이 어떤 일이 일어남으로 인해 앞으로 일어나게 될 어떤 일을 의미할 수도 있고, 이미 일어난 어떤 일을 의미할 수도 있다. 전자로 해석되는 경우에 '넌 이제 큰일 났다.'의 시제는 미래이고, 후자로 해석될 경우에는 과거이다. 일상적으로 '넌 이제 큰일 났다.'고 할 때 '큰일'은 발화하는 시점에서 일어난 사건보다는 그 사건으로 인해 앞으로 일어나게 될 일을 의미한다. 그래서 '넌 이제 큰일 났다.'는 과거 시제보다는 미래 시제로 해석되는 것이 더 자연스럽다. '넌 이제 큰일 났다.'가 미래 시제로 해석될 경우에 '났다(나-았-다)'의 '-았-'은 과거 시제의 기능을 하지 않는다.

'-았/었-'은 과거 시제를 나타내는 문법 범주이지만, 때로 시제를 나타내는 기능 없이 '확신'의 양태적 의미를 나타내기도 한다.[1] '난 내일 죽었다.'는 발화하는 시점에서 사건이 일어나지 않았으므로 시제가 미래임에도 '-았-'이 쓰였다. 이때 '-았-'이 바로 '확신'의 양태적 의미로 쓰인 경우이다.

부사 '이제'는 '이제 영화가 끝났다.', '이제 나는 밥을 먹는다.', '이제 집에 가야겠다.'에서 보듯이, 과거 시제 선어말어미 '-았/었-', 현재 시제 선어말어미 '-ㄴ/는-', 미래 시제 선어말어미 '-겠-' 모두와 함께 나타날 수 있다. 그래서 부사 '이제'를 통해서는 문장의 시제를 판단하기 어렵다.

---

1 양태(modality)는 문장이 드러내는 내용이나 그 내용의 실현성에 대한 화자의 판단 양상을 가리킨다. 학교문법에서 '-겠-'은 미래 시제 선어말어미로만 설명하고 있다. 그런데 '내일은 비가 오겠다.', '나는 오늘 중으로 이 일을 마치겠다.'에서 '-겠-'은 미래 시제의 의미보다는 추측, 의지의 양태적 의미가 더 강하다. 그래서 학문문법에서는 '-겠-'을 시제 선어말어미로 보지 않는 견해도 많다.

자세히 설명

시제는 발화시를 기준으로 사건이 일어난 시간(사건시)의 위치를 나타내는 문법 범주이다. 즉 시제를 나타내는 기준점은 발화를 하고 있는 시간 즉, 발화시이고, 이 발화시를 기준으로 사건이 일어난 시간의 위치를 따지는 것이다. 그래서 사건시가 발화시보다 앞서면(사건시 > 발화시) 과거이고, 사건시와 발화시가 동시이면(발화시 = 사건시) 현재이고, 사건시가 발화시보다 뒤이면 즉, 발화시가 사건시보다 앞서면(발화시 > 사건시) 미래이다. 발화시 기준으로 사건시가 1초라도 앞서면 과거 시제이다. 그리고 발화시 기준으로 사건시가 1초라도 뒤이면 미래 시제이다.

학교문법에서 시제는 '과거 – 현재 – 미래'의 3분 체계를 채택하고 있다.[2] 시제를 나타내는 선어말어미는 아래와 같다.

시제	선어말어미
과거 시제: 사건시 〉 발화시	-았/었- ~ -였-
현재 시제: 사건시 = 발화시	-ㄴ- ~ -는-
미래 시제: 사건시 〈 발화시	-겠-, -리-

미래 시제는 선어말어미 '-겠-', '-리-' 외에 '내일은 비가 올 것이다.'처럼 '-(으)ㄹ 것이다'의 통사적 구성으로 나타내기도 한다.

회상 시제라는 것도 설정하는데, 회상 시제는 선어말어미 '-더-'에 의해 실현된다. 회상 시제는 과거 시제, 현재 시제, 미래 시제와는 성격이 다르다. 회상 시제는 사건시와는 직접적인 관련이 없고, 사건을 인식하게 된 시간 즉, 인식시와 관련되어 있다. 인식시가 발화시보다 앞설 때 '-더-'를 쓴다.

(1)　　㉠ 어제 보니까, 일이 잘 되고 있더라.

　　　　영화가 정말 재미있었다고 하더라.

　　　　㉡ 내일은 영우가 공부를 시작하겠더라.

대개의 경우 (1㉠)처럼 '-더-'가 쓰인 문장의 시제는 과거인 경우가 많다. 그래서

2　학문문법에서 국어의 시제를 '과거 – 비과거'의 2분 체계로 보는 논의도 있다. 2분 체계를 주장하는 논의에서는 '-ㄴ/는-'을 현재 시제 선어말어미로 보지 않으며, '-겠-' 역시 미래 시제를 나타내는 선어말어미로 보지 않는다.

'-더-'를 '과거 회상 시제'라고 말하는 경우도 있다. 하지만 (1ⓒ)처럼 미래의 사건에도 쓰일 수 있기 때문에 과거 시제로 단정할 수 없다. 즉 '-더-'가 과거 시제에 주로 쓰이기는 하지만, '-더-' 자체가 과거 시제를 나타내는 것은 아니다. (1ⓒ)처럼 사건시가 발화시보다 뒤인 미래 시제일 때도 그것을 인식한 시간이 발화시보다 앞서면 쓸 수 있다. 영우가 공부를 시작하는 사건은 아직 일어나지 않았으므로 문장의 시제는 미래 시제이고, 이를 인식한 시간은 발화시를 기준으로 발화시보다 앞서기 때문에 '-더-'로 나타내었다.

'-더-'는 (2㉠)처럼 1인칭 주어인 '나'와 함께 쓰이지 못하는 제약이 있다. 하지만 (2ⓒ)처럼 '나'가 대상화되면 이 제약이 해소된다. 또한 (2ⓒ)처럼 관형사절로 안긴문장에서도 1인칭 제약이 해소된다.

> (2) ㉠ *나는 집에 가더라.
>   ⓒ 사진 속 나는 참 예쁘더라.
>   ⓒ [그곳은 [내가 살던] 고향이다].

그러면 지금부터는 시간을 나타내는 부사와 시제 선어말어미와의 관계에 대해 살펴보자. 기본적으로 (3)처럼 시간을 나타내는 부사 즉, 시간 부사의 시제와 선어말어미의 시제는 일치하는 것이 자연스럽다. 그래서 (4)처럼 시간 부사의 시제와 선어말어미의 시제가 일치하지 않을 때는 적격하지 않은 문장이 된다.

> (3) ㉠ 하늘이는 어제 책을 읽었다.
>   ⓒ 나는 지금 밥을 먹는다.
>   ⓒ 하늘이는 내일 집에 도착하겠다.

(4) ㉠ *하늘이는 어제 책을 읽는다.

㉡ *하늘이는 내일 집에 도착했다.

(4㉠)에서 시간 부사 '어제'의 시제는 '과거'이고, 선어말어미 '-는-'의 시제는 현재로 시제가 서로 충돌하기 때문에 비문이다. (4㉡)도 시간 부사 '내일'은 미래 시제, 시제 선어말어미의 시제는 과거 시제로 시제가 충돌하고 있어 비문이다.

그런데 시제 선어말어미가 항상 시제를 나타내는 기능만 하는 것은 아니다. '-았/었-'이 쓰였지만 문장의 시제가 과거 시제가 아닌 경우도 있다. '-겠-', '-ㄴ/는-' 역시 마찬가지이다. '-겠-'이 쓰였지만 문장의 시제가 미래 시제가 아닌 경우가 있고, '-ㄴ/는-'이 쓰였지만 문장의 시제가 현재가 아닌 경우가 있다. 이때 시간을 나타내는 시간 부사가 있을 경우 문장의 시제는 시간 부사의 시제인 경우가 일반적이다.

(5) ㉠ 넌 내일 죽었다.

㉡ 이 게임은 해 보지 않아도 내가 이겼어.

(5㉠)에서는 죽는 사건이 아직 일어나지 않았으므로 죽는 사건의 시간은 발화시보다 뒤라는 것을 알 수 있다. (5㉡)에서는 게임이 아직 시작도 안 했으므로 게임이 끝나는 사건의 시간은 발화시보다 뒤이다. 따라서 (5㉠), (5㉡)의 시제는 '사건시 〈 발화시'의 미래 시제이다. (5㉠), (5㉡)이 미래 시제이므로 일단 여기서 '-었-'이 과거 시제로 기능하고 있지 않다는 것은 분명하다. (5㉠)의 '넌 내일 죽었다.'에는 시간 부사 '내일'이 있으므로, 문장의 시제는 미래이다. 시간 부사가 있을 때 문장의 시제는 일반적으로 시간 부사의 시제가 우선한다. 그리고 시간 부사의 시제와 시제 선

어말어미의 시제가 일치하지 않을 때, 시제 선어말어미는 시제의 기능을 하지 않는다. (5㉠)의 '죽었다', (5㉡)의 '이겼어'에서 '-았/었-'은 시제가 아니라, 말하는 내용이나 말하는 내용의 실현성에 대한 화자의 태도를 나타내는 기능 즉, 양태의 의미를 나타낸다. 이때 '-았/었-'의 양태의 의미는 '확신'이다.

(6)　㉠ 동생이 엄마와 많이 닮았다.
　　　㉡ 태어날 아기가 누구를 닮았으면 좋겠어요?

(6)에도 '-았-'이 있지만, (6)의 시제 역시 과거는 아니다. 직관적으로 (6㉠)의 시제는 현재 시제에 해당하고, (6㉡)의 시제는 미래 시제이다. 그러므로 (6)의 '-았-' 역시 시제 기능을 하고 있지는 않다는 것은 명확하다. 즉 (6)의 '-았/었-' 역시 양태의 의미를 나타낸다. 다만 이때는 (5)와 달리 양태의 의미가 무엇인지 명확하게 말하기가 어렵다.

학교문법에서 '-겠-'은 미래 시제를 나타내는 선어말어미다. 하지만 '-겠-' 역시 '추측', '의지/의도'와 같은 양태의 의미로 쓰이는 경우가 많다. '-겠-'이 미래 시제를 나타내기 때문에 부차적으로 '추측', '의지/의도'와 같은 양태적 의미가 나오는 것인지, 반대로 '-겠-'이 '추측', '의지/의도'의 양태를 나타내기 때문에, 이러한 양태의 의미 특성으로 인해 부차적으로 미래 시제를 나타내는 것인지가 논쟁이 된다.

(7)　㉠ 그리운 사람을 만나서 참 좋았겠다.
　　　㉡ 경기가 이미 끝났겠다.
　　　㉢ 나는 오늘 반드시 그 일을 하겠다.

(7)에서 시제의 기능을 하는 것은 과거 시제 선어말어미 '-았/었-'이고, '-겠-'은 시제의 기능을 하지 않고 양태적 의미만 더해 준다. (7㉠~㉢)에서 사건이 일어난 시간은 발화시보다 앞서는 즉, '사건시 〉 발화시'의 과거 시제이다. 그러므로 (7㉠)의 '좋았겠다', (7㉡)의 '끝났겠다'의 '-겠-'은 미래 시제의 기능을 하고 있지 않다는 것을 확인할 수 있다. (7㉠,㉡)에서 '-겠-'의 양태적 의미는 '추측'이다. 그리고 (7㉢)에서 '-겠-'의 양태적 의미는 '의지/의도'이다. 물론 (7㉢)의 '-겠-'은 미래 시제를 나타낸다고 할 수도 있다.

물리적으로 과거와 현재, 또는 현재와 미래, 과거와 미래는 상호 중첩될 수 없다. 그런데 언어적으로는 (7)의 '좋았겠다', '끝났겠다' 처럼 '-았겠-'이 중첩된 경우가 있다. 이때 하나는 시제를 나타내고 다른 하나는 양태의 의미를 나타낸다. 논리적으로 둘 다 시제를 나타낼 수는 없다.

'-ㄴ/는-'도 기본적으로 현재 시제를 나타내지만, 미래를 나타내는 시간 부사와 함께 쓰이기도 한다. 이때 '-ㄴ/는-'은 시제의 기능을 하지 않는다.

> (8) ㉠ 지범이는 내일 학교에 간다.
>
> ㉡ 지수 아빠는 카페를 운영한다.

(8㉠)에서는 '-ㄴ-'이 쓰였지만, 문장의 시제는 시간 부사 '내일'의 시간인 미래 시제이다. 이때 '-ㄴ-'은 현재 시제의 기능을 하지 않는다. (8㉡)의 경우, 카페를 운영하는 것은 과거부터 지금까지 이어져 온 사건이고 또 미래에도 이어질 시간이다. 즉 카페를 운영하는 사건이 발화시와 같은 시간이라고 할 수 없다. 그래서 (8㉡) 역시 '-ㄴ-'이 쓰였지만, 문장의 시제가 현재 시제라고 단언하기 어렵다. 하지만 '그러면 어떤 기능을 하고 있는가?'의 물음에 대해 명료하게 말하는 것도 어렵다.

시제와 관련하여 일상의 현실 발화에서는 (9)처럼 '-았았-/-었었-'처럼 과거 시제 선어말어미 '-앗/었-'을 중첩해서 쓰는 경우가 많다.

> (9) ㉠ 지수가 예전에는 꽤 잘 나갔었다.
>   ㉡ 작년 추석에는 고향에 갔었다.

'-았았-', '-었었-'처럼 '-았/었-'이 중첩되었다고 해서 시제가 달라지는 것은
아니다. 즉 여전히 과거 시제이다. 다만 의미적인 차이는 있다. '-았았-', '-었었-'
처럼 중첩해서 쓴 경우에는 과거 사실에 대한 객관적 서술이 아니라, 과거와의 단
절이나, 과거와 현재가 다르다는 의미를 함축한다. 그러나 또 항상 그런 것은 아니
다. 예컨대 '나는 어제 영화를 봤었다.'에서는 과거와의 단절의 의미가 나타나지 않
는다.

앞에서 (6㉠)의 '동생이 엄마와 많이 닮았다.'가 과거 시제로 볼 수 없다고 하였
다. 그런데 '동생이 엄마와 많이 닮았다.'가 과거의 사건이 분명할 때는 (10)처럼 '-
았/었-'을 중첩해서 쓸 수 있다.

> (10) 동생이 엄마와 많이 닮았었다.

(10)은 명확히 과거 시제이다. 그리고 '닮았었다'에서 중첩된 '-았었-'은, 지금은
과거 상황과 단절되었다는 의미 즉, 지금은 엄마와 닮지 않았다는 의미를 내포하고
있다.

'-았았-', '-었었-'을 '-았/었-'과 구분하여 '대과거'로 해석하는 견해도 있다.

> (11) ㉠ 그때 네가 나를 좋아한다고 말했다.
>
>   ㉡ 그때 네가 나를 좋아한다고 말했었다.

(11㉠)과 (11㉡)을 비교해 보면, '말했다'보다 '말했었다'가 심리적으로 더 먼 시간을 표현한 것처럼 느껴지기도 한다. 이처럼 '-았았-/-었었-'으로 표현된 경우, '-았/었-'보다 시간적으로 더 멀다는 느낌이 들기도 한다. 이러한 의미에서 '-았았-/-었었-'을 과거보다 더 과거 즉, 대과거로 보기도 한다.

하지만 시제의 정의가 발화시를 기준으로 사건이 일어난 시간의 위치를 나타내는 것이므로, 대과거를 시제로 보는 것은 적절하지 않다. 사건이 일어난 시간의 위치가 발화시보다 바로 앞서든, 많이 앞서든 즉, 시간의 거리가 어느 정도이냐와 상관없이 '사건시 〉 발화시'이면 과거이다. 그래서 대과거를 상정한다 하더라도 그것은 시제로서가 아니라, 의미적인 구분 정도로 이해하는 것이 바람직하다.

"너 뭐 해?"는 설명 의문문인가요, 판정 의문문인가요?

결론부터 말하자면 설명 의문문이기는 하지만, 판정 의문문일 수도 있다. 무슨 말이냐 하면 "너 뭐 해?"에 대한 대답을 확인하기 전까지는 확정할 수 없다는 뜻이다. "나 공부해."라고 대답했다면, 의문사 '뭐'에 대해 물었으므로 설명 의문문이다. 그런데 '응.'이라고 대답했다면, '뭐'가 의문사의 기능을 하지 않았으므로 판정 의문문이다.

의문사가 없는 의문문은 판정 의문문이다. 그리고 의문사가 있는 의문문은 대체로 설명 의문문이다. 하지만 의문사가 있지만 판정 의문문일 수도 있다. 그래서 판정 의문문인지 설명 의문문인지를 확정하려면 물음에 대한 대답을 확인해야만 한다.

특수한 쓰임이기는 하지만, 친구에게 무엇인가를 부탁했는데 들은 척도 하지 않고 자기 할 일만 하고 있을 때 옆에 가서 퉁명스럽게 '너 뭐 해?'라고 말하는 경우가 있다. 이때는 '응/아니'의 대답도, '뭐'에 대한 대답도 요구하는 것이 아니다. 그냥 의문문의 형식으로 기분이 나쁘다는 감정을 표현한 것뿐이다. 이러한 경우 의문문의 형식은 취했지만 내용은 의문문이 아니다.

자세히 설명

의문문은 크게 세 가지 유형이 있다. 첫째, 판정 의문문, 둘째, 설명 의문문, 셋째, 수사 의문문이다.

(1)   오늘이 당신 생일인가요?

(1)의 의문문은 '예/아니오'의 대답을 요구한다. 그래서 (1)과 같은 의문문을 판정 의문문이라고 한다. 달리 '예-아니오 의문문(yes-no question)'이라고도 한다. (1)처럼 '예/아니오'의 대답을 요구하는 의문문에는 의문사가 없다.

(2)   너 누구하고 공부할 거니?

(2)의 의문문은 의문사 '누구'에 대해 설명을 요구한다. 예컨대 "지민이랑 공부할 거야.", "지민이"처럼 의문사 '누구'는 구체적으로 누구인지에 대해 설명해 줄 것을 요구한다. 일상적인 구어 상황에서는 "지민이"처럼 '누구'에 대해서만 간략히 말하는 경우가 더 많다. (2)처럼 의문사가 있는 의문문은 의문사에 대해 설명을 요구하기 때문에 설명 의문문이라고 한다. '누가, 무엇, 언제, 어디, 왜, 어떻게, 무슨, 어떤, 얼마 …' 등을 의문사라고 한다. 즉 '의문사'는 특정 품사를 가리키는 것이 아니라, 의문을 나타내는 말을 뜻한다. 영어에서 의문사는 'who, which, when, why, where'처럼 주로 'wh-'로 시작하는 말이 많은데, 그래서 설명 의문문의 영어 명칭은 'wh-question'이다.

(3)   내가 너한테 그거 하나 못해 줄까?

(3)은 문장의 형식은 의문문이지만, 실제는 의문문이 아닌 경우이다. 의문문은 청자에게 대답을 요구한다. 그런데 (3)과 같은 의문문은 무늬만 의문문이므로 청자에게 대답을 요구하지 않는다. 일반적으로 의문문의 형식으로 강한 긍정을 나타낼 때 주로 많이 쓰인다. 이러한 의문문을 '수사 의문문'이라고 하는데, 달리 '반어 의문문'이라고 하기도 한다.

188

그런데 만일 화자가 (3)의 문장을 발화하면서 청자에게 대답을 요구했거나, 또는 청자가 대답을 요구하는 것으로 인식하고 '예/아니오'라고 대답을 한다면, (1)과 같은 판정 의문문이 된다. 그것은 수사 의문문인지 판정 의문문인지가 형식적으로는 구분이 되지 않기 때문이다.

문장의 형식만으로 의문문의 종류가 확정되지 않는 것은 의문사가 있는 의문문의 경우에도 생긴다.

(4) 지범: 지민아, 너 내일 뭐 할 거야?
     지민: 산에 갈 거야.

(5) 지범: 지민아, 너 내일 뭐 할 거야?
     지민: 아니.

(4)와 (5)에서 동일하게 지범이가 "너 내일 뭐 할 거야?"라고 물었지만, 그 대답은 (4)와 (5)에서 다르다. (4)에서는 의문사 '뭐'에 대해 설명한 반면, (5)에서는 '예/아니오'로 대답하였다. 그래서 "너 내일 뭐 할 거야?"가 (4)에서는 설명 의문문이고, (5)에서는 판정 의문문이다. (5)처럼 의문사가 있음에도 판정 의문문일 때는 의문사가 의문사의 기능을 하지 않는다. 의문사가 의문사의 기능을 하지 않으므로 의문사에 대해 대답하지 않게 되는 것이다.

(4)의 "너 내일 뭐 할 거야?"와 (5)의 "너 내일 뭐 할 거야?"가 동일한 문장이지만, 억양이 다르다. 그래서 실제 발화상에서는 별다른 의사소통의 어긋남이 없이 설명 의문문인지 판정 의문문인지를 구분할 수 있다. (4)처럼 설명 의문문으로 물을 때는 문장의 마지막 억양이 올라가는 패턴이다. 이에 반해 (5)처럼 판정 의문문으로 물을 때는 문장의 마지막 억양이 상대적으로 내려오는 패턴이다. 그리고 '뭐'의 강세도 (4)처럼 설명 의문문으로 발화할 때와 판정 의문문으로 발화할 때 차이가 있다. 판정 의문문으로 발화할 때 의문사 '뭐'에 강세가 있다.

중세국어에서는 현대국어와 달리 판정 의문문과 설명 의문문이 형식적으로 구

189

분이 되었다.[1]

(6) ㉠ 이어긔 갓가팅 사르미 지비 잇느니잇가〈월인석보8:94a〉

(여기 가까이 사람의 집이 있습니까?)

㉡ 겨슬 드외요문 쏘 어렵디 아니후니아〈두시언해10:42a〉

(겨울이 되는 것은 또 어렵지 아니하냐?)

(7) ㉠ 世尊하 두 소니 다 뷔어늘 므스글 노후라 후시느니잇고〈월인석보7:54〉

(세존하, 두 손이 다 비었거늘 무엇을 놓으라 하십니까?)

㉡ 靑海롤 이제 뉘 가졧느니오〈두시언해5:12a〉

(청해를 이제 누가 가져 있느냐?)

(6)은 판정 의문문이고, (7)은 설명 의문문이다. (6)의 판정 의문문에는 '-잇가', '-아'처럼 '아' 모음 계열의 어말어미가 결합하였고, (7)의 설명 의문문에는 '-잇고', '-오'처럼 '오' 모음 계열의 어말어미가 결합하였다. '오' 계열의 어말어미가 결합하는 설명 의문문에는 의문사가 반드시 있었다. 그래서 중세국어에서는 어말어미의 형태만 보고도 판정 의문문인지 설명 의문문인지 구분이 되었다.

현대국어에서도 경상도 방언은 중세국어의 이러한 특징을 그대로 계승하여, 현재에도 판정 의문문과 설명 의문문이 어말어미의 형태에 의해 구분이 된다.

---

1   중세국어 의문문의 특징에 대한 자세한 설명은 ☞5.7. '가던 새 본다'(「청산별곡」)가 왜 의문문인가요? 참조.

(8)

판정 의문문	설명 의문문
니 집에 가나?	니 어디 가노?
니 공부하나?	니 뭐 하노?

(8)에서 보듯이 판정 의문문에는 '-나' 처럼 '아' 계열 어말어미가 결합하고, 설명 의문문에는 '-노' 처럼 '오' 계열의 어말어미가 결합한다.

'비가 소리도 없이 내린다.'는 부사절을 안은 안은문장인가요?

한마디로 설명

2015 교육과정 국어 교과서 대부분은 '비가 소리도 없이 내린다.'와 같은 문장을 다루고 있지 않다. 그런데 이 문장을 부사절로 기술한 책이 있기는 하다. 그러다 보니 이 문장에 대해 질문을 하는 경우가 많다. 결론부터 말하면, 통사론적으로는 부사절을 안은 안은문장이라고 할 수 없다. 하지만 의미적으로는 부사절을 안은 안은문장이다.

문제의 핵심은 '없이'의 '-이'의 성격에 있다. 부사절을 안은 안은문장이라고 하기 위해서는 '없이'의 '-이'를 부사형 어미라고 해야 하는데, 현재 학교문법에서는 부사형 어미 목록에 '-이'가 없다. '없이'의 '-이'는 '슬피(슬프+이), 같이, 높이'에서의 '-이'와 같은 부사 파생 접미사이다. 그러니까 '없이'는 파생 부사이다. 그런데 '소리도'는 의미상 '없이'의 주어인데, '없이'는 부사이기 때문에 주어 논항을 가질 수 없다. 그래서 학교문법의 틀 안에서 이 문장은 해석이 어렵다.

자세히 설명

'비가 소리도 없이 내린다.'가 통사론적으로 해석하기 쉽지 않는 이유는 '없이'의 성격 때문이다. '없이'가 부사가 아니라 서술어라면 해석에 전혀 문제가 없다. '없이'가 서술어이면, '소리도'는 '없이'의 주어이므로 문장이 자연스럽게 해석된다. 그런데 '없이'가 서술어이려면 '-이'가 어미이어야 한다. 그렇지 않고 '-이'가 부사 파생 접사라면 '없이'는 서술어가 될 수 없다. 부사는 서술어를 수식할 수는 있어도 자기 자신이 서술어가 될 수는 없기 때문이다.

그러면 '없이'가 서술어라고 하면 아무 문제가 없는 것 아닌가? 당연히 아니다.

'없이'를 서술어라고 하기 위해서는 국어의 부사형 어미 목록에 '-이'를 추가해야 한다.[1] 학교문법에서 부사형 어미는 '-게', '-도록'만 제시되어 있다. 그리고 학문문법에서도 부사형 어미 목록에 '-이'를 설정한 개론서는 찾기 어렵다.

그러면 '-이'를 부사형 어미 목록에 포함시키기만 하면 해결되는 것 아닌가? 그런데 '-이'는 일반적인 어미의 특성을 따르지 않는다. 어미는 결합하는 어간에 제약이 거의 없다. 그런데 '-이'는 '없-' 외에는 결합하는 예를 찾기가 어렵다. 즉 결합 제약이 극도로 강하다. 이처럼 결합 제약이 극도로 강한 것은 어미의 특성이 아니라 접사의 특성이다. 뿐만 아니라 '없이'의 '-이'를 부사형 어미라고 하는 것은 '없이' 하나를 위해서 국어의 어미 목록에 '-이' 하나를 추가하는 것이 된다. 이는 문법에 상당히 부담을 주는 일일뿐만 아니라, '없이'만을 위한 아주 특수한 설명이기도 하다. 그래서 섣불리 '-이'를 어미라고 하지 못하는 것이다. 부사형 어미 '-게', '-도록'과 비교해 보면 쉽게 이해할 수 있을 것이다.

(1)

없이	없게	없도록
*작이	작게	작도록
*보이	보게	보도록
*읽이	읽게	읽도록
*닫이	닫게	닫도록

[1] 정확히는 부사형 전성어미이다. 명사형 전성어미, 관형사형 전성어미를 편의상 명사형 어미, 관형사형 어미라고 하는 것처럼 부사형 전성어미도 편의상 부사형 어미라고 한다.

(1)에서 보듯이 어미 '-게', '-도록'은 자신과 결합하는 어간에 제약이 거의 없다. 반면 '-이'는 '없-' 외에는 다른 용언과 결합하지 못한다. 만일 '-이'를 어미라고 한다면, '-이'는 '없-'이라는 어간하고만 결합하는 특수한 어미라고 해야 한다. '소리도 없이'와 같은 예의 '없이' 하나만을 설명하기 위해서 국어의 어미 목록에 '-이'를 추가하는 것은 일종의 특별 대우이고, 그렇기 때문에 매우 부담스러운 설명일 수밖에 없다.

결합 제약이 강한 것은 일반적으로 접사의 특성이다. 그리고 실제 (2)에서 '없이'는 부사로서 문장에서 부사어로 기능하고 있다.

(2) 우리가 없이 산다고 우리를 무시하면 안 된다.

(2)에서 '없이'는 서술어 '살다'를 수식하는 부사이다. (2)에서 '없이'는 부사이기 때문에 당연히 주어 논항이 상정되지 않는다. 따라서 '없이'는 (3) ~ (4)의 파생 부사들과 마찬가지로 부사 파생 접미사 '-이'가 결합하며 만들어진 파생 부사로 보는 것이 타당하다.

(3) ㉠ 많이
    예) 지수가 책을 많이 읽었다.
    ㉡ 깊이
    예) 그는 고향 생각에 깊이 빠졌다.
    ㉢ 높이
    예) 새가 높이 난다.
    ㉣ 길이
    예) 우리는 우리의 문화를 길이 보전해야 한다.

(4) 슬피(슬프-이), 바삐(바쁘-이), 빨리(빠르-이)

(3) ~ (4)는 형용사 어간에 부사 파생 접미사 '-이'가 결합하여 만들어진 파생 부사들이다. (4)의 경우 최근에는 '슬프게, 바쁘게, 빠르게' 처럼 즉, 어미가 결합한 활용형을 더 많이 쓰고 있다. 참고로 '슬프게, 바쁘게, 빠르게'는 부사형 전성어미가 결합한 활용형이므로, 이들이 서술어로 쓰인 문장은 부사절을 안은 안은문장이다.

참고로 『표준국어대사전』에서도 '없이'는 부사로 등재되어 있다. 부사로 등재해 놓고서는 정작 예에는 '비가 소리도 없이 내린다.' 처럼 '없이'가 주어를 가지고, 서술어 기능을 하고 있는 문장을 제시해 놓고 있다. (5)는 『표준국어대사전』에 부사 '없이'의 예로 제시된 문장들이다.

(5) ㉠ [사고 없이] 공사를 끝내게 되어 다행이다.

㉡ 나는 [너 없이] 못 살겠다.

㉢ 그는 [실력도 없이] 자기 자랑만 한다.

㉣ [아무 근거도 없이] 남을 모함하지 마십시오.

㉤ [없이 사는] 설움은 겪어 보지 않으면 모른다.

(5㉠~㉣)에서 '[ ]' 안에 있는 '없이'는 의미적으로 주어를 가진다. (5㉠)에서는 '사고', (5㉡)에서는 '너', (5㉢)에서는 '실력도', (5㉣)에서는 '아무 근거도'가 각각 '없이'의 의미상 주어이다. 즉 (5㉠~㉣)에 쓰인 '없이'는 순수한 부사의 기능을 하고 있는 것이 아니라, 의미상 주어를 가지는 부사로 일반적인 부사와는 다른 셈이다. 그래서 (5㉠~㉣)의 예들은 모두 통사론적으로 논쟁이 되는 문장들이다. 그러니까 현재 『표준국어대사전』의 기술에는 문제가 있다. 사전의 품사 정보대로 '없이'가 부

사가 맞는다면, (5㉠~㉣)의 예가 부적절한 것이다. 『표준국어대사전』에서 순수하게 '없이'가 부사로 쓰인 예로 제시된 것은 (5㉤) 하나뿐이다. (5㉤)에서 '없이'는 서술어 '사는'을 수식하는 부사어로, 품사는 부사이다. (5㉤)에서 '없이'는 통사적으로는 물론 의미적으로도 서술어의 기능을 하지 않는다.

부사인데 주어를 가지고, 또 서술어로 기능할 수는 없다. 그것은 부사의 정의에 맞지 않다. 만일 그렇다면 지금까지의 부사의 정의를 수정해야 한다. 그러나 부사의 정의를 수정해야 할 명확한 이유와 근거가 확보되지 않는 한 섣불리 부사의 정의를 수정하는 것은 바람직하지 않다.

'비가 소리도 없이 내린다.'는 문장을 통해 이 문제를 더 깊이 들어가 보자. (6)은 '비가 소리도 없이 내린다.'를 통사론적으로 분석한 것이고, (7)은 의미적으로 분석한 것이다. 즉 서술어가 동사 '내리다' 하나밖에 없으므로 통사론적으로는 (6)처럼 홑문장으로 분석할 수밖에 없다. 하지만 의미적으로는 '없이'가 '소리도'를 주어로 가지는 서술어이므로 (7)처럼 겹문장으로 분석할 수 있다.

(6)   [비가 소리도 없이 내린다].

(7)   [비가 [소리도 없이] 내린다].

그런데 (6)처럼 분석해도 문제이고, (7)처럼 분석해도 문제이다. 먼저 (6)의 분석은 '없이'를 부사로 본 것이다. 그러면 서술어가 '내린다' 하나밖에 없으므로 홑문장이다. 그런데 이렇게 분석할 때 문제는 '소리도'이다. 문장 성분은 모두 해석되어야 하고, 해석되지 않은 채 남아 있는 문장 성분이 있다면 그 문장 분석은 잘못된 것으로 본다.[2] (6)의 분석에서 서술어는 '내린다'이고, '비가'는 '내린다'의 주어이고, '없이'는 부사어이다. 그러면 '소리도'는 무엇인가? '소리도'가 해석되지 않고 남아 있게 되는데, 이처럼 해석되지 않고 남아 있는 문장 성분이 있게 되면 그 문장 분석은 잘못된 것이다.[3] 그래서 (6)과 같은 문장 분석은 문제가 된다. 그리고 의미적으로도 서술어 '내린다'를 수식하는 것은 '없이'가 아니라 [소리도 없이]라는 것도 문제이다.

(7)처럼 문장 분석을 하게 되면 '소리도'가 '없이'의 주어이므로 해석되지 않은 채 남아 있는 문장 성분은 없어지게 된다. 또한 '없이'가 '내린다'를 수식하는 것이 아니라 '소리도 없이'가 '내린다'를 수식한다고 할 수 있으므로 의미적으로도 자연스럽다. 하지만 이때는 앞에서 설명했듯이 '없이'가 서술어이냐 하는 문제가 남게 된다. '없이'가 부사인 한, 부사가 서술어로 쓰일 수도 없거니와 주어를 가질 수도 없다. 그러면 '없이'가 부사가 아니라 부사형 어미 '-이'가 결합한 활용형이라고 하면 되지 않는가? 하지만 그것은 '없이' 하나를 설명하기 위해서 국어의 어미 목록에 '-이'를 추가해야 한다. 그러면 '없이'가 부사인데, 다른 부사들하고 다르게 의미상

---

2 이와 관련된 자세한 설명은 『문법하고 싶은 문법』 ☞ 3.14 '엄마가 살을 빼기는 쉽지 않다'는 어떻게 분석되나요? 참조.

3 '코끼리가 코가 길다'의 문장이 문제가 되는 이유도 마찬가지이다. 서술어 '길다'의 주어는 '코가'가 명백하다. 하지만 '코끼리가'가 무엇인지가 문제가 된다. '코끼리가'가 어떻게든 해석이 되어야 하기 때문이다. 그래서 현재 학교문법에서는 서술절을 설정하여 '코끼리가'를 '코가 길다'의 주어라고 해석함으로써 해석되지 않은 채 남아 있는 문장 성분을 제거한다. 서술절 외에도 이중 주어문으로 해석한다든지, 변형으로 해석한다든지 하는 것도 결국은 해석되지 않은 채 남아 있게 되는 '코끼리가'를 해석하기 위한 것이다. '코끼리가 코가 길다'와 같은 서술절에 대한 자세한 설명은 『문법하고 싶은 문법』 ☞ '코끼리가 코가 길다.'는 왜 겹문장인가요? 참조.

주어를 가질 수 있는 서술어로 쓰일 때도 있다고 하면 안 되는가? 안 될 것은 없지만, 그것은 문법적인 설명이 아니라 그냥 '없이'라는 어휘만을 위한 특별한 기술일 뿐이다.

'-게', '-도록'이 어미라는 것에 대해서는 특별히 이견이 없다. 그리고 '-게', '-도록'이 부사형 어미라고 하는 것도 특별히 문제가 없다. 학교문법에서는 명시적으로 '-게', '-도록'을 부사형 어미로 규정해 놓았다. 그러니까 '-게', '-도록'이 있는 문장은 (8), (9)처럼 부사절을 안은 안은문장으로 해석하면 된다.

(8) ㉠ [하늘이 [눈이 부시게] 푸르다].

㉡ 그는 쓴소리를 [기분 좋게] 들었다.

㉢ [꽃이 [e(꽃) 예쁘게] 피었다].

(9) ㉠ [보람이가 [나무가 잘 자라도록] 나무에 거름을 주었다].

㉡ [학생들은 [밤이 새도록] 토론을 하였다].

㉢ [영이는 [신이 다 닳도록] 여행을 다닌다].

그런데 부사절은 부사절 전체가 문장의 맨 앞으로 이동할 수 있다.

(10) ㉠ [눈이 부시게] [하늘이 푸르다].

㉡ [나무가 잘 자라도록] [보람이가 나무에 거름을 주었다].

(8㉠), (9㉠)에서 부사절이 문장의 맨 앞으로 이동해서 (10)처럼 되면, 문장의 구조가 이어진문장과 동일한 '[ ] [ ]'의 구조가 된다.[4] 이렇게 되면 통사적으로는 이어진문장이다. 이러한 사실 때문에 학문문법에서 부사절을 안은 안은문장과 종속적으로 이어진 문장을 통사적으로 구별해야 한다는 입장과, 구별할 필요가 없다는 입장이 논쟁이 된다. 학교문법에서는 이에 대해 어느 한쪽의 입장을 선택하지 않고 둘 다를 단순히 보여 주는 방식을 취하고 있다. 즉 (8) ~ (9)일 때는 부사절을 안은 안

199

---

4   부사절로 안긴문장과 종속적으로 이어진 문장의 관계에 대한 자세한 설명은 『문법하고 싶은 문법』 ☞ '나는 나이지 네가 아니다.'는 대등하게 이어진문장 맞나요? 참조.

은문장으로 해석하고, (10)일 때는 종속적으로 이어진 문장으로 해석하는 것이다.

그래서 '-게', '-도록'이 쓰였다고 해서 무조건 부사절을 안은 안은문장이라고 판단해 버리는 것은 문제가 될 수 있다. '-게', '-도록'이라는 어미만 보고 부사절을 안은 안은문장이라고 결론을 내리기 전에 먼저 괄호규약분석[5]을 통해 문장의 구조를 확인하는 것이 필요하다.

5 괄호규약분석에 대한 자세한 설명은 『문법하고 싶은 문법』 ☞ 3.14. '엄마가 살을 빼기는 쉽지 않다.'는 어떻게 분석되나요? 참조.

3.6. '오늘 날씨가 좋다.'는 홑문장인가요, 겹문장인가요?

한마디로 설명

'오늘'이 문장에서 어떠한 기능을 하느냐에 따라 홑문장일 수도 있고, 겹문장일 수도 있다. ㉮처럼 '오늘'이 부사로 해석되면 홑문장이고, ㉯처럼 '오늘'이 명사로 해석되면 즉 '오늘(이) 날씨가 좋다'로 해석되면 서술절을 안은 겹문장이다. 서술절을 인정하게 되면, '날씨가'는 '좋다'의 주어이고, '오늘'은 서술절 [날씨가 좋다]의 주어가 된다. 또 하나의 가능성은 ㉰처럼 '오늘'이 명사로 해석됨에도 불구하고 홑문장인 경우이다. 이 때는 '오늘'이 '날씨'를 수식하는 관형어로 기능한다.

㉮ [오늘 날씨가 좋다].
　　부사어

㉯ [오늘(이) [날씨가 좋다]].
　　주어

㉰ [오늘(의) 날씨가 좋다].
　　관형어

이런 질문이 제기되는 이유는 학교문법에서 서술절을 인정하고 있기 때문이다. 원론적으로 문장의 정의는 서술어가 있고, 서술어가 요구하는 논항이 실현된 구성이다. 그래서 서술어의 개수와 문장의 개수가 일치한다. 다만 서술절은 서술어가 하나이지만 두 개의 문장을 인정하는 것이다. 그렇기 때문에 '오늘 날씨가 좋다.'는 서술어가 '좋다' 하나밖에 없음에도 홑문장인지 겹문장인지를 고민하게 만드는 것이다.

자세히 설명

서술절은 (1)처럼 표면적으로 주어가 2개인 것처럼 보이는 문장을 설명하는 하나의 방법이다.[1]

(1) ㉠ 나는 봄이 좋다.

    ㉡ 아기가 눈이 예쁘다.

---

[1]   서술절과 관련한 자세한 설명은 『문법하고 싶은 문법』 ☞3.8. 코끼리가 코가 길다.' 는 왜 겹문장인가요? 참조.

문장에서 모든 문장 성분은 해석되어야 하고, 해석되지 않은 문장 성분이 남아 있으면 그 문장은 적격하지 않은 문장이거나, 문장 분석이 잘못된 것이다. 현재까지 (1)을 설명하는 방법에는 서술절로 설명하는 방법, 이중 주어문으로 설명하는 방법, 변형으로 설명하는 방법, 주제 또는 화제로 설명하는 방법, 서술어의 특성으로 설명하는 방법[2] 등이 있다. 이 중에서 학교문법은 서술절로 설명하는 방법을 채택하고 있다.

(1)에서 '좋다', '예쁘다'는 형용사이고, 주어 논항 하나만 요구하는 서술어이므로 주어만 실현되어 있으면 적격한 문장이다. (1㉠)에서 서술어 '좋다'의 주어는 '봄이'이고, (1㉡)에서 서술어 '예쁘다'의 주어는 '눈이'이다. 그런데 이렇게 되면, (1㉠)에서는 '나는'이, (1㉡)에서는 '아기가'가 무슨 어인지 해석되지 않고 남아 있게 되어 문제가 된다. 그런데 서술절을 설정하게 되면, (1㉠)의 '나는'은 [봄이 좋다]의 주어, (1㉡)의 '아기가'는 [눈이 예쁘다]의 주어라고 해석함으로써, 해석되지 않고 남아 있는 문장 성분의 문제를 해결할 수 있다.

그런데 서술절을 설정함으로 인해 많은 학생들이 홑문장인지 겹문장인지를 헷갈려 하는 상황이 발생하게 되었다. 심지어 (2)처럼 고민하지 않아도 되는 문장조차도 학생들로 하여금 (3)과 같은 구조가 아닌가 하고 고민하게 만들기도 한다.

(2)　㉠ 호랑이가 무섭다.

　　　㉡ [영수는 [마음이 예쁘다는] 말을 들었다].

2　서술어의 특성으로 설명하는 방법은 '봄이 좋다.'의 '좋다'는 주어 논항 하나만 요구하는 '좋다'이고, '나는 봄이 좋다.'의 '좋다'는 2개의 논항을 요구하는 '좋다'라고 하여, 서로 다른 '좋다'로 설명하는 방법을 말한다. 이러한 관점에서 보면, 대부분의 형용사는 주어 논항 하나만 요구하기도 하고, 주어 외에 경험주와 같은 또 하나의 논항을 요구하기도 한다.

(3) ㉠ [e [호랑이가 무섭다].

㉡ [영수는 [e [마음이 예쁘다는] 말을 들었다].

(2㉠)에서 서술어 '무섭다'는 주어 논항 하나를 필요로 하는데, 주어 '호랑이가'가 실현되었다. 그리고 (2㉠)에는 해석되지 않은 채 남아 있는 문장 성분도 없다. (2㉡) 역시 내포문 서술어 '예쁘다'가 필요로 하는 논항 그리고, 모문 서술어 '들었다'가 필요로 하는 논항이 모두 실현되었고, 해석되지 않은 채 남아 있는 문장 성분도 없다. 즉 (2㉠), (2㉡) 둘 다 적격한 문장이다. 그럼에도 (2)를 (3)처럼 과잉 해석하여 서술절이 있는지 없는지 묻는 일이 심심찮게 일어난다.

이는 서술절을 상정하기 때문에 일어나는 문제이다. 일반언어학에서 서술절이라는 것은 없다. 그러니까 서술절은 국어에서만, 더 정확하게 말하자면 일부 국어학자들에게서 그리고 이를 채택한 학교문법에서 가정하고 있는 특수한 절이다. 서술절을 인정하는 것은 절이 서술어가 될 수 있고, 그래서 서술절이 주어를 가질 수 있다는 것을 인정하는 것이다. 이렇게 되면 모든 문장은 그 자체로 서술절이 될 수 있는 가능성을 안게 된다.

상황이 이렇다 보니까 서술어가 필요로 하는 논항이 모두 실현되었고 해석되지 않는 문장 성분이 없음에도 불구하고 혹시 주어가 생략된 서술절이지 않을까 하는 과잉 추론을 하게 되는 것이다. 왜냐하면 주어가 생략되는 경우가 흔히 있기 때문이다.

질문의 '오늘 날씨가 좋다' 역시 서술절을 과잉으로 적용하려다 보니 생긴 의문이다. 서술어 '좋다'는 주어 논항 하나만을 요구하는 서술어인데, 주어 '날씨가'가 실현되었다. 그리고 남은 '오늘'은 부사어이므로 해석되지 않고 남은 문장 성분이 없다.

(4) [오늘 날씨가 좋다].
　　　부사어　주어　서술어

그런데 서술절을 의식하게 되면, 절이 주어를 가질 수 있으니까 [날씨가 좋다]가 서술절이고 이 서술절의 주어가 '오늘'이라는 추론을 할 수 있게 된다. '오늘'은 부사이기도 하지만 명사이기도 하므로, '오늘'을 명사로 해석하게 되면 주어가 될 수 있기 때문이다. '오늘'을 명사로 해석하게 되면, (5)처럼 '오늘'이 서술절 [날씨가 좋다]의 주어인 구조를 상정할 수 있게 된다.

(5)　[오늘 [날씨가 좋다]].

그러나 말 그대로 (5)처럼 상정할 수도 있다는 것이지 '오늘 날씨가 좋다.'가 (5)와 같은 겹문장이라는 말은 아니다. 단지 (5)처럼 해석할 수도 있다는 말이다.

여기서 한 가지 명확하게 할 필요가 있다. 서술절은 외현적으로 해석되지 않은 채 남아 있는 문장 성분을 해석하기 위해 도입된 설명 방법이다. 따라서 외현적으로 해석되지 않은 채 남아 있는 문장 성분이 없는데 과잉으로 서술절의 가능성을 추론할 필요가 없다. 그러니까 서술절의 주어가 생략되었을 것으로 가정하고 문장을 분석할 필요가 없다는 말이다. 그래서 외현적으로 해석되지 않은 채 남아 있는 문장 성분이 없음에도 굳이 생략된 주어를 가정하고 서술절을 의식하는 것은 과잉 추론이다.

3.7. '나는 네가 늘 건강하기를 원해.'에서 목적어는 무엇인가요?

서술어 '원하다'의 목적어는 '건강하기'가 아니라 [네가 늘 건강하기]이다.

나는 **너** – 를 원해

[나는 [**네가 늘 건강하기**] – 를 원해].

위에서 보듯이 목적어 '너'가 들어갈 자리에 [네가 늘 건강하기]라는 명사절이 왔다. 그러니까 목적어는 [네가 늘 건강하기]이고, 목적격 조사 '를'은 서술어 '건강하기'가 아니라 서술어 '건강하-'가 이끄는 명사절 [네가 늘 건강하기]에 결합한 것이다.

자세히 설명

구절구조규칙과 전성어미의 정의를 이해하면 사실 이 질문은 스스로도 쉽게 해결할 수 있다. 먼저 구절구조규칙[1]을 간략히 정리하고, 전성어미의 정의를 살펴보기로 하겠다.

---

[1] 구절구조규칙에 대한 자세한 설명은 『문법하고 싶은 문법』 ☞3.11. '그건 내가 알 바 아니야.'는 관형사절을 안은문장인가요? 참조.

(1)
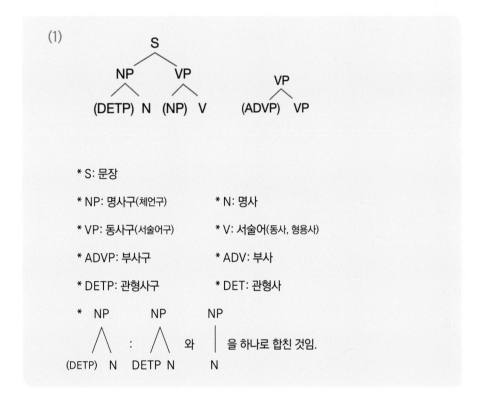

* S: 문장
* NP: 명사구(체언구)   * N: 명사
* VP: 동사구(서술어구)   * V: 서술어(동사, 형용사)
* ADVP: 부사구   * ADV: 부사
* DETP: 관형사구   * DET: 관형사

(1)에서 보듯이 모든 문장(S)은 NP와 VP로 이루어져 있다. 구체적으로 예를 통해 다시 보자. (2㉠)의 '학기가 시작되었다.'와 (2㉡)의 '지범이가 오늘 새 가방을 샀다.' 두 문장을 구절구조규칙으로 분석하면 다음과 같다.

(2) ㉠ [학기가 시작되었다].

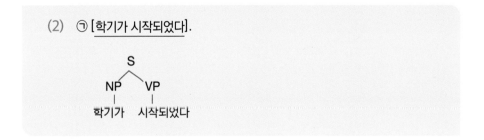

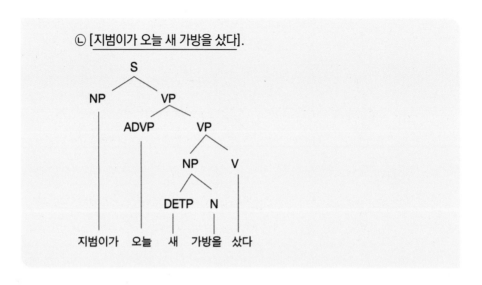

ⓒ [지범이가 오늘 새 가방을 샀다].

NP는 '학기가', '지범이가' 처럼 DETP 없이 N만으로 이루어진 NP도 있고, '새 가방' 처럼 'DETP + N'인 NP도 있다. VP 역시 '시작되었다' 처럼 V 하나로 된 VP 도 있고, '가방을 샀다' 처럼 'NP + V'인 VP도 있다. 그리고 VP는 '오늘 가방을 샀 다' 처럼 'ADVP + VP'로 확장될 수 있다.

질문과 관련하여 중요한 사항은 아래 (3)이다. 즉 NP나, DETP, ADVP는 S로 귀 환될 수 있다. 즉 NP 자리에 S가 올 수 있고, DETP, ADVP 자리에도 단어가 아니 라 절인 S가 올 수 있다. NP 자리에 온 S를 명사절이라 하고, DETP 자리에 온 S는 관형사절, ADVP 자리에 온 S는 부사절이라 한다.

(3)　　XP
　　　　↓
　　　　S

※ XP는 NP, DETP, ADVP. 즉,

NP → S

DETP → S

ADVP → S

(2ⓒ)에서는 목적어 NP가 'DETP + N'인 '새 가방'이지만, [질문]의 [나는 [네가 늘 건강하기]를 원해]에서 목적어 NP는 S인 [네가 늘 건강하기]이다. 즉 [나는 [네가 늘 건강하기]를 원해]에서 목적어 NP는 (3)이 적용된 'NP → S'이다. 조사는 (2㉠)의 '학기가'처럼 N으로만 이루어진 NP에 결합하기도 하고, (2ⓒ)의 '새 가방을'처럼 'DETP+N'으로 이루어진 NP에 결합하기도 하고, [질문]의 예에서처럼 절인 S에 결합하기도 한다.[2]

그러면 이제 (4)에서 격조사가 어디에 결합했는지에 대해서도 대답할 수 있을 것이다.

(4) ㉠ 지호는【새 옷】-을 샀다.

㉡【[마음이 예쁜] 사람】-이 진짜 예쁘다.

---

2   학교문법에서는 서술절을 설정하고 있다. 이처럼 서술절을 인정하게 되면 VP도 S로 귀환된다고 할 수 있다.

(4㉠)에서 목적격 조사 '을'은 '옷'에 결합한 것이 아니라 NP인 '새 옷'에 결합하였고, (4㉡)에서 주격 조사 '이'는 '사람'에 결합한 것이 아니라 NP인 【[마음이 예쁜] 사람】에 결합한 것이다. 이를 (5)처럼 구절구조규칙으로 나타내면 분명해진다.

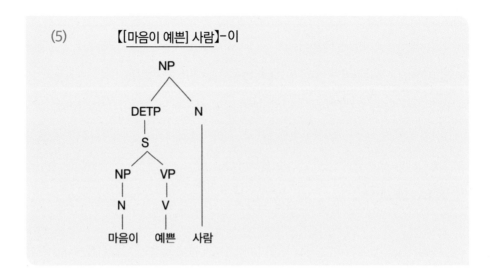

(5)　　　　【[마음이 예쁜] 사람】-이

　　　　　　　　　　　　NP
　　　　　　　　　　／　　　＼
　　　　　　　　DETP　　　　N
　　　　　　　　　│
　　　　　　　　　S
　　　　　　　／　　＼
　　　　　NP　　　VP
　　　　　│　　　　│
　　　　　N　　　　V
　　　　　│　　　　│
　　　마음이　　예쁜　　사람

여기까지 이해했다면, '나는 네가 늘 건강하기를 원해.'에서 목적격 조사 '를'이 '건강하기'에 결합했는지, [네가 늘 건강하기]에 결합했는지에 대해 설명할 수 있을 것이다. 격조사는 NP에 결합한다고 했고, (3)에서 NP는 S로 귀환된다고 하였다. 그러니까 '네가 늘 건강하기를 원해.'에서는 목적어 NP 자리에 S로 귀환된 [네가 늘 건강하기]가 온 것이므로, 목적격 조사 '를'은 S인 [네가 늘 건강하기]에 결합한 것이다.

그러면 [질문]의 '나는 네가 늘 건강하기를 원해.'에서 명사형 어미 '-기'가 형용사 '건강하-'에 결합한 것인지, 형용사 '건강하-'가 이끄는 절 [네가 늘 건강하-]에 결합한 것인지에 대해 살펴보자. 품사론에서 용언은 활용을 하는 단어이고, 활용을 한다는 것은 용언에 어미가 결합하는 것이다. 단어 차원에서 이 설명만 보면 어미가 형용사 어간 '건강하-'에 결합한 것으로 읽힌다. 그런데 용언인 동사, 형용사가 활용을 하는 것은 용언이 문장에 쓰일 때 일어난다. 그러니까 통사론적 관점에서 보면, 어미가 결합하는 것은 단어 차원이 아니라 문장 차원에서의 일이다. '마음이 예쁜 사람'과 같은 예도 어미가 단어 차원이 아니라 문장 차원에 결합한다는 것을 보여준다. 즉 '마음이 예쁘-'라는 절에 관형사형 어미 '-(으)ㄴ'이 결합해서 관형사절 '[[마음이 예쁘-]-(으)ㄴ]'이 형성되고 이 관형사절이 체언 '사람'과 결합하였다.

여기서 문장의 정의를 다시 떠올려 보자. 문장은 서술어가 이끄는 구성이고, 모든 서술어는 주어 하나를 가진다. 즉 주어는 서술어가 필요로 하는 요소이다. 이러한 문장의 정의에 따르면, 서술어는 문장의 핵심이다. 문장은 서술어가 지배하는 영역이고, 서술어는 반드시 주어를 요구한다. 서술어에 따라서는 목적어, 필수적 부사어를 더 요구하기도 한다. 문장이라는 관점에서 보면 주어는 서술어와 연동되어 있는 성분이고, 서술어 역시 주어와 연동되어 있다. 문장을 표면적으로만 보면 어미가 용언에 결합한 것 같지만, 문장의 구조를 고려해서 보면 사실 어미는 용언에 결합한 것이 아니라 용언이 이끄는 절 전체에 결합한 것이다.

(6) [나는 [네가 늘 건강하기] – 를 원해].

　　　　　　　S
　　　　　　　↑
　　　　　　　NP
　　　　나는 너 – 를 원해

(6)에서 보듯이 [네가 늘 건강하기]는 '너'가 들어갈 자리에 들어간 목적어이다. 만일 명사형 어미 '-기'가 용언인 형용사 '건강하-'하고만 결합한 것이라면, 안은 문장의 서술어 '원해'의 목적어는 '건강하기'이다. 그런데 이 문장에서 원하는 것은

'건강하기'가 아니라 '네가 늘 건강하기'이다. 그러니까 의미적으로도 명사형 어미 '-기'는 형용사 '건강하-'하고 결합한 것이 아니라, 형용사 '건강하-'가 이끄는 절 [네가 늘 건강하-]에 결합했다는 것을 알 수 있다.

　이처럼 명사형 어미는 용언에 결합한 것이기는 하지만, 문장 구조에서 보면 용언에 결합한 것이 아니라 용언이 이끄는 절에 결합한 것이다. 명사형 어미뿐만 아니라 관형사형 어미 '-(으)ㄴ, -는, -(으)ㄹ', 부사형 어미 '-게, -도록' 역시 마찬가지이다. 즉 관형사형 어미, 부사형 어미도 용언에 결합한 것이 아니라, 용언이 이끄는 절에 결합한 것이다.

3.8. '나는 최선을 다할 것을 약속한다.'는 명사절을 안은 안은문장인가요, 관형사절을 안은 안은문장인가요?

한마디로 설명

질문의 문장을 괄호규약으로 분석하면 아래와 같다.

[나는 [e(나) 최선을 다할] 것을 약속한다].

위에서 보듯이 서술어는 '다하다', '약속하다' 둘이고, 안은문장 서술어 '약속하다'의 주어는 '나'이다. 그리고 안긴문장 서술어 '다하다'의 주어는 안은문장의 주어 '나'이다. 앞에 나온 안은문장의 주어 '나'와 동일하기 때문에 생략되었다.

안긴문장 [e(나) 최선을 다할]이 의존 명사 '것'을 수식하고 있으므로 이 문장은 관형사절을 안은 안은문장이다. 안은문장 서술어 '약속하다'의 목적어는 '[e(나) 최선을 다할] 것'이다.

자세히 설명

의존 명사는 말 그대로 명사는 명사이지만 홀로 문장에 쓰이지 못하는 명사이다. 이때 홀로 문장에 쓰이지 못한다는 것은 반드시 관형어의 수식을 받아야 한다는 뜻이고, 그럼에도 명사인 것은 격조사와 결합해서 문장에서 주어나 목적어 등으로 쓰이기 때문이다. '것'은 의존 명사이므로 문장에서 홀로 쓰이지 못하고 반드시 관형어의 수식을 받아야 한다.

213

(1) ㉠ 나는 새 것이 좋다.

ㄴ 나는 [e(나) 최선을 다할] 것을 약속한다.

(1㉠)에서 관형어는 관형사 '새'이고, (1ㄴ)에서 관형어는 [e(나) 최선을 다할]이라는 절이다. 절이 관형어이므로 관형사절이다. 아래 구절구조규칙을 떠올리면 쉽게 이해가 될 것이다.

(2)

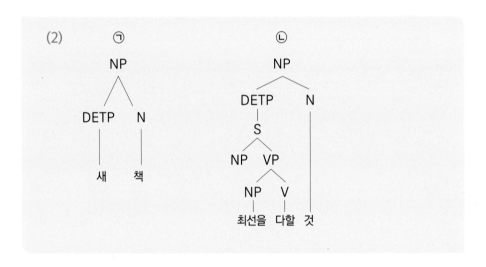

(1㉠)은 관형어(DETP) 자리에 관형사 '새'가 온 것이고, (1ㄴ)은 관형어(DETP) 자리에 절(S)이 온 것이다(DETP → S). 안긴문장 [e 최선을 다할]이 관형어(DETP) 자리에 대체된 것이므로 관형사절이다. 안긴문장이 명사구(NP)를 대체하면 명사절, 안긴문장이 부사구(ADVP)를 대체하면 부사절이다.

(3)   ㉠ 우리는 정의로운 사회를 원한다.
      ㉡ 우리는 정의로운 것을 원한다.

(4)   ㉠ [우리는 [e(사회) 정의로운] 사회를 원한다].
      ㉡ [우리는 [e[것] 정의로운] 것을 원한다].

(3㉠,㉡)에서 안은문장의 서술어는 '원하다'이고, 안긴문장의 서술어는 '정의롭다'이다. 그리고 안긴문장의 서술어 '정의롭다'의 주어는 (3㉠)에서는 피수식어 '사회'이고, (3㉡)에서는 피수식어 '것'이다. 문장의 구조는 (4)에서 보듯이 (3㉠)과 (3㉡)이 같다. (3㉠), (3㉡) 모두 관형사절을 안은 안은문장이다. 단지 관형사절의 수식을 받는 피수식어가 (3㉠)은 자립 명사 '사회'인데 비해, (3㉡)은 의존 명사 '것'이라는 차이만 있을 뿐이다.

둘 다 관형사절

우리는 맛있는 **음식**을 원한다.
자립 명사

우리는 맛있는 **것**을 원한다.
의존 명사

1. 두 문장의 구조가 같다.(안은문장의 서술어는 '원하다', 안긴문장의 서술어는 '맛있는')
2. 관형사절의 수식을 받는 피수식어가 음식(자립명사), 것(의존명사)으로 다르다.
→ '관형사절+의존 명사' 구성이 주어/ 목적어로 쓰인다는 사실을 명사절로 인식하지 말자.

그런데 '관형사절 + 것' 구성을 명사절로 해석하는 경우가 없지는 않다. 고영근·남기심(1985)의 『표준 국어문법론』에 '관형사절 + 것' 구성을 '것 명사절'이라고 기술되어 있는데, 이로 인해 '관형사절 + 것' 구성이 명사절이 아니냐는 질문이 제기되기도 한다. 먼저 고영근·남기심(1985)에서 명사절이라고 한 근거를 살펴보자.[1]

(5) ㉠ 우리는 그들이 친절히 대해 줄 것을 기대했다.
㉡ 그가 고향에 돌아간 것이 확실하다.
㉢ 이광수가 친일 행위를 했던 것은 사실이다.

(6) ㉠ 우리는 그들이 친절히 대해주기를 기대한다.
㉡ 그가 고향에 돌아갔음이 확실하다.
㉢ 이광수가 친일 행위를 했음은 사실이다.

고영근·남기심(1985)에서 (5)의 '관형사절 + 것' 구성을 명사절이라고 한 근거는 (6)에서 보듯이 명사형 어미 '-음', '-기'가 이끄는 명사절로 바뀌어 쓰일 수 있다는 것이다. 즉 '관형사절 + 것' 구성이 '-음', '-기' 명사절로 바뀔 수 있으므로 '관형사절 + 것' 구성도 명사절이라는 것이다.

그러나 (5)의 '관형사절 + 것' 구성이 (6)의 '-음', '-기'의 명사절로 대체될 수 있다는 것과, '관형사절 + 것' 구성이 명사절이라는 것은 통사적으로는 아무런 상관관계가 없다. 단지 (5)와 (6)의 관계를 어떻게든 말하라고 한다면, '관형사절 + 의존 명

---

[1] 남기심·고영근(2014), 『표준 국어문법론』 제4판, 박이정, p.388에서 인용. 이 책이 처음 나온 시점은 1985년이다.

사' 구성이 '-음', '-기'가 이끄는 명사절과 대체될 수 있다는 정도이다. '관형사절 + 것' 구성이 '-음', '-기' 구성으로 대체될 수 있는 것은 두 구성이 통사적으로 같기 때문이 아니다. 단지 관계가 있다면 그것은 통사적으로가 아니라 의미적으로 비슷하다는 정도이다. 의미적으로도 같다고 확언하기는 어렵다.

대체될 수 있다는 것은 말 그대로 대체될 수 있는 것이지, A가 B로 대체될 수 있다고 해서 A와 B가 같다는 논리는 성립하지 않는다. 그것은 '달걀을 먹었다.'에서 '달걀'을 '닭이 낳은 알'로 대체할 수 있는데, 이때 '달걀'이 명사라고 해서 '닭이 낳은 알'도 명사라고 할 수는 없다. '달걀'을 '닭이 낳은 알'로 대체할 수 있는 것은 형태론적으로 같아서가 아니라, 의미적으로 같기 때문이다. 마찬가지로 (5㉠~㉢)을 (6 ㉠~㉢)으로 대체할 수 있는 것은 '관형사절 + 것' 구성과, '-음', '-기' 명사절이 통사적으로 같아서가 아니라, 단지 의미적으로 유사하기 때문이다. 이를 통사적으로 같다고 하는 것은 '달걀'이 명사이니까, '닭이 낳은 알'도 명사라고 하는 것과 같다.

만일 '관형사절 + 것' 구성을 명사절이라고 하려면, 먼저 해결해야 하는 문제가 있다. 그것은 '-(으)ㄹ 것', '-는 것', '-(으)ㄴ 것'의 문법적 지위이다.

(7) ㉠ [나는 [e(나) 최선을 다할 것]을 약속한다].
     ㉡ [지구가 둥글다는 것]은 사실이다.
     ㉢ [그가 고향에 돌아간 것]이 확실하다.

'관형사절 + 것' 구성을 명사절이라고 하는 것은 문장 구조를 (7)처럼 분석한다는 의미이다. 여기서 절과 결합한 것은 '-(으)ㄹ 것', '-는 것', '-(으)ㄴ 것'이다. 따라서 '-(으)ㄹ 것', '-는 것', '-(으)ㄴ 것'을 명사절을 이끄는 어미라고 해야 한다. 그래야만 '최선을 다할 것'이 명사절이라고 할 수 있기 때문이다.

그런데 그럴 경우 의존 명사 '것' 앞에 오는 '-(으)ㄹ', '-는', '-(으)ㄴ'을 더 이상

어말어미라고 할 수 없게 된다. '-(으)ㄹ 것', '-는 것', '-(으)ㄴ 것'이 명사절을 이끄는 어미이니까, '-(으)ㄹ', '-는', '-(으)ㄴ'이 어말어미일 수 없게 되는 것이다. 그러나 '-(으)ㄹ 것', '-는 것', '-(으)ㄴ 것'이 어미라는 것도, 그리고 '-(으)ㄹ', '-는', '-(으)ㄴ'이 어말어미가 아니라는 것도 둘 다 현재의 학교문법의 체계에서는 받아들여질 수 없다. 또한 최근의 통사 이론에서도 수용되기 어렵다.

먼저 '-(으)ㄹ 것', '-는 것', '-(으)ㄴ 것'이 어미일 수는 없다. 물론 '-(으)ㄹ 것', '-는 것', '-(으)ㄴ 것' 구성을 명사절이라고 하는 입장에서도 '-(으)ㄹ 것', '-는 것', '-(으)ㄴ 것'을 어미라고 하지는 않는다. '-(으)ㄹ 것', '-는 것', '-(으)ㄴ 것'의 성격을 구체적으로 밝히지 않은 상태에서 명사절이라고 하는 것이다. 그렇기 때문에 왜 통사적으로 명사절인지를 설명하지 않은 채, 또는 설명하지 못한 채 명사절이라고 하는 셈이 된다. 굳이 이유라고 설명한 것은 '-(으)ㅁ', '-기' 명사절과 대체될 수 있다는 것이다. 하지만 앞에서 A가 B로 대체될 수 있다는 것과, A와 B가 같다는 것은 전혀 다른 차원의 문제임을 설명한 바 있다.

'-(으)ㄹ', '-는', '-(으)ㄴ'이 어말어미라는 사실, 어말어미 중에서 관형사형 어미라는 사실이 달라질 수는 없다. 그리고 '-(으)ㄹ', '-는', '-(으)ㄴ'이 관형사형 어미인 한, '-(으)ㄹ 것', '-는 것', '-(으)ㄴ 것' 구성에서 '-(으)ㄹ', '-는', '-(으)ㄴ'이 이끄는 절은 관형사절이다. 이는 (8)을 통해서 명확히 확인할 수 있다.

(8) ㉠ [나는 [e(나) 최선을 다할] 마음을 가지고 있다.
ㄴ [지구가 둥글다는] 사실은 오래 전에 밝혀졌다.
ㄷ [그가 고향에 돌아간] 이유를 알지 못한다.

(8)에서 안긴문장은 뒤에 오는 명사를 수식하는 관형사절이고, '-(으)ㄹ', '-는', '-(으)ㄴ'은 관형사절을 이끄는 관형사형 전성어미이다. (8)의 '-(으)ㄹ', '-는', '-(으)

ㄴ'과 ⑺의 '-(으)ㄹ', '-는', '-(으)ㄴ'이 다르다고 할 수 없다. ⑻의 '-(으)ㄹ', '-는', '-(으)ㄴ'과 ⑺의 '-(으)ㄹ', '-는', '-(으)ㄴ'이 다르지 않다면, ⑺의 안긴문장 역시 ⑻과 마찬가지로 관형사절로 안긴 안긴문장일 수밖에 없다.

그리고 만일 '관형사절 + 것' 구성이 명사절이라면, ⑼와 같은 의존 명사 구성도 모두 명사절이라고 해야 하는 문제도 발생한다.

더 문법하고 싶은 문법

3. 활용과 곡용, 문장 구조에 대한 Q&A

(9) ㉠ 나는 그 일을 잘할 수 있다.
     ㉡ 그것은 내가 알 바가 아니다.
     ㉢ 비가 올 줄 몰랐다.
     ㉣ 연어는 태어난 데를 기억한다.

의존 명사는 정의상 관형어의 수식을 받아야만 문장에 쓰일 수 있다. 그러면 의존 명사 앞에 오는 절은 당연히 관형사절이라고 해야 정합적이다.

'관형사절 + 것'을 비롯한 '관형사절 + 의존 명사' 구성에서 안긴문장이 관형사절임에도 불구하고 혹시 명사절이 아닌가 하고 헷갈려 하는 이유는 다른 곳에 있다. 그것은 주어 또는 목적어의 범위와 관련된 것이다.

(10) ㉠ 지구가 둥글다는 것은 사실이다.
     ㉡ 지구가 둥글다는 사실이 오래 전에 밝혀졌다.

(10㉠)에서 주어는 '[지구가 둥글다는] 것'이고, (10㉡)에서 주어는 '[지구가 둥글다는] 사실'이다. 이는 위의 ⑵에서 자세히 설명하였다. '지구가 둥글다는 것'이 주어라는 사실이 '지구가 둥글다는 것'이 명사절임을 말해 주지는 않는다. '관형사절

+ 의존 명사' 구성을 명사절로 잘못 이해하는 이유는 이처럼 '관형사절 + 의존 명사' 구성이 주어 또는 목적어로 쓰인다는 사실을 곧 명사절로 잘못 연결시키기 때문이다.

(11)은 '관형사절 + 의존 명사' 구성이 목적어로 쓰인 예이다.

(11) ㉠ 나는 최선을 다할 것을 약속한다.
　　　㉡ 나는 최선을 다할 마음을 가지고 있다.

(11㉠)에서 목적어는 '[e(나) 최선을 다할] 것'이고, (11㉡)에서 목적어는 '[e(나) 최선을 다할] 마음'이다. 그리고 (11㉠,㉡)의 [e(나) 최선을 다할]은 각각 의존 명사 '것', 자립 명사 '마음'을 수식하는 관형사절이다.

3.9.

'나는 신발을 신고 밖에 나갔다.'는 이어진문장인가요, 안은문장인가요?

한마디로 설명

연결어미 중에는 선후행절의 주어가 같아야 하는 것들이 있다. 주어가 동일해야 한다고 해서 '동일 주어 제약'이라고 한다. 대등적 연결어미 '-고'는 동일 인물의 계기적 행위가 연결된 경우에는 선후행절의 주어가 같아야 한다. '나는 신발을 신고 밖에 나갔다.'에서 '신발을 신은 행위'와 '밖에 나간 행위'가 동일 인물의 계기적 행위이므로 선후행절의 주어가 같아야 한다. '나는 신발을 신고 밖에 나갔다.'를 괄호규약으로 분석하면 다음과 같다.

[나는 신발을 신고] [e(나) 밖에 나갔다].

위에서 보듯이 '나는 신발을 신고 밖에 나갔다.'는 대등적으로 이어진 문장이다. 후행절 '밖에 나갔다'의 주어가 외현적으로 실현되지 않고 생략된 것은, 선행절의 주어와 주어가 같기 때문이다. 이처럼 이어진문장에서 선후행절의 주어가 같을 때는 후행절의 주어가 생략되기 때문에 자칫 부사절을 안은 안은문장으로 잘못 이해하는 경우가 생기기도 한다.

자세히 설명

연결어미는 선후행절의 의미 관계에 따라 대등적 연결어미와 종속적 연결어미로 구분된다. 대등적 연결어미로 이어진 문장은 대등적으로 이어진 문장이고, 종속적 연결어미로 이어진 문장은 종속적으로 이어진 문장이다. 그리고 대등적으로 이어진 문장의 연결어미는 대등적 연결어미이고, 종속적으로 이어진 문장의 연결어미는 종속적 연결어미이다. 이처럼 대등적 연결어미인지 종속적 연결어미인지 그리고, 대등적으로 이어진 문장인지 종속적으로 이어진 문장인지에 대한 판단은 순환론적이다.

그런데 문법적 판단이나 문법 규칙의 발견은 기본적으로 귀납적 결론이다. 그러니까 굳이 선후 문제를 따지자면, 대등적으로 이어진 문장인지 종속적으로 이어진 문장인지에 대한 판단이 먼저이다. 이를 통해 대등적 연결어미인지 종속적 연결어미인지를 결정한 것이다. 이렇게 결정이 되고 나면 연결어미의 종류를 통해 대등적으로 이어진 문장인지 종속적으로 이어진 문장인지를 판단하게 되는 것이다.

대등적으로 이어진문장이든 종속적으로 이어진문장이든 둘 다 통사적인 구조는 같다. 즉 구조적으로는 구분되지 않는다. 둘을 구분하는 것은 단지 어미의 의미를 통해서이다.

(1) [산은 산이고] [물은 물이다].

(2) [산이 높아서] [골이 깊다].

(1)은 대등적으로 이어진 문장이고, (2)는 종속적으로 이어진 문장인데 괄호규약으로 분석했을 때 구조가 같다는 것을 확인할 수 있다. 안은문장의 구조는 (3)인데, 이어진 문장 (1) ~ (2)의 구조와 (3)의 구조는 명확히 다르다.

(3) [어머니는 [내가 건강하기]를 바라신다].

안은문장은 괄호규약으로 분석했을 때 항상 괄호 안에 괄호가 있는 '[[ ]]' 구조이다. 반면 이어진문장은 괄호가 나란히 있는 '[ ] [ ]' 구조이다. 그래서 괄호규약 분석을 통해 안은문장인지 이어진문장인지를 명확히 구분해 낼 수 있다.

그런데 이어진문장에서 선행절의 주어와 후행절의 주어가 같아서 후행절의 주어가 생략된 경우, 문장을 분석할 때 특히 혼란스러워 하는 경향이 있다. 일반적으로 맥락에 따라 선행절과 후행절의 주어가 같을 때는 후행절의 주어가 생략되는 것이 일반적이다. 경우에 따라서는 선행절의 주어를 생략하기도 한다. 예컨대 질문의 문장 '[나는 신발을 신고] [e(나) 밖에 나갔다]'의 경우 '[e(나) 신발을 신고] [나는 밖에 나갔다]'라고 하기도 한다. 이처럼 반드시 선행절의 주어가 생략되어야 하는 규칙이 있는 것은 아니지만, 일반적으로는 선행절의 주어가 생략되는 경우가 많다.

연결어미 중에는 선행절과 후행절의 주어가 동일해야 하는 것들이 있다. 이는 연결어미의 의미 때문에 생긴 결과적 현상이다. 통사적으로 이러한 연결어미가 쓰이면, 선·후행절의 주어가 같아야 하고, 다를 경우에는 (5)에서 보듯이 적격하지 않은 문장이 된다.

(4) ㉠ [지범이는 밥을 먹으면서] [e(지범이) 게임을 한다].
     ㉡ [지민이는 여행을 하다가] [e(지민이) 친구를 만났다].

(5) ㉠ *[지범이는 음악을 들으면서] [지호가 책을 읽는다].
     ㉡ *[지민이는 길을 걷다가] [지호가 친구를 만났다].

(4) 보듯이 연결어미 '-면서', '-다가'는 선행절과 후행절의 주어가 같아야 하고, 선후행절의 주어가 다를 경우 (5)처럼 적격하지 않은 문장이 된다.

이어진문장에서 선후행절의 주어가 같은 경우 일반적으로 후행절의 주어가 생략된다. 그러다 보니 (6)처럼 잘못 분석하는 경우가 심심찮게 생긴다.

(6) ㉠ [지범이는 [e(지범이) 음악을 들으면서] 공부를 한다].

㉡ [지민이는 [e(지민이) 길을 걷다가] 친구를 만났다].

㉢ [나는 [e(나) 신발을 신고] 밖에 나갔다].

(6)의 괄호규약 분석은 잘못된 것이다. (6)과 같은 오류를 범하지 않으려면, 연결어미로 두 문장이 이어진 경우에는 후행절 서술어의 주어와 선행절 서술어의 주어가 같은지 다른지를 먼저 확인하는 것이 좋다.

안은문장을 괄호규약으로 분석할 때는 첫째, 서술어를 모두 찾고, 둘째, 가장 오른쪽 서술어 — 안은문장(모문)의 서술어 — 의 주어를 먼저 찾고, 셋째, 안긴문장의 주어를 찾는 순서로 분석을 하는 것이 좋다. 안은문장인 경우에는 이러한 순서로 문장을 분석할 때, 오류의 가능성도 줄이고 문장 분석도 쉬워진다.[1]

그러나 이어진 문장의 경우에는 안긴문장을 괄호규약으로 분석할 때와 다른 순서로 하는 것이 좋다. (7)처럼 연결어미가 결합한 서술어에서 먼저 문장을 닫고, 후행절을 여는 것이 혹시라도 안긴문장으로 잘못 분석할 가능성을 차단해 준다.

---

1 안긴문장의 괄호규약분석 순서에 대해서는 『문법하고 싶은 문법』 ☞3.14. '엄마가 살을 빼기는 쉽지 않다.'는 어떻게 분석되나요? 참조.

이어진문장을 분석하려면
1. 연결어미가 결합한 서술어를 찾아 괄호를 닫고, 마지막 서술어에 괄호를 닫아.
2. 연결어미가 결합한 서술어의 주어를 찾아 괄호를 열어.
3. 후행 문장 서술어의 주어를 찾아 괄호를 열어. 이때 주어가 선행 문장의 주어와 같으면 선행 문장 뒤에서 바로 괄호를 열어.

1. 나는 신발을 신고] 밖에 나갔다]

2. [나는 신발을 신고] 밖에 나갔다]

3. [나는 신발을 신고] [e(나는)밖에 나갔다]

그래서 이러한 순서로 ⑹을 올바르게 괄호규약 분석한 것이 ⑺이다.

(7) ㉠ [지범이는 음악을 들으면서] [e(지범이) 공부를 한다].

㉡ [지민이는 길을 걷다가] [e(지민이) 친구를 만났다].

㉢ [나는 신발을 신고] [e(나) 밖에 나갔다].

정리하면, 겹문장 중에서 안은문장을 괄호규약 분석을 할 때는, 우선 바깥쪽 서술어 즉, 안은문장 서술어의 주어를 찾고, 그 다음 순서로 안긴문장 서술어의 주어를 찾는 것이 좋다. 반면에 겹문장이 연결어미로 이어진 문장일 때는 선후행절의 주어가 같은지 다른지를 먼저 확인하고, 그러고 나서 각각의 서술어의 주어를 찾는 것이 오류를 줄이는 한 방법이다.

위에서 살펴본 ⑷는 이어진문장의 선후행절의 주어가 같아야 하는 연결어미인데, 이와 반대로 선행절과 후행절의 주어가 같으면 안 되는 연결어미도 있다.

225

(8) ㉠ [바람이 불자] [먼지가 날렸다].

ㄴ [비가 오자] [청개구리가 운다].

㉠' *[바람이 불자] [(바람) 날렸다].

ㄴ' *[비가 오자] [(비) 운다].

(8)에서 보듯이 연결어미 '-자'는 선행절의 주어와 후행절의 주어가 같지 않은 경우에만 적격한 문장이 된다. (8㉠',ㄴ')에서 보듯이 선후행절의 주어가 같은 경우에는 적격하지 않은 문장이 된다.

대부분의 연결어미는 (4)의 '-면서', '-다가'처럼 선후행절의 주어가 같아야 한다거나, (8)의 '-자'처럼 선후행절 주어가 같으면 안 된다거나 하는 제약이 있지 않다. 그래서 맥락에 따라 선후행절의 주어가 같은 경우도 있고, 다른 경우도 있다. 예컨대 동일한 연결어미 '-고'인데 (9)에서는 선후행절의 주어가 같은 경우이고, (10)에서는 선후행절의 주어가 다른 경우이다.

(9) ㉠ [나는 신발을 신고] [e(나) 밖에 나갔다].

ㄴ [산봉우리가 높고] [e(산봉우리) 아름답다].

(10) ㉠ [나는 신발을 신고] [동생은 신발을 벗는다].

ㄴ [나는 야구를 좋아하고] [동생은 축구를 좋아한다].

선후행절의 주어가 같아야 한다거나, 선후행절의 주어가 같으면 안 된다거나 하는 제약이 있는 연결어미보다는 이러한 제약이 없는 연결어미가 일반적이다. 대부분의 연결어미는 (11) ~ (13)에서 보듯이 어미 자체에 선후행절의 주어가 같아야 한다거나 같으면 안 된다거나 하는 제약이 있지 않다. 그래서 선후행절의 주어가 같은 경우도 있고, 같지 않은 경우도 있다.

(11) ㉠ [비가 오니까] [날씨가 춥다].
　　 ㉡ [음식이 맛있으니까] [e(음식이) 잘 팔린다].

(12) ㉠ [바람이 불지만] [비는 오지 않는다].
　　 ㉡ [나는 공부를 하지만] [e(나) 공부를 좋아하지 않는다].

(13) ㉠ [비가 오면] [나무가 잘 큰다].
　　 ㉡ [지범이가 노력만 하면] [e(지범이) 일등을 할 거야].

　　정리하면, 연결어미는 구조적으로 선행절의 주어와 후행절의 주어가 같아야 한다거나, 같으면 안 된다거나 하는 제약이 없는 것이 일반적이다. 이러한 제약이 있는 연결어미가 특수한 경우이다. 지금까지 살펴보았듯이 '-면서', '-다가'처럼 의미상 선후행절의 주어가 같아야 하는 제약이 있는 연결어미가 있는가 하면, 반대로 '-자'처럼 선후행절의 주어가 같으면 안 되는 제약이 있는 연결어미도 있다.

3.10. '곰과 호랑이가 손을 잡고 걸어간다.'에서 주격 조사 '가'는 '곰과 호랑이'에 결합한 거 맞나요?

한마디로 설명

손을 잡고 걸어가는 것은 '곰'만도 아니고 '호랑이'만도 아니고 '곰과 호랑이'이다. 그러니까 의미상으로 보면, '걸어간다'의 주어는 '곰과 호랑이'라고 하는 것이 자연스럽다. 곰과 호랑이가 손을 잡고 걸어가므로 곰이 걸어가고 호랑이가 걸어가는 두 사건이 계기적으로 일어나고 있는 것이 아니다. 즉 곰과 호랑이가 걸어가는 것은 하나의 사건이다. 그러므로 주격 조사 '가'는 '호랑이'에 결합한 것이 아니라 '곰과 호랑이'에 결합했다고 해야 한다.

그런데 품사론에서 격조사는 체언과 결합한다고 설명하고 있다. 물론 음운론적으로 그리고 형태론적으로는 주격 조사 '가'가 '호랑이'와 결합했다고 하는 것이 자연스럽다. 하지만 통사적으로는 주격 조사 '가'가 접속조사에 의해 접속된 '곰과 호랑이'에 결합한 것으로 보는 것이 맞다.

자세히 설명

조사가 체언 N에 결합하느냐, NP에 결합하느냐가 문제가 되는 경우가 있다. (1)은 관형사절을 안은 안은문장이고, (2)는 (1)을 괄호규약으로 분석한 것이다.[1]

---

[1] 문장은 주어부와 술어부로 구성되는데, 이를 구절구조규칙으로 나타내면 'S → NP + VP'이다. NP는 '하늘이 맑다'처럼 명사(N)로 된 NP도 있고, '서 하늘이 맑다'처럼 '관형어 + 명사'로 된 NP도 있다. 이와 관련한 구절구조규칙에 대한 자세한 설명은 『문법하고 싶은 문법』 ☞3.11. '그건 내가 알 바 아니야.'는 관형사절을 안은문장인가요? 참조.

(1) 영이는 착한 학생이다.

(2) [영이는 [e(학생) 착한] 학생이다].

(1)에서 서술어는 'NP+이'의 '학생이다'이다. 그러면 '착한'은 무엇을 수식하는가? '착한'이 서술어 '학생이다'를 수식한다고 할 수는 없다. '착한'은 형용사 '착-'에 관형사형 어미가 결합한 관형어(관형사절)이다. '착한'의 주어는 생략되어 있는데, 그것은 수식하는 명사 '학생'이 '착한'의 주어이기 때문이다. 관형어(관형사절) '착한'이 정의상 체언을 수식할 수는 있어도 서술어인 '학생이다' 전체를 수식할 수는 없다. 여기에 더하여 국어에는 '수식어-피수식어 제약'이 있다. '수식어-피수식어 제약'이란 관형어가 피수식어와 분리될 수 없다는 것이다.

(3) ㉠ 나는 언제나 따뜻한 봄이 좋다.
     ㉡ 언제나 따뜻한 봄이 나는 좋다.
     ㉢ 따뜻한 봄이 나는 언제나 좋다.
     ㉣ 좋다 나는 언제나 따뜻한 봄이
     ㉤ *나는 봄이 언제나 따뜻한 좋다.

국어는 어순의 이동이 특별히 제약을 받지 않는 언어이다. 그래서 어순을 이동시킨 (3㉡~㉣)도 자연스럽다. 하지만 (3㉤)은 비문이다. (3㉤)이 비문인 이유는 '따뜻한 봄이'가 분리되었기 때문이다. 이처럼 관형어와 관형어의 수식을 받는 체언은 분리될 수 없다. 이를 '수식어-피수식어 제약'이라고 한다.

그러면 다시 (1)로 돌아가서 만일 서술격 조사 '이'가 체언 N하고 즉, '학생'하고만 결합했다고 해 보자. 이렇게 가정하려면, 관형어 '착한'과 명사 '학생'이 분리되어 있어야만 가능하다. '착한'과 '학생'이 분리되어 있지 않고 '수식어-피수식어' 제약에 의해 묶여 있다면, 서술격 조사 '이'가 '학생'하고만 결합했다고 할 수 없기 때문이다. 그래서 '서술격 조사 '이'는 체언 N하고 결합한다.'는 명제를 계속해서 지키고자 하게 되면, 국어의 통사적인 제약 중의 하나인 '수식어-피수식어 제약'을 어기는 문제가 발생한다. 뿐만 아니라 그렇게 되면 관형어의 정의도 위배하게 된다. 정의상 관형어 '착한'은 피수식어 '학생'과 분리되어서는 안 되며, 또한 관형어 '착한'이 체언인 '학생'을 수식할 수는 있어도 서술어 '학생이다'를 수식할 수도 없다.

그러면 어떻게 설명할 수 있는가? 이를 해결하는 방법은 두 가지 중의 하나이다.

첫째, 서술격 조사가 명사 N뿐만 아니라 명사구 NP와도 결합한다고 하는 것이고,

둘째, '수식어-피수식어' 제약을 수정하여 관형어가 'NP+이'의 서술어를 수식할 수 있다고 하는 것이다.

어느 것이 더 타당할까? 둘째의 가능성은 관형어의 정의도 수정해야 하고, 서술어도 구분해야 한다. 즉 관형어의 수식을 받을 수 있는 서술어와, 관형어의 수식을 받을 수 없는 서술어로 구분해야 한다. 그러니까 결론은 첫째이다.

하나의 문장을 더 보자.

(4) 지수는 새로운 마음으로 책을 읽었다.

(5) Jisu read the book with a new mind

(4)에서는 지수는 '마음으로' 책을 읽은 것이 아니라, '새로운 마음으로' 책을 읽었다. 그러니까 의미적으로 보면, 부사격 조사 '으로'는 '마음'에 결합한 것이 아니라 '새로운 마음'에 결합했다고 해야 한다. 이에 대응하는 영어 문장 (5)를 보자. 전치사 with는 a와 결합한 것도 아니고, new와 결합한 것도 아니고, mind와 결합한 것도 아니다. with는 'a new mind'와 결합했다. 평행하게 (4)에서도 부사격 조사 '으로'는 의미적으로도 그렇고 통사적으로도 '새로운 마음'에 결합한 것으로 해석해야 한다. 즉 '으로'는 N인 마음에 결합한 것이 아니라 NP인 '새로운 마음'에 결합하였다. 그렇지 않고 부사격 조사 '으로'가 N인 '마음'하고만 결합했다고 하게 되면, 관형어 '새로운'은 N인 '마음'을 수식하는 것이 아니라 곡용형 '마음으로'를 수식한다고 해야 한다. 이는 관형어의 정의에 위배된다. 관형어는 체언을 수식하는 것이지 곡용형을 수식하는 것은 아니다.

그러면 이제 [질문]의 문장 '곰과 호랑이가 손을 잡고 걸어간다.'를 보자. 여기서도 통사적으로 주격 조사 '가'는 '호랑이'가 아니라 '곰과 호랑이'에 결합했다고 보아야 한다. 왜냐하면 '잡다' 주어와 '걸어가다'의 주어가 '호랑이'가 아니기 때문이다. '잡다'의 주어와 '걸어가다'의 주어는 '곰과 호랑이'이다.

그런데 형태론에서 조사는 체언에 결합하는 것으로 설명하고 있다. 음운론적으로도 조사는 체언에 결합한다고 보는 것이 맞다.

(6) ㉠ 곰과 호랑이가 손을 잡고 걸어간다.
　　 ㉡ 호랑이와 곰이 손을 잡고 걸어간다.

(6㉠)에서 주격 조사는 '가'이고, (6㉡)에서 주격 조사는 '이'이다. (6㉠)과 (6㉡)에서 주격 조사가 달라지게 된 것은 주격 조사 바로 앞에 오는 체언의 음운론적 조건에 따른 것이다. 접속 조사로 연결된 'A와 B'에서 주격 조사 '이/가'의 실현은 전적으로 B에 의해 결정되고, A는 주격 조사 '이/가'의 실현에 전혀 관여하지 않는다. 이처럼 음운론적인 관점에서만 보면 주격 조사 '이/가'는 체언인 N과 결합한 것으로 보아야 한다. 즉 주격 조사 '이/가'는 '곰과 호랑이'에 결합한 것이 아니라, (6㉠)에서는 '호랑이'하고만 (6㉡)에서는 '곰'하고만 결합했다고 보는 것이 맞다.

정리하면, 통사적으로는 주격 조사 '가'가 '곰과 호랑이'에 결합했다고 보는 것이 맞고, 음운론적으로는 주격 조사 '가'가 '호랑이'하고만 결합했다고 보는 것이 맞다. 이는 동일한 대상이 보는 각도에 따라 다르게 보이는 것과 평행한 것으로 문제가 있거나 이상한 것이 아니다. 음운론적인 층위에서의 조사의 성격, 형태론적인 층위에서의 조사의 성격, 그리고 통사론적인 층위에서의 조사의 성격이 다를 수 있는 것이다.

그러면 여기서 처음의 질문으로 돌아가서, 주격 조사 '가'가 '곰과 호랑이'에 결합한 것인가, '호랑이'에 결합한 것인가? 이에 대한 대답은 어느 하나로 단일화하지 말고, 있는 그대로 이해하는 것이 맞다. 형태론적인 차원에서 조사는 단어에 결합하지만, 통사적인 차원에서 조사는 어(주어, 목적어, 보어)에 결합한다. 이처럼 층위에 따라 조사의 성격이 다르다. 그러니까 각각의 차원에서 현상을 있는 그대로 해석하는 것이 바람직하다.

조사는 형태론적인 단위이기도 하지만 또한 통사론적인 단위이기도 하다. 그렇기 때문에 형태론적인 단위로만 쓰이는 것과는 다른 행동을 보인다. 형태론적인 단위로만 쓰이는 전형적인 예가 접사이다. (7)과 (8)의 비교에서 알 수 있듯이 접사와 조사는 다른 양상을 보인다.

(7) ㉠ 시아버지 그리고 시어머니 ↛ *시[아버지 그리고 어머니]
     ㉡ 사기꾼 그리고 정치꾼 ↛ *[사기 그리고 정치]꾼

(8) ㉠ 아버지가 그리고 어머니가 → [아버지 그리고 어머니]가
     ㉡ 봄을 그리고 가을을 → [봄 그리고 가을]을

(7)에서 보듯이 형태론적인 단위인 (7㉠)의 접두사 '시-', (7㉡)의 접미사 '-꾼'은 자신과 결합한 단어를 넘어설 수 없다. 그러나 통사론적인 단위인 (8㉠)의 주격 조사 '가', (8㉡)의 목적격 조사 '을'은 단어와도 결합하지만, 자신이 결합한 단어를 넘어서 단어보다 큰 구와도 결합할 수 있다.

참고로 지금까지 살펴본 내용과 반대의 방향이라고 할 수 있는 경우도 있다. 무슨 말이냐 하면, 통사론적으로는 단어보다 큰 구성이지만, 음운론적으로는 오히려 단어로 보아야 하는 경우이다.

(9)   내가 앞으로 옷을 살 일은 없다.

(9)는 안은문장이고, 안긴문장 [내가 앞으로 옷을 살]이 체언 '일'을 수식하는 구조이다. 그런데 안긴문장의 서술어 '살'과 피수식어 '일'이 음운론적으로는 하나의 단어처럼 행동한다.

(10) 살 일
     ↓ —— /ㄴ/ 첨가
     살닐
     ↓ —— 유음동화
     [살릴]

'살 일'은 단어가 아니므로 〈한글 맞춤법〉에 따르면 띄어 쓰게 되어 있다. 대개의 경우 띄어쓰기 단위가 곧 기식 단위인 경우가 많다.[2] 그리고 일반적으로 음운 변

---

2   기식 단위는 호흡을 하는 단위를 말한다. 그런데 띄어쓰기 단위가 항상 기식 단위도 아니고, 기식 단위가 띄어쓰기 단위와 항상 일치하는 것도 아니다. 그리고 기식 단위가 모든 화자에게 동일한 것이 아니라 화자에 따라서 차이가 있기도 하고, 동일한 화자도 의도적으로 기식 단위를 조정할 수도 있다.

     • 힐 수   → [힐쑤]
     • 먹을 줄 → [머글쭐]

     위에서 보듯이 용언의 관형사형과 의존 명사는 의도적으로 두 개의 기식 단

동은 기식 단위 안에서 일어난다. 단어는 항상 하나의 기식 단위이다. 그리고 곡용형과 활용형도 하나의 기식 단위이다. 그런데 '살 일'은 단어도 아니고, 곡용형도 아니고, 활용형도 아니다. 하지만 의식적으로 두 개의 기식 단위로 발음하려고 노력하지 않는 한 '살 일'은 [살릴]처럼 하나의 기식 단위로 발음한다.

만일 '살 일'을 띄어쓰기 단위 그대로 의식적으로 끊어서 발음해 보라. 그러면 '[살]√[일]'처럼 발음되어, (9)처럼 음운 변동이 일어나지 않는다. 그래서 [살릴]처럼 음운 변동이 일어났다는 것은 '살 일'을 하나의 기식 단위로 발음했다는 것을 증명한다. /ㄴ/ 첨가도 단어 내부에서 일어나는 음운 변동이고, 유음동화도 단어 내부에서 일어나는 음운 변동이다. '살 일'의 발음이 /ㄴ/ 첨가와 유동화가 적용된 [살릴]이라는 것은 비록 '살 일'이 통사론적으로는 '관형사절 + 명사' 구성이지만, 음운론적으로는 '살 일'이 단어와 같은 구성임을 말해 준다.

이처럼 '살 일'은 통사론적으로는 '관형어(관형사절) + 명사' 구성으로 단어보다 큰 구성이지만, 음운론적으로는 하나의 단어처럼 행동한다. 이러한 구성을 음운론에서는 '음운론적 단어(phonological word)'라고 하여, 형태론에서의 진짜 단어(word)와 구분하기도 한다. 음운론적 단어는 용어 그대로 진짜 단어는 아니지만, 음운론적으로는 하나의 단어처럼 기능하는 구성이라는 의미이다.

위로 하지 않는 한 자연스러운 발화에서는 항상 하나의 기식 단위로 발음한다. 하나의 기식 단위로 발음되기 때문에 의존명사의 두음이 경음화된다. 의식적으로 중간에 휴지를 두어 '[할]√[수]', '[머글]√[줄]'처럼 두 개의 기식 단위로 발음하게 되면, 의존명사의 두음이 경음화되지 않는다.

4.

의미에 대한
Q & A

4.1.　'장끼'는 '꿩'을 전제하나요, 함의하나요?

한마디로 설명

전제와 함의는 원 명제와 내포 명제의 진리치 값으로 판단한다. 원 명제의 참/거짓과 상관없이 내포 명제가 항상 참이면 전제이고, 원 명제가 참일 때만 내포 명제가 참일 때 함의라고 한다.

- 원 명제 : X는 장끼이다.
- 내포 명제 : X는 꿩이다.

위에서 원 명제 'X는 장끼이다.'가 참이면, 내포 명제 'X는 꿩이다.'도 참이다. 하지만 원 명제 'X는 장끼이다.'가 거짓이면, 내포 명제 'X는 꿩이다.'는 참인지 거짓인지 판단할 수 없다. 그래서 '장끼'는 '꿩'이라는 것을 함의한다고 한다. '장끼'가 '꿩'이라는 것을 전제하지는 않는다.

자세히 설명

언어의 기능 중에서 핵심적인 기능이 정보를 전달하는 것이다. 전제와 함의는 명제가 담고 있는 정보 즉, 내용의 진실성과 관련된 것이다. 어떤 명제가 주어지면, 그 명제의 정보에 덧붙어 전해지는 내포된 정보가 있다. 이때 원 명제와 내포된 명제 간의 진질성 관계에 따라 전제와 함의를 구분한다.

예컨대 '보람이의 동생은 착하다.' 는 명제가 있다고 가정해 보자. 이 명제는 '보람이는 동생이 있다.' 는 의미를 내포하고 있다. 또한 '보람이가 창문을 열었다.' 는 명제는 '창문이 열렸다.'는 의미를 내포하고 있다. 이때 '보람이의 동생이 착하다.' 와 '보람이는 동생이 있다.' 두 명제 간의 관계와, '보람이가 창문을 열었다.'와 '창 문이 열렸다.' 두 명제 간의 관계는 차이가 있다.

먼저 '보람이의 동생은 착하다.'와 '보람이는 동생이 있다.' 두 명제 간의 관계를 살펴보자.

(1)

원 명제		내포 명제
보람이의 동생은 착하다.		보람이는 동생이 있다.
참	→	참
거짓	→	참

(1)에서 보듯이 보람이의 동생이 착하면 당연히 보람이는 동생이 있다. 그리고 보람이의 동생이 착하지 않더라도 보람이에게 동생이 있다는 사실은 여전히 참이 다. 이럴 때 '보람이의 동생이 착하다.'는 명제는 '보람이는 동생이 있다.'는 명제를 '전제'한다고 말한다.

전제의 예를 하나만 더 살펴보자. '영수는 어제 학교 도서관에서 공부를 했다.' 는 '영수는 어제 학교 도서관에 갔다.'를 내포하고 있는데, 이 두 명제간의 관계 역 시 전제이다. 영수가 어제 학교 도서관에서 공부를 한 것이 참이든 거짓이든 상관 없이 영수가 어제 학교 도서관에 간 것은 참이다.

그런데 '보람이가 창문을 열었다.'는 명제와 '창문이 열렸다.'는 명제 간의 관계 는 (1)과 다르다.

(2)

	원 명제		내포 명제
	보람이가 창문을 열었다.		창문이 열렸다.
	참	→	참
	거짓	→	참/거짓 알 수 없음

(2)에 보듯이 보람이가 창문을 연 것이 참이면, 창문이 열린 것은 당연히 참이다. 하지만 보람이가 창문을 연 것이 거짓이면 창문이 열렸는지 아닌지 판단할 수 없다. 즉 내포 명제 '창문이 열렸다.'는 원 명제 '보람이가 창문을 열었다.'가 참일 때만 참이고, 원 명제 '보람이가 창문을 열었다.'가 거짓일 때는 창문이 열렸는지 안 열렸는지 알 수 없다. 이때 '보람이가 창문을 열었다.'는 명제는 '창문이 열렸다.'는 명제를 함의한다고 말한다.

상하관계에서 하위어는 필연적으로 상위어를 함의하는 관계이다. '과일 → 사과'의 관계는 사과가 하위어이고, 과일이 상위어이다. 하위어는 상위어를 함의한다고 하였으므로, 어떤 것이 사과라면 그것은 반드시 과일이라고 할 수 있다.

(3)　　㉠ X는 사과이다.
　　　　㉡ X는 과일이다.

즉 (3㉠)이 참이면, (3㉡)도 항상 참이다. 그러나 (3㉠)이 거짓이면 (3㉡)은 참인지 거짓인지 알 수 없다. 즉 사과가 아니라면 그것이 과일인지 아닌지 알 수 없다. 그래서 사과는 과일이라는 것을 전제하는 것이 아니라 함의한다고 말한다.

참고로 상하관계에서 하위어는 상위어를 함의하지만 그 역은 성립하지 않는다. 즉 상위어는 하위어를 함의하지 못한다. 어떤 것이 과일이라고 하더라도 그것이 사과인지 아닌지는 알 수 없다. 그래서 상위어는 하위어를 함의하지 못한다고 말한다.

241

조금 복합한 예를 하나 더 보자. 장미는 꽃의 하위어이고, 꽃은 식물의 하위어이다. 상하 관계의 위계는 '식물 → 꽃 → 장미'이다. 하위어는 반드시 상위어를 함의한다고 했으므로, 장미는 꽃이고 또한 식물이다. 즉 장미가 맞는다면 그것은 반드시 꽃이고, 또한 반드시 식물이다. 하지만 장미가 아니라면 그것이 꽃인지 아닌지 알 수 없고, 또한 식물인지 아닌지도 알 수 없다. 그래서 장미는 꽃이라는 것을 전제하는 게 아니라 함의한다고 한다. 또한 장미는 식물이라는 것을 함의하고, 꽃도 상위어인 식물이라는 것을 함의한다. 하지만 그 역은 성립하지 않는다.

상하 관계의 위계로 보면 식물은 꽃의 바로 위 상위어는 아니지만 어쨌든 장미의 상위어이다. 그래서 '장미는 식물이다.' 역시 성립한다. 즉 어떤 것이 장미라면 그것은 식물이다. 하지만 장미가 아니라면 그것이 식물인지 아닌지 알 수 없다. 그러므로 장미는 식물이라는 것을 전제하는 것이 아니라 함의한다.

5.

국어사에 대한
Q & A

5.1. 8자가족용법은 소리대로 적은 표기법이 아니라는데, 왜 그런가요?

한마디로 설명

8자가족용법 자체를 소리대로 적은 표기법이라고 하는 것은 틀린 진술이다. 단지 일부만 부분적으로 맞다. 일부만 부분적으로 맞는다는 것은 종성에 한해서는 소리대로 적은 표기법이기 때문이다. 8자가족용법은 종성의 표기에 대한 규정이고, 그 내용은 종성의 표기를 발음 그대로 8자로만 적는다는 것이다. 그러므로 8자가족용법 자체를 소리대로 적은 표기라고 하는 것은 맞지 않다.

'닢+만'을 소리대로 적으면 [님만]이다. 그런데 중세국어 어떤 문헌자료에도 '닢만'을 소리대로 '님만'이라고 적은 것은 없다. '닢+만'에서 '닢'의 종성을 기저형을 밝혀 '닢만'으로 적은 것이 종성부용초성법에 의한 표기이고, '닢'의 종성 /ㅍ/을 소리대로 '닙만'이라고 적은 것이 8자가족용법이다.

8자가족용법, 종성부용초성법은 종성의 표기에 대한 규정이다. 그래서 '니피, 니페, 니프로'와 같은 표기는 8자가족용법이냐 종성부용초성법이냐를 묻는 물음의 대상이 아예 되지 않는다. 왜냐하면 종성의 표기를 확인할 수 없기 때문이다.

자세히 설명

국어사 개론서들에 보면 '형태음소론적 표기', '음소적 표기'라는 용어가 나온다. 용어 자체가 생소하다 보니 어려워하는 경우가 많다. 그런데 간단히 말하면, 형태음소론적 표기는 종성부용초성법을 이르는 말로, 음소적 표기는 8자가족용법을 이르는 말로 이해해도 무방하다. 종성의 표기에 한해서만 말한다면, 종성부용초성법은 종성의 자음을 그 기저형을 밝혀 적은 표기이고, 8자가족용법은 종성의 자음을 발음 그대로 즉, 소리대로 적은 표기이다.

(1가)와 (1나)를 비교해 보면 종성부용초성법과 8자가족용법의 차이를 한눈에 알 수 있다.

(1)

	가. 종성부용초성법	나. 8자가족용법
㉠	**곶** 됴코 녀름 하나니〈용비어천가2〉	**곳**과 여름괘〈석보상절23:18a〉
㉡	世尊을 **맞나**ᅀᆞᆸ며〈월인천강지곡65b〉	부텨를 **맛나**ᅀᆞᆸ면〈석보상절13:62a〉
㉢	새 **닢** 나니이다〈용비어천가84〉	**닙**과 **곳**과〈석보상절23:18a〉
㉣	남기 **높**고도〈월인천강지곡36b〉	뫼히 **놉**고〈월인석보20:71b〉

(1가)에는 '곶, 맞나-, 닢, 높-'에서 종성에 'ㅈ, ㅍ' 표기가 나타난다. 그런데 이에 대응되는 (나)에서는 '곳, 맛나-, 닙, 놉-'처럼 종성 'ㅈ, ㅍ'이 'ㅅ, ㅂ'으로 표기되어 있는 것을 확인할 수 있다. (1나)처럼 종성 표기에 'ㄱ, ㄴ, ㄷ, ㄹ, ㅁ, ㅂ, ㅅ, ㅇ' 8자만 나타나면 8자가족용법이고, (1가)처럼 8자 이외의 자음이 종성 표기에 나타나면 종성부용초성법이다.

그래서 (2)와 같은 자료를 대상으로는 종성부용초성법인지 8자가족용법인지를 물을 수 없다. 왜냐하면 (2)는 종성부용초성법으로 적어도 (2)이고, 8자가족용법으로 적어도 (2)이기 때문이다.

(2) 불휘 기픈 남군 부룸매 아니 뮐씨〈용비어천가2〉

현재까지 전해 오는 문헌 중에서 종성의 표기가 종성부용초성법으로 편찬된 것은 〈용비어천가〉와 〈월인천강지곡〉 두 개밖에 없다. (2)가 〈용비어천가〉의 자료이니까, 단지 〈용비어천가〉의 자료라는 이유로 (2)의 표기가 종성부용초성법이라고 하는 것은 잘못이다. 왜냐하면 (2)에는 종성의 표기가 종성부용초성법인지 8자가족용법인지를 판단할 수 있게 하는 예가 없기 때문이다. 문헌이 종성부용초성법을 따랐다는 것과, 어떤 예가 종성부용초성법에 따른 표기인지 아닌지는 별개의 문제이다.

이처럼 종성부용초성, 8자가족용은 종성의 표기 방식에 대한 다른 두 규정으로, 종성에 국한된 규정이다. 그래서 8자가족용법 자체를 소리대로 적은 표기라고 말하는 것은 틀린 진술이다. 음절말 자음의 불파는 현대국어와 마찬가지로 중세국어에서도 일어났기 때문에, '높고'의 발음은 중세국어도 현대국어와 마찬가지로 [놉꼬]였다고 해석한다. 하지만 중세국어의 어떤 문헌자료에서도 '놉꼬'로 적은 예는 없다. 종성부용초성법으로 적은 문헌에서는 '높고〈용비어천가34〉'로 표기되어 있고, 8자가족용법으로 적은 문헌에서 '놉고〈두시언해16:39b〉'로 표기되어 있다. 그러니까 8자가족용법을 소리대로 적은 표기법이라고 하는 것은 옳지 않다. 8자가족용법은 단지 종성의 표기에 한해서 소리대로 종성을 표기한 표기 방식이다. 이처럼 8자가족용법, 종성부용초성법은 종성의 표기 방법에 대한 규정일 뿐이므로, 그 자체를 소리대로 적은 표기이냐 아니냐 하고 묻는 것 자체가 적절한 질문이 아니다.

'종성부용초성법', '8자가족용법'이라는 명명은 훈민정음 해례의 용어를 그대로 사용한 것이다.

(3)　㉠ 終聲復用初聲
　　　　　종성부용초성

　　㉡ 乃냉終즁ㄱ소리는 다시 첫소리를 쓰ᄂᆞ니라

(4)　ㄱ ㆁ ㄷ ㄴ ㅂ ㅁ ㅅ ㄹ 八字可足用也 如빗곶爲梨花 엿의갗爲狐皮 而ㅅ
　　字可以通用 故只用ㅅ字 且ㅇ聲淡而虛 不必用於終 中聲可得成音也

ㄱㆁㄷㄴㅂㅁㅅㄹ 8자면 족히 쓸 수 있다. 그래서 배꽃을 뜻하는 '빗곶', 여우의 가죽을 뜻하는 '엿의 갗'은 ㅅ자로도 쓸 수 있다. 그래서 단지 ㅅ자로 쓴다('빗곳', '엿의 갓'으로 쓴다.). 또한 ㅇ은 소리가 맑고 비어서 종성에 반드시 필요하지 않아서, 중성만으로 음을 이룰 수 있다.

(3㉠)은 훈민정음 해례의 기술이고, (3㉡)은 훈민정음 언해의 기술이다. (3)의 '종성부용초성'에는 두 가지 내용을 담고 있다. 첫째, 종성 표기를 위해 자음을 따로 제자하지 않았다는 것과, 둘째, 종성 표기에 초성에 쓰는 자음을 그대로 쓴다는 것이다.

(4)는 8자가족용법에 대한 훈민정음 해례의 기술이다. 8자가족용법이라는 것은 종성에서 발음될 수 있는 자음 그대로 종성을 표기한 것이다. 즉 8자가족용법은 기저형을 밝혀 종성을 적지 않고 발음대로 표기한 것이다.

그러면 왜 훈민정음 해례에서 종성의 표기법과 관련하여 종성부용초성법과 8자가족용법 둘 다를 기술하고 있는가? 다시 말해 둘 중 하나만 채택하면 될 텐데 왜 둘 다를 설명하고 있는가 하는 것이다. 이에 대해서는 종성 표기에 대한 세종의 생각과 훈민정음 창제에 참여한 집현전 학사들의 생각이 달랐기 때문이었을 것으로 해석한다. 즉 세종은 종성부용초성법을 염두에 두고 있었던 반면, 집현전 학사들은 8자가족용법을 더 지지했다는 것이다. 이러한 해석의 근거는 종성부용초성법이 적용된 문헌의 성격이다.

앞에서 말했듯이 현재까지 전해 오는 중세국어 문헌 중에서 종성부용초성법이 적용된 문헌은 〈용비어천가〉와 〈월인천강지곡〉 두 개밖에 없다. 나머지 중세국어 문헌들은 모두 8자가족용법을 따르고 있다. 〈용비어천가〉와 〈월인천강지곡〉은 둘 다 세종이 직접 편찬에 관여한 문헌이다. 〈용비어천가〉는 조선 왕조의 창업을 찬양하기 위해 세종이 직접 왕명을 내려서 짓게 한 책이고, 〈월인천강지곡〉은 세종의 비(妃)인 소헌왕후의 명복을 빌고 소헌왕후를 기리기 위해 아들 수양대군으로 하여금 편찬하게 한 책이다. 이처럼 두 문헌은 세종이 직접 편찬에 관여하였고, 그래서 종성의 표기에서도 자신의 생각인 종성부용초성법을 문헌에 적용하였을 것으로 추정하는 것이다.

하지만 이 두 문헌 이외의 중세국어 문헌은 모두 8자가족용법을 따르고 있다. 이는 당시 종성부용초성법과 8자가족용법과 관련한 세종과 집현전 학사들간의 논쟁에서 집현전 학사들의 의견이 최종적으로 채택된 것이라 할 수 있다.

15세기 국어에서는 종성에 'ㄱ, ㄴ ㄷ, ㄹ, ㅁ, ㅂ, ㅅ, ㆁ' 8개의 자음이 발음되었다. 그런데 현대국어에서는 'ㄱ, ㄴ, ㄷ, ㄹ, ㅁ, ㅂ, ㅇ' 7개만 발음된다.[1] 이는 8종성에서 7종성으로의 변화가 중세국어 이후에 일어났다는 것을 말해 준다. 15세기 국어에서는 종성에 /ㅅ/이 발음되었지만, 현대국어에서는 '옷[옫], 곳[곧]'처럼 종성에서 /ㅅ/이 [ㅅ]으로 발음되지 못하고 [ㄷ]으로 발음된다. 15세기 국어에서 종성에 /ㅅ/이 발음되었다는 말은 종성의 발음에서 /ㅅ/과 /ㄷ/이 변별되었다는 말이다. (5)에서 보듯이 15세기 국어에서는 8자가족용법의 표기 체계 하에서 단어의 말음절 종성이 /ㄷ/인 단어와 말음절 종성이 /ㅅ/인 단어가 일관되게 구별되어 표기되었다.

---

[1] 현재 학교문법에서 중세국어와 근대국어의 구분은 임진왜란(1592년)을 전후한 시기이다. 중세국어는 다시 훈민정음 창제(1443년)를 기점으로 전기 중세국어와 후기 중세국어로 가른다. 참고로 고대국어와 중세국어의 구분 기점은 고려 건국(918년)이고, 근대국어와 현대국어의 구분 기점은 갑오경장(1894년)이다. 국어사의 시대 구분은 학자들마다 차이가 꽤 큰데, 현재 학교문법에서 채택하고 있는 국어사의 시대 구분은 이기문(1972)의 시대 구분을 채택한 것이다.

여기서 중세국어라고 하지 않고 15세기 국어라고 한 것은 8종성에서 7종성으로의 변화가 15세기 국어에서 일부 단초를 보이다가 16세기 중엽 이후부터 본격적으로 일어나기 때문이다. 그래서 중세국어 전체가 8종성이었다고 말하기는 어렵기 때문에 8종성을 말할 때는 중세국어가 아니라 15세기 국어라고 표현한다.

(5)[2] 몯(釘) : 못(池)

긷(柱) : 깃(巢)

팔자가족용법은 종성의 자음을 소리 나는 그대로 적는 표기법이다. 그러니까 팔자가족용법은 곧 중세국어에서 종성에 발음될 수 있는 자음이 8개였다는 것을 말해 주는 것이기도 하다. 현대국어에서는 종성에 7개의 자음만 발음될 수 있다.

종성에서 /ㅅ/과 /ㄷ/의 변별은 16세기 중엽부터 흔들리기 시작하여 7종성으로 변화된다. 즉 종성에서 /ㅅ/이 더 이상 발음되지 못하고, 종성 /ㅅ/이 [ㄷ]으로 실현된다. 그 결과 현대국어와 같은 7종성이 되었다. 여기서 기억해야 하는 것은 종성에서의 발음은 '[ㅅ] : [ㄷ]'이 변별되다가, '[ㅅ] → [ㄷ]'으로 변화하는데 반해, 표기는 'ㄷ'으로 표기되던 것들이 'ㅅ'으로 단일화되어 표기된다. 즉 발음에서는 [ㅅ]이 더 이상 발음되지 못하고 [ㄷ]으로 발음되는데 반해, 이유는 정확히 알 수 없지만 표기는 발음과 같은 'ㄷ'으로 단일화되는 것이 아니라 오히려 'ㅅ'으로 단일화되었다.

(6)

	15세기	17세기
	어딘 **벋**과〈월인석보10:31b〉	여러 **벗**들〈노걸대언해 상45a〉
	무틴 **붇**〈구급간이방언해3:106a〉	筆 **붓**〈역어유해 하19a〉
	잇는 **곧**마다〈법화경언해4:89a〉	간 **곳**마다〈박통사언해 상34a〉
	하놄 **뜬**도〈두시언해24:63a〉	내 **뜻**과 **갓**다〈노걸대언해 상10a〉

251

2 '몯(釘)'은 망치로 박아서 물건을 고정시키는 뾰족한 섯으로 현대국어의 '못'이다. '못(池)'은 연못의 의미로 현대국어에서도 똑같이 '못'이다. 그리고 '긷(柱)'은 현대국어의 '기둥'이고, '깃(巢)'은 새의 둥지를 이르는 중세국어 어휘이다.

(6)에서 보듯이 중세국어에서 /ㄷ/ 종성을 가지고 있던 '번, 붇(筆), 곧(處), 뜯'이 근대국어에서는 '벗, 붓, 곳, 뜻'으로 표기되었다. 이때까지만 해도 뒤에 모음으로 시작하는 조사가 오면 '버디, 버들'처럼 /ㄷ/이 표기되었기 때문에 기저형은 여전히 /번/이었다.

그러다가 모음으로 시작하는 조사가 올 때도 '버시, 버슬'처럼 표기되면서 단어의 형태가 지금처럼 /ㅅ/ 말음을 가진 형태로 재구조화되었다. 즉 '번 〉 벗', '붇 〉 붓', '곧 〉 곳', '뜯 〉 뜻'처럼 단어의 형태가 재구조화되는 변화가 일어났다.

<table>
<tr><td>5.2.</td><td>'놉흔'은 재음소화가 아니라 단지 오분석한 오표기의 하나일 뿐이라고 하는데, 이게 무슨 말인가요?</td></tr>
</table>

한마디로 설명

'놉흔'과 '노픈'의 관계는 음운론적인 문제도 아니고, 형태론적인 문제도 아니다. '노픈'은 '높+은'을 연철 표기한 것이고, '놉흔'은 '노픈'을 '놉+흔'으로 잘못 분석하고 이렇게 잘못 분석한 것을 표기한 것이다. 즉 '놉흔'은 근대국어 표기법의 혼란상을 보여 주는 잘못된 표기의 한 유형일 뿐이다.

재음소화는 역사언어학에서 음운 변화의 한 유형을 이르는 용어인데, 음운의 대립 관계가 원래의 대립 관계에서 다른 대립 관계로 바뀌는 변화를 이른다. 그러니까 '놉흔'은 재음소화와는 아무런 관련이 없다. '놉흔'은 음운 변화와 무관할 뿐더러, 음운 변동과도 아무런 관련이 없다. 단지 표기상의 혼란을 보여 주는 한 예일 뿐이다.

언어는 자의적이고 사회적인 약속이다. 그래서 많은 사람들이 재음소화의 원래 개념을 모르거나, 알지만 다른 의미로 '재음소화'라는 용어를 사용할 수 있다. 즉 '놉흔'과 같은 표기를 '재음소화'라고 하자고 약속할 수 있다. 이렇게 되면 재음소화가 두 가지의 의미가 된다. 하지만 이미 학술적으로 통용되는 '재음소화'의 용어를 다른 개념으로 사용할 때는 원래의 개념과 다르게 사용한다는 것을 명확히 하고 사용하는 것이 바람직하다.

자세히 설명

구조주의 역사언어학에서는 음운 변화의 유형을 음운화(phonologization), 비음운화(dephonologization), 재음운화(rephonologization) 이렇게 3가지로 구분한다. 'phonlolgization', 'dephonlogization', 'rephonologiaztion'은 각각 음소화, 비음소화,

재음소화로 번역한다. 그러니까 [질문]에서 사용한 '재음소화'라는 용어는 원래는 역사언어학에서 음운 변화의 유형을 이르는 말이다.

음운화는 원래는 음운이 아니었는데 음운이 되는 변화이다. 국어사에서 중세국어에는 없었던 단모음 /e/, /ɛ/가 근대국어 새로 생겨난 변화가 이에 해당한다. 중세국어 모음체계에는 단모음 /e/, /ɛ/가 존재하지 않았다.

비음운화는 음운화의 반대로 음운으로 존재하던 것이 음운의 지위가 소멸되는 변화이다. 국어사에서는 'ㅿ/z/', 'ㅸ/β/', 'ㆍ/ʌ/'의 소멸이 이에 해당한다. 중세국어 자음체계에는 'ㅿ/z/', 'ㅸ/β/'가 존재했지만, 근대국어에는 이 두 음운이 소멸되어 근대국어 자음체계에서는 /z/, /β/가 존재하지 않는다. 그리고 중세국어 모음체계에서는 'ㆍ/ʌ/'가 존재했지만, 18세기 후반에 이르러 음운 /ʌ/가 음운으로서의 자격을 상실하고 모음체계에서 빠졌다. 음운 /ʌ/는 비음운화되었지만, 문자 'ㆍ'는 20세기 초까지 쓰이다가, 1933년 〈한글마춤법통일안〉에서 공식적으로 국어 표기에서 문자 'ㆍ'를 폐기하였다.

재음운화는 음운의 개수에는 변화가 없다. 반면 음운화는 음운의 개수가 늘어나는 변화이고, 비음운화는 음운의 개수가 줄어드는 변화이다. 재음운화는 음운의 대립 관계가 원래의 대립 관계에서 다른 대립 관계로 바뀌는 변화를 이른다.[1] /ㅈ/는 중세국어에서는 치조음 /ts/(또는 /ts/보다 앞쪽에서 나는 소리)이었는데, 근대국어로 오면서 경구개음 /tʃ/로 변화하였다. 그래서 중세국어 /ㅈ/는 /ㅂ/의 뒤, /ㄷ/의 앞에서 조음되는 음운 /ts/이었는데, 근대국어에는 /ㄷ/의 뒤, /ㄱ/의 앞에서 조음되

---

[1]   /ㅂ/와 /ㄷ/는 파열음이면서 평음으로 조음 방법이 같지만, 조음 위치가 서로 달라서 변별이 된다. 이때 /ㅂ/와 /ㄷ/가 변별된다고 말하기도 하고, /ㅂ/와 /ㄷ/가 대립된다고 하기도 한다. 음운은 그 자체로 홀로 존재하는 것이 아니라 음운 체계 내에서 다른 음운들과의 관계 속에서 존재하는데, 이러한 관계를 대립 관계라고 한다.

는 음운 /ʧ/로 대립 관계가 변하게 되었다. 국어 자음체계에서 재음운화는 /ㅈ/가 '/ʦ/ 〉/ʧ/'로 변화한 예 하나뿐이다.

재음운화의 개념을 이해했다면, 이제 '놉흔'이 음운 변화의 한 유형으로서의 재음운화와는 아무런 상관이 없다는 것을 파악했을 것이다. 그런데 '노픈'의 'ㅍ'을 'ㅂ+ㅎ'으로 오분석하여 '놉흔'으로 표기한 것을 '재음소화'라고 하자고 새롭게 약속을 할 수는 있다. 물론 이러한 새로운 약속은 기존의 '재음소화'의 개념을 몰라서 이루어질 수도 있고, 알았더라도 '재음소화'에 의미 내항을 하나 더 추가한 것일 수도 있다. 전자는 재음소화라는 용어는 같지만, 전혀 다른 재음소화라는 용어 하나가 동음이의어처럼 추가되는 것이다. 전자로 인한 것인지 후자로 인한 것인지 정확히 파악이 되지는 않지만, 실제 현실은 '놉흔'과 같은 표기에 대해 재음소화라는 용어를 이미 많은 곳에서 사용하고 있는 듯하다. 언어는 자의적이고 사회적인 약속이다. 그렇기 때문에 많은 사람들이 재음소화를 이런 개념으로 사용하게 되면 '놉흔'을 재음소화라고 하게 되는 것이다. 이렇게 되면 '재음소화'는 두 가지 다른 의미로 사용되는 것이다. 즉 원래 음운 변화의 한 유형을 가리키는 의미로서의 재음소화가 하나이고, 또 하나는 '놉흔'과 같은 표기를 가리키는 재음소화이다.

교육 현장에서 이미 후자의 개념으로 재음소화라는 용어를 일부 사용하고 있는 듯하다. 그리고 음운사를 전공하지 않은 사람들 중에서 일부가 '놉흔'과 같은 표기에 대해 재음소화라는 용어를 사용하고 있기도 하다. 음운 변화의 한 유형으로서의 '재음소화'의 입장에서 보면 이는 악화가 양화를 쫓아내는 형국이지만, 원래 언어는 사회적 약속이므로 다수의 의해 주객이 바뀔 수도 있고, 아예 약속 자체가 바뀔 수도 있다.

'재음소화'라는 용어는 복합어인데, 일반적으로 복합어의 의미는 복합어의 구성 요소의 의미의 합으로 먼저 이해된다. 그런 점에서 보면 단순히 표기상의 문제에 대해 '재음소화(再音素化)'라는 용어를 사용하는 것은 의미적으로 적절하지는 않다. '재음소화'의 의미를 구성 요소의 조합(재음소+화)으로 풀어내면, 음소가 다른

음소로 되는 것이다. 그런데 '놉흔'은 연철된 '노픈'을 '놉+흔'으로 오분석하여 잘못 표기한 것이다. 반복되는 얘기이지만, 단지 오표기의 예일 뿐이다. 그렇기 때문에 여기에 재음소화 운운하는 것은 현상의 본질과는 전혀 맞지 않다.

근대국어는 일정한 표기 규약이 존재하지 않았고, 또 중세국어와 달리 문헌의 편찬 과정이 체계적으로 관리되고 감독되지 못했다. 그러다 보니 중세국어에 비해 표기가 일관되지 못하고 다양한 표기들이 나타나게 된다. [질문]의 '놉흔'은 이러한 근대국어 표기의 혼란과 관련된 예이다. 형용사 어간 '높-'에 어미 '-은'이 결합한 중세국어 표기는 일관되게 연철 표기된 '노픈'이었다. 중세국어는 기본적으로 연철이 주된 표기 방식이었다. 근대국어에서도 '노픈'이 나타나기는 하는데, '노픈' 외에도 '놉픈', '놉흔'과 같은 표기도 나타난다. '노픈'은 연철 표기이고, '놉픈'과 '놉흔'은 중철 표기이다.

연철과 분철은 따로 설명하지 않아도 이해할 수 있는 개념이라고 생각되므로, 중철에 대해서만 설명을 하도록 하겠다. 중철 표기는 중세국어에서는 나타나지 않는, 근대국어 표기법의 특징이다. 중철도 아래 (1), (2), (3)처럼 세 가지 양상으로 나타나는데, 그중 가장 단순한 양상이 (1)이다. 아래 제시된 예는 모두 17세기 ~ 18세기 자료이다.

(1)

'체언+조사'에서의 연철	'용언+어미'에서의 연철
손눌〈태산집요25a〉 손+을	몰 잡바〈박통사언해 상22b〉 잡+아
하놀를〈십구사략언해1:36a〉 하놀+을	긔운을 춤며〈여사서언해2:22b〉 춤+으며

(1)에서 '손눌'은 '손+올 → 소눌(연철) → 손눌(중철)'처럼 종성 자음을 연철시킨 후에 연철된 자음을 다시 종성에 쓴 것이다. '잡바' 역시 '잡+아 → 자바(연철) → 잡바(중철)'처럼 연철시킨 후에 연철시킨 것과 같은 자음을 종성에도 쓴 것이다. 그래서 이러한 표기를 중철이라고 한다.

(2)는 (1)과 달리 동일한 자음을 두 번 쓴 것은 아니지만, 연철된 자음이 어간의 말자음이라는 것을 나타내고자 하였다는 점에서 중철에 해당한다. 근대국어에서 종성의 표기에는 'ㄱ, ㄴ, ㄹ, ㅁ, ㅂ, ㅅ, ㅇ' 7개 자음만 허용되었다. 그래서 (2)의 경우에는 연철된 초성이 종성에 쓸 수 없는 자음이었기 때문에 (1)처럼 같은 자음을 종성에 쓰지 못한 것뿐이다.

(2)	체언 어간+조사	용언 어간+어미
㉠	닙플 쓰고〈두창경험방30a〉 닢+을	깁프며〈두창경험방39a〉 깊+으며
㉡	빗츠로〈박통사언해 상26b〉 빛+으로	엿톤 우물이니〈몽어노걸대2:17a〉 옅+은

'닢+을'을 연철 표기하면 '니플'이다. 그런데 연철 상태에서는 체언 어간의 말자음이 /ㅍ/이라는 것을 인식하기 어려울 수 있다. 그래서 연철된 /ㅍ/이 체언 어간의 말자음이라는 것을 나타내기 위해 'ㅂ'을 종성에 표기한 것이 (2㉠)의 '닙플'이다. '깁프며' 역시 '깊+으며'의 연철 표기 '기프며'에서 /ㅍ/이 어간의 말자음이라는 것을 나타내기 위한 조처이다. 이때 'ㅍ'이 아니라 'ㅂ'을 쓴 것은 종성 표기에 'ㅍ'이 허용되지 않았던 근대국어 표기법 때문이다. 즉 종성 표기에 'ㅍ'을 쓰고 싶어도 쓸 수 없었기 때문에 'ㅂ'을 쓸 수밖에 없었다.

'빗츠로'는 '빛+으로'의 연철 표기 '비츠로'에서 /ㅊ/이 체언 어간의 말자음이라는 것을 나타내기 위해 'ㅅ'을 종성에 표기한 것이다. '엿튼' 역시 '옅+ 은'의 연철 표기 '여튼'에서 /ㅌ/이 용언 어간의 말자음이라는 것을 나타내기 위해 'ㅅ'을 종성에 표기한 것이다.[2] 이 역시 'ㅌ'이 아니고 'ㅅ'을 쓴 것은 종성 표기에 7개의 자음만 허용되었던 근대국어 표기법 때문이다. 종성 표기에 'ㅌ'을 쓰고 싶어도 쓸 수 없었기 때문에 'ㅅ'을 쓸 수밖에 없었다.

(3)은 복잡한 성격의 중철이다. (1), (2)와는 성격이 다르기는 하지만, 연철된 어간 말 자음을 표기상에 나타내고자 했다는 점에서는 중철로 해석될 수 있다.

(3) ㉠ 엿허〈속명의록언해1:3b〉

　　　 짓흔〈몽어유해보28a〉

　　㉡ 놉흔〈박통사신석언해2:42b〉

　　　 깁흐며〈중수무원록1:67a〉

(3㉠)의 '엿허', '짓흔'은 '옅+어', '짙+은'을 표기한 것 중의 하나이고, (3㉡)의 '놉흔', '깁흐며'는 '높+은', '깊+으며'를 표기한 것 중의 하나이다. '옅+어', '짙+은'을 연철하면 '여터', '지튼'인데, 연철된 /ㅌ/을 'ㄷ+ㅎ'으로 잘못 분석하여 이를 표기상에 그대로 나타낸 것이 '엿허', '짓흔'이다. 이때 'ㄷ'이 아니라 'ㅅ'으로 표기한 것은 종성 표기에 7개의 자음만 허용한 근대국어의 표기법 때문이다. '놉흔', '깁흐며'도 평행하다. 즉 '높+은', '깊+으며'을 연철하면 '노픈', '기프며'인데, 연철된 /ㅍ/을 'ㅂ+ㅎ'으로 잘못 분석한 후 이를 표기상에 그대로 나타낸 것은 '놉

2　모음조화를 생각하면 '여튼'이 맞지만, 이 시기에는 이미 모음조화가 붕괴된 상태이다. 그래서 어간의 모음이 음성 모음 /ㅕ/임에도 양성 모음의 '-은'이 쓰였는데, '여튼' 자체가 모음조화의 붕괴를 보여 주는 예이다.

흔', '깁흐며'이다.

비록 잘못된 분석이기는 하지만 /ㅌ/을 'ㄷ+ㅎ'으로, /ㅍ/을 'ㅂ+ㅎ'으로 분석한 것은 근대국어에 활발하게 일어난 (4)의 축약 현상에서 잘못 유추된 것이다. 즉 '/ㄷ/ + /ㅎ/ → /ㅌ/'과 같은 축약은 음운론적으로 가능하지만, /ㅌ/이 'ㄷ+ㅎ'으로 쪼개질 수는 없음에도 그렇다고 착각한 결과이다.

> (4) ㉠ 몸을 **구피샴을**〈중간내훈2:58a〉
>   굽-히+시+옴+을
>
> ㉡ 가싀 **바키다**〈동문유해 하8b〉 (가시 박히다)
>   박-히+다
>
> ㉢ 孫夫人을 술의예 **안치고**〈삼역총해10:20b〉 (손부인을 수레에 앉히고)
>   앉-히+고

(4)의 '구피샴을', '바키다', '안치고'는 (5)의 축약이 적용된 것이다. /ㅎ/ 축약은 중세국어에서부터 근대국어를 거쳐 현대국어까지 활발하게 일어나는 음운 변동이다.

> (5) ▶ /ㅂ/ + /ㅎ/ → /ㅍ/
>   ▶ /ㄷ/ + /ㅎ/ → /ㅌ/
>   ▶ /ㅈ/ + /ㅎ/ → /ㅊ/
>   ▶ /ㄱ/ + /ㅎ/ → /ㅋ/

(3㉠)의 '엿혀', (3㉡)의 '놉흔'과 같은 오표기의 출발점이 된 것은 연철된 '여터(←열 + 어)', '노픈(←높 + 은)'의 둘째 음절 초성 /ㅌ/, /ㅍ/이다. 즉 오분석에 의한 오표

기의 출발점이 된 것은 어간의 말자음 /ㅌ/, /ㅍ/이다. 그런데 음운 /ㅌ/은 절대 /ㄷ/+/ㅎ/으로 분석될 수 없고, /ㅍ/ 역시 마찬가지로 /ㅂ/+/ㅎ/으로 분석될 수 없다. /ㅌ/은 /ㅌ/일 뿐이고, /ㅍ/은 /ㅍ/일 뿐이다.

성립함	성립하지 않음
/ㅂ/+/ㅎ/ → /ㅍ/	/ㅍ/ → /ㅂ/+/ㅎ/
/ㄷ/+/ㅎ/ → /ㅌ/	/ㅌ/ → /ㄷ/+/ㅎ/
/ㅈ/+/ㅎ/ → /ㅊ/	/ㅊ/ → /ㅈ/+/ㅎ/
/ㄱ/+/ㅎ/ → /ㅋ/	/ㅋ/ → /ㄱ/+/ㅎ/

/ㅌ/, /ㅍ/은 그 자체로 하나의 음운이다. 다시 말해 /ㅌ/, /ㅍ/이 두 음운의 결합체가 아니다. 그렇기 때문에 /ㅌ/을 /ㄷ/+/ㅎ/으로, /ㅍ/을 /ㅂ/+/ㅎ/으로 쪼개는 것은 (5)의 축약을 엉뚱하게 적용한 잘못된 분석이다. /ㅌ/이 하나의 음운인데, 하나의 음운이 두 개의 음운이 될 수는 없다. 그것은 하나가 두 개라는 것과 같으니까 모순이다.

이러한 음운론적 사실을 이해한다면, '놉흔'에 대해 재음소화라는 용어를 붙이는 것이 개념적으로는 맞지 않다는 것을 다시 한 번 확인할 수 있을 것이다. 하지만 언중들이 새로이 약속을 하는 것을 막을 수 없으므로 새로이 약속을 할 수는 있다. 그러나 학문적으로는 사실 관계와 용어의 적절성을 따질 수 있는 것이고, 그런 관점에서 보면 '놉흔'에 대해 재음소화라는 용어를 사용하는 것은 분명 바람직하지 않다.

중철은 어간과 어미를 인식하여, 어간의 형태를 당시의 표기법 내에서 어떻게든 밝혀 적으려고 했다는 점에서 문법 의식이 작용한 것으로 해석한다. (3) 역시 문법 의식이 작용한 것이라고 할 수 있다. 다만 /ㅌ/을 'ㄷ+ㅎ'으로, /ㅍ/을 'ㅂ+ㅎ'으로 잘못 분석하여, 어간을 나타낸 것뿐이다. 비록 잘못 분석하였지만, 어간과 어미를 구분하려는 문법 의식이 작동한 것은 맞다.

어떠한 이유에서인지 모르겠지만, (3)에 대해 '재음소화'라는 용어를 사용하는 경우가 있다. 그러나 이는 이미 학문적으로 명확히 정의되어 통용되는 '재음소화'라는 용어를 자의적으로 오용하는 것이다. 재음소화는 지엽적인 내용의 용어가 아니라 역사음운론에서 음운 변화를 설명하는 매우 중요한 개념 중의 하나이다. 그렇기 때문에 이미 학문적으로 정립된 용어를 자의적으로 사용하는 것은 바람직하지 않다. 현재 필자가 알고 있는 국어사 개론서 어디에서도 (3)을 재음소화로 설명한 책은 없다.

근대국어 후반부로 오면서 분철 표기가 강해진다. 그러나 이러한 분철도 '체언 어간 + 조사'에서 주로 나타나고, '용언 어간 + 어미'의 경우에는 여전히 연철이 주된 표기 방식이고, 분철 표기는 잘 나타나지 않는다. 분철 표기가 확립된 것은 〈한글마춤법통일안〉(1933년)에서부터이고, 그때 확립된 분철 표기가 지금까지 이어지고 있다. 지금의 〈한글 맞춤법〉에서 어법에 맞게 적은 경우가 곧 분철 표기이다. '먹+으니'를 소리대로 적으면 '머그니'이고, 어법에 맞게 적으면 '먹으니'이다. 어법에 맞게 적는다는 것은 어간과 어미를 구분해서 적는다는 의미이고, 어간과 어미를 구분해서 적는 것이 분철이다.

참고로 중철 표기와 얽혀 있는, 어간 재구조화의 예 하나만 더 살펴보자. 중세국어는 대표적으로 15세기 자료에서, 근대국어는 대표적으로 18세기 자료에서 예를 제시한다.

(6)

15 세기	㉠ 곧ㅎ다	곧ㅎ다〈능엄경언해2:23b〉, 곧ㅎ혼〈법화경언해2:172b〉, 곧ㅎ니〈법화경언해2:115a〉, 곧ㅎ야〈월인석보7:18a〉
	㉡ 곧다	곧다〈월인석보20:8b〉, 곧도다〈두시언해6:2a〉, 곧고〈법화경언해2:28a〉 ᄀᆞ튼〈두시언해20:21a〉, ᄀᆞ투니〈두시언해19:39〉, ᄀᆞ티〈두시언해20:22a〉

현대국어의 '같다'에 소급되는 중세국어 어형은 (6㉠)의 '곧ᄒᆞ다'와 (6㉡)의 '곹다' 두 가지가 있다. 중세국어 표기법에서 종성 표기는 〈용비어천가〉와 〈월인천강지곡〉 두 문헌을 제외하고는 모두 8개의 자음(ㄱ, ㄴ, ㄷ, ㄹ, ㅁ, ㅂ, ㅅ, ㅇ)만 허용되었다.[3] 그래서 어간 '곹-' 뒤에 자음으로 시작하는 조사가 오면 '곧다'처럼 어간말 자음 /ㅌ/이 'ㄷ'으로 표기되었다. 그러니까 '곧다, 곧도다, 곧고'에서 어간의 기저형은 /곹-/이다.

'ᄀᆞᄐᆞᆫ, ᄀᆞᄐᆞ니'를 '곹+ᄋᆞᆫ', '곹+ᄋᆞ니'가 아니라, '곧ᄒᆞᆫ', '곧ᄒᆞ니'에서 축약이 일어나 'ᄀᆞᄐᆞᆫ', 'ᄀᆞᄐᆞ니'가 된 것으로(곧ᄒᆞᆫ → ᄀᆞᄐᆞᆫ, 곧ᄒᆞ니 → ᄀᆞᄐᆞ니) 해석할 가능성도 없지는 않다. 그러나 '곧다, 곧도다, 곧고'처럼 자음으로 시작하는 어미 앞에서의 표기를 함께 고려하면, (6㉡)의 기저형을 '곹-'으로 보는 것이 타당하다.

현대국어의 '같-'은 중세국어 '곧ᄒᆞ-'와 '곹-' 두 어형 중에서 '곹-'이 변한 것이다. '곹-'에서 /ㆍ/ 〉 /ㅏ/ 변화에 의해 '같-'이 되었다(곹- 〉 같-). 물론 또 다른 해석의 가능성도 있다.

(7)

18 세기	㉠	ᄀᆞᆺᄒᆞ되〈여사서언해1:21b〉[4], ᄀᆞᆺᄒᆞᆫ〈경신록언해,20b〉, ᄀᆞᆺᄒᆞ니〈중간내훈2:25a〉, ᄀᆞᆺᄒᆞ여〈경신록언해,26b〉
	㉡	ᄀᆞᆺ다〈삼역총해7,15a〉, ᄀᆞᆺ거든〈맹자율곡언해4:65a〉, ᄀᆞᆺ디〈논어율곡언해1:55a〉, ᄀᆞᄐᆞᆫ〈맹자율곡언해1:20b〉, ᄀᆞᄐᆞ니〈개수첩해신어4:19b〉, ᄀᆞᄐᆞ야〈병학지남2:19b〉
	㉢	ᄀᆞᆺᄐᆞᆫ〈맹자율곡언해4:33b〉, ᄀᆞᆺᄐᆞ니〈경세문답속록25a〉, ᄀᆞᆺᄐᆞ야〈경세문답속록31b〉

3   중세국어 8종성법에 대한 자세한 설명은 ☞5.1. 8자가족용법은 소리대로 적은 표기법이 아니라는데, 왜 그런가요? 참조.

4   18세기 문헌자료에서는 정확히 'ᄀᆞᆺᄒᆞ다'의 형태는 문증되지 않는다. 19세기 자료인 〈한불자뎐〉에서 'ᄀᆞᆺᄒᆞ다〈한불ᄌᆞ뎐 141〉'가 보인다. 'ᄀᆞᆺᄒᆞ되'에서

'굳ㅎ다'와 '굳다'의 공존은 근대국어까지 이어진다. 다만 근대국어는 종성 표기에 'ㄱ, ㄴ, ㄹ, ㅁ, ㅂ, ㅅ, ㅇ' 7개만 쓰였기 때문에 표기상으로는 (7㉠), (7㉡)에서 보듯이 '긋ㅎ다', '긋다'로 나타난다. 7종성 표기에서는 'ㄷ'을 종성에 표기할 수 없다. 그러니까 표기상 어간 '긋ㅎ-', '긋-'의 기저형은 중세국어와 마찬가지로 각각 '갇ㅎ-', '굳-'이다. '굳ㅎ-'와 '굳-'은 근대국어 표기법에서는 불가능한 표기이기 때문에 '긋ㅎ다', '긋다'처럼 표기된 것뿐이다.

근대국어에는 (7㉢) 같은 표기도 나타난다. (7㉢)은 (2)의 '엿튼(열+은)'과 같은 중철 표기에 해당하므로 해석에 특별히 문제가 없다. 즉 '긑+으니'의 연철 표기 '가트니'에서 후행 음절 초성 /ㅌ/이 어간의 말자음이라는 사실을 나타내기 위해 'ㅅ'을 어간말에 더 써 준 것이다.

그런데 (7㉠)을 (3)의 '엿허'와 같은 표기에 유추하여 (3)과 같은 중철로 해석할 수도 있다. (3)에서 '엿허'는 연철 표기 '여터'의 후행 음절 초성 /ㅌ/을 'ㄷ+ㅎ'으로 오분석하여, 이를 표기에 나타낸 것이라고 하였다. 평행하게 (7㉠)의 '긋훈'도 (7㉡)의 'ㄱ튼'에서 후행 음절 초성 /ㅌ/을 'ㄷ+ㅎ'으로 오분석하여, 이를 표기에 반영한 것으로 해석할 수도 있다.

그러나 (6㉠)의 '굳ㅎ다'와 (7㉠)의 '긋ㅎ다' 그리고, (6㉡)의 '굳다'와 (7㉡)의 '긋다'의 대응 속에서 (7㉠)을 해석하는 것이 맞다. 그러니까 (7㉠)의 '긋훈'은 어간 '갇ㅎ-'에 관형사형 어미 '-(으)ㄴ'이 결합한 활용형을 표기한 것이다(굳ㅎ- + -(으)ㄴ → 긋훈). 어간의 말자음이 'ㄷ'이 아니라 'ㅅ'인 것은 8종성법에서 7종성법으로 바뀌어 종성에 더 이상 'ㄷ'을 쓸 수 없었기 때문이다.

어미 '-되'를 빼면 '긋ㅎ'니까 '긋ㅎ'가 어간이라는 것을 알 수 있고, 표기상 '긋ㅎ'는 '굳ㅎ-'를 나타낸 것이다. 만일 '굳-'에 '-되'가 결합하였다면, 근대국어 당시의 표기법으로는 '갓되'가 되었을 것이다.

음...암호같군.... 이게 뭐지??

'놉흔'은 재음소화가 아니라 오분석한 오표기일 뿐이다.

껄..

음운화 (음소화)	음운의 개수가 +	/e/ , /ɛ/의 생성 중세국어X → 근대국어O
비음운화 (비음소화)	음운의 개수가 -	'ㅿ', 'ㅸ', 'ㆍ'의 소멸
재음운화 (재음소화)	음운의 개수 변화 X (음운이 다시 다른 음운이 되는 것)	/ㅈ/: 치조음 → 경구개음 (중세국어) (근대국어)

내가 힌트를 주지. 위 표를 잘 보면 재음소화에 대해서 알 수 있을 거야~

똥 나게...

'놉흔'은 연철된 '노픈'을 '놉+흔'으로 오분석 해서 이를 표기에 반영한 거야. /ㅍ/을 /ㅂ/+/ㅎ/ 으로 쪼개는 것은 잘못된 분석인 거지.

성립함	성립하지 않음
/ㅂ/+/ㅎ/ → /ㅍ/	/ㅍ/ → /ㅂ/+/ㅎ/
/ㄷ/+/ㅎ/ → /ㅌ/	/ㅌ/ → /ㄷ/+/ㅎ/
/ㄱ/+/ㅎ/ → /ㅋ/	/ㅋ/ → /ㄱ/+/ㅎ/
/ㅈ/+/ㅎ/ → /ㅊ/	/ㅊ/ → /ㅈ/+/ㅎ/

"높-+-은=노픈"

학교에서는 이미 '놉흔'이 재음소화라는 용어로 많이 사용되고 있지만, 원래의 개념과 다르게 사용되고 있다는 것을 알고 사용하는 것이 바람직하겠군~~~.

암호가 아니었어....

음...

5.3. 왜 '암병아리'가 아니고 '암평아리'인가요?

한마디로 설명

'암수'의 '암'과 '수'는 중세국어에서 '암ㅎ', '수ㅎ'처럼 /ㅎ/을 종성으로 가지고 있던 체언 즉, 'ㅎ 종성 체언'이었다. 그래서 중세국어에서 '암ㅎ+병아리'가 결합하면, /ㅎ/ 축약이 일어나 '암평아리'가 되었다. 그때 만들어진 합성어 '암평아리'가 지금까지 그대로 쓰이고 있는 것이다.

'암ㅎ', '수ㅎ'은 현대국어로 오면서 /ㅎ/ 종성이 소멸된 '암', '수'로 변하였다(암ㅎ 〉암, 수ㅎ 〉수). 요즘 주변에서 [암뼝아리], [수뼝아리]이라고 말하는 화자를 쉽게 만날 수 있는데, 이는 /ㅎ/ 종성이 소멸된 '암', '수'에 다시 '병아리'가 결합한 복합어이다. [암뼝아리], [수뼝아리]의 경음화는 사잇소리 첨가가 적용된 것이다. 규범에서는 아직 '암병아리', '수병아리'를 표준어로 인정하고 있지는 않다.

누나, 학교 앞에서 누가 병아리를 팔고 있었어~~. 근데 암병아리인지 수병아리인지 모르겠지만, 불쌍해 보였어~.

살 걸 그랬나?

그래?? 아직도 병아리를 팔고 있다니 놀라운데? 훗! 근데, 암평아리, 수평아리라고 해야 해.^^

왜?? 암과 병아리가 합쳐진 건데, 왜 암병아리라고 하면 안되는 거야?

"암" + "병아리"

음... '암수'의 '암'과 '수'는 중세국어에서 '암ㅎ', '수ㅎ'처럼 /ㅎ/종성 체언이었어. 그래서 /ㅎ/축약이 일어나서 '암평아리'가 된거야. 그때 만들어진 단어를 지금도 그대로 쓰고 있는 것이지~~.

오래되긴 했다.~~

자세히 설명

현재 우리가 사용하고 있는 단어들은 현재 사용하고 있다는 점에서는 같지만, 각 단어들에 내재된 시간은 각기 다르다. '암평아리'와 '암병아리'는 바로 단어에 내재된 시간이 서로 다른 것이다. 과거에는 존재했지만 지금은 소멸되어 사용하지 않는 단어들도 있고, 과거에서부터 지금까지 변화 없이 그대로 사용하고 있는 단어들도 있고, 새로 생긴 단어들도 있다. 그리고 지금도 매년 새로운 단어들이 생겨나고, 소멸되고 한다.

중세국어에는 (1)에서 보듯이 /ㅎ/을 종성으로 가진, 'ㅎ 종성 체언'이 많았다.

(1) ㉠ 뫼햇(뫼ㅎ+애+ㅅ)〈두시언해3:52b〉

　　 뫼콰(뫼ㅎ+과)〈월인석보7:38b〉

　　㉡ 돌후로(돌ㅎ+ᄋ로)〈두시언해3:70a〉

　　 돌콰(돌ㅎ+과)〈월인석보7:38b〉

　　㉢ 하ᄂᆞᆯ히(하ᄂᆞᆯㅎ+이)〈월인석보 서:1〉

　　 하ᄂᆞᆯ콰(하ᄂᆞᆯㅎ+과)〈석보상절19:13a〉

　　㉣ 따히(따ㅎ+이)〈두시언해21:2a〉

　　 따콰(따ㅎ+과)〈석보상절19:13a〉

(1㉠)의 ‘뫼ㅎ(> 뫼)’, (1㉡)의 ‘돌ㅎ(> 돌)’, (1㉢)의 ‘하ᄂᆞᆯㅎ(> 하ᄂᆞᆯ)’, (1㉣)의 ‘따ㅎ(> 땅)’이 모두 ‘ㅎ 종성 체언’이다. 마지막 음절 종성의 자음이 /ㅎ/이기 때문에 모음 이 후행하면 연음이 되었고, 축약될 수 있는 자음이 후행하면 축약되었다.

‘암평아리’의 ‘암’ 역시 중세국어에서는 ‘ㅎ 종성 체언’이었다.

(2) ㉠ 암히 수흘 좃놋다〈두시언해17:5b〉 (암컷이 수컷을 쫓는다)

　　㉡ 암카히 두외야〈월인석보23:90b〉 (암캐 되어)

(2㉠)의 곡용형 ‘암히(암ㅎ+이)’에서 ‘암ㅎ’을 확인할 수 있다. ‘수흘(수ㅎ+을)’에서 ‘수ㅎ’도 확인할 수 있다. (2㉡)의 ‘암카히’는 ‘암ㅎ+가히(개)’의 합성어이다. (2㉠)의 ‘암히’, ‘수흘’에서 ‘암ㅎ’에 주격 조사 ‘이’, ‘수ㅎ’에 목적격 조사 ‘을’을 결합한 것 을 볼 수 있는데, 이는 현대국어와 달리 중세국어에서 ‘암ㅎ’, ‘수ㅎ’이 명사였음을 말해 준다. 현대국어에서 ‘암-’, ‘수-’는 『표준국어대사전』에 접두사로 되어 있고, 학문문법에서도 접두사로 다루는 경우가 많다.

이러한 'ㅎ 종성 체언'은 근대국어 말기에 모두 사라져 현대국어에는 'ㅎ 종성 체언'이 없다. 하지만 중세국어에서 'ㅎ 종성 체언'과 결합한 복합어들 중에서 지금까지 남아 있는 것들이 있는데, 이들 복합어에서 중세국어 'ㅎ 종성 체언'의 흔적을 확인할 수 있다.

(3)¹ ㉠ 암평아리, 암탉, 암캐, 암컷
　　 ㉡ 수평아리, 수탉, 수캐, 수컷
　　 ㉢ 개펄
　　 ㉣ 조팝나무
　　 ㉤ 이팝나무

(3㉠~㉤)에서 복합어 'x+y'의 x에 해당하는 중세국어 어형은 순서대로 '암ㅎ', '수ㅎ', '개ㅎ', '조ㅎ', '이ㅎ'이다. 중세국어에서 'ㅎ 종성 체언'이 후행 요소와 결합하여 합성어가 만들어질 때 /ㅎ/ 축약이 일어나 각각 (3)의 형태가 되었다. (3)은 이처럼 'ㅎ 종성 체언'이 존재하던 시기에 만들어진 복합어들인데, 그때 만들어진 복합어들이 현재까지 쓰이고 있는 것이다.

'ㅎ 종성 체언'과 결합한 (3)의 복합어들은 지금까지도 쓰이고 있지만, 정작 'ㅎ 종성 체언'들은 모두 /ㅎ/이 소멸된 형태로 변화하였다('암ㅎ 〉 암', '수ㅎ 〉 수', '개ㅎ 〉 개', '조ㅎ 〉 조', '이ㅎ 〉 이'). 그런데 'ㅎ 종성 체언'이 소멸하고 나니까, '암평아리', '암

1　중세국어 당시의 단어의 내부 구조는 '암ㅎ/수ㅎ+병아리 → 암평아리/수평아리', '암ㅎ/수ㅎ+닭 → 암탉/수탉', '암ㅎ/수ㅎ+개 → 암캐/수캐', '암ㅎ/수ㅎ+것 → 암컷/수컷', '개ㅎ+벌 → 개펄', '조ㅎ+밥-나무 → 조팝나무', '이ㅎ+밥-나무 → 이팝나무'이다.

캐'에서 '평아리', '캐'가 무엇인지 알기가 어려워지게 되었다. 그러다 보니 언중들이 '암'과 '병아리', '암'과 '개'를 다시 결합시켜 새로 단어를 만든 것이 '암병아리', '암개'이다. 그러니까 상대적 시간으로 보면 '암평아리, 암캐'가 고형(古形)이고, '암병아리', '암개'가 신형(新形)이다. 참고로 규범에서는 '암평아리', '암캐'만 표준어로 인정하고, 새로 만들어진 '암병아리', '암개'는 아직 표준어로 인정하고 있지 않다. 그리고 '암병아리', '암개'의 발음은 [암병아리 ~ 암뼝아리], [암개 ~ 암깨]인데, 경음화된 [암뼝아리], [암깨]는 사잇소리가 첨가된 결과이다.[2]

'암ㅎ', '수ㅎ'이 '암', '수'로 변화한 뒤에(암ㅎ 〉 암, 수ㅎ 〉 수) 만들어진 단어들은 '암병아리', '수병아리'처럼 /ㅎ/ 축약이 일어나지 않은 형태이다. 종성의 /ㅎ/이 소멸되었기 때문에 /ㅎ/ 축약이 일어날 수 없다.

---

2   『표준국어대사전』에서 '암-', '수-'는 접두사로 되어 있다. 사잇소리 첨가를 말할 수 있는 대상은 합성어이다. 그렇다면 '암병아리[암뼝아리]', '암개[암깨]'는 합성어가 아니라 파생어니까 사잇소리 현상이라고 말할 수 없는 것 아닌가 하고 물을 수 있다. 학교문법이나 〈표준 발음법〉에서는 사잇소리 첨가의 대상을 합성어로 규정해 놓고 있지만, 실제 언어에서는 합성어가 아닌 경우에도 사잇소리 첨가가 일어났다고 보아야 하는 예들이 있다. '해님'을 [핸님]으로, '수+쥐'를 [숟쮜]로 발음하는 것이 이에 해당한다. 그래서 사잇소리 첨가의 대상이 명확히 합성어로만 국한된다고 말하는 것은 언어적 사실과 일치하지 않는다. 참고로 '수'가 접사임에도 '수+쥐'의 표준어는 사잇소리가 첨가된 '숫쥐'로 설정하고 있는데 반해, '수+고양이'는 사잇소리가 첨가되지 않은 '수고양이'를 표준어로 설정하고 있다. 이처럼 사잇소리 첨가와 관련된 규범의 처리 방식도 일관되지는 않다.

(4) ㄱ 암고양이, 암쥐, 암단추[3]
      ㄴ 수고양이, 숫쥐, 수단추
      ㄷ 갯벌
      ㄹ 조밥
      ㅁ 이밥

(3)과 (4)를 비교해 보면 명확히 알 수 있듯이, (4)는 'ㅎ 종성 체언'이 소멸된 후에 언중들이 새롭게 다시 만든 단어들이다. 그렇기 때문에 (3)과 달리 /ㅎ/ 축약이 나타날 수 없다. 그러니까 (3)과 (4)의 시간적 선후 관계는 (3)이 고형(古形)이고 (4)가 신형(新形)이다. 그리고 (3)의 복합어들은 예전에 'ㅎ 종성 체언'이 존재했음을 실증적으로 보여 주는 언어 화석 같은 존재들인 셈이다.

'갯벌'은 이미 '개펄'이 있지만, 언중들이 '펄'이 무엇인지 알기 어려워지면서 '개+벌'의 복합어를 새롭게 만든 것이다. 'ㅅ'은 사잇소리가 첨가된 것이다. 그리고 '조밥', '이밥'은 '조ㅎ 〉 조', '이ㅎ 〉 이' 이후에 언중들이 새로이 '조+밥', '이+밥'의 복합어 '조밥', '이밥'을 만들어 사용하게 된 것이다. 또 '조팝나무'의 '조팝', '이팝나무'의 '이팝'이 무엇인지 알기 어려워지게 되면서, 새로 '조밥나무', '이밥나무'를 만들어 사용하고 있다.

재미있게도 현재 규범에서는 '조밥'과 '이밥'은 표준어이지만 '조팝'과 '이팝'은 표준어가 아니다. 반대로 '조밥나무'와 '이밥나무'는 표준어가 아니고 '조팝나무'와

3 '단추'의 앞선 시기의 형태는 '단쵸' 〈역어유해 상:66a〉(1690년)이다. '호도 〉 호두', '자도 〉 자두'처럼 '/ㅗ/ 〉 /ㅜ/' 변화에 의해 '단쵸 〉 단추'가 되었다. 18세기 자료에 '암단쵸', '수단쵸'는 나타나는데, 이유는 알 수 없지만 '암탄쵸', '수탄쵸'는 문헌 자료에서 확인되지 않는다.

'이팝나무'가 표준어이다. '조밥', '이밥'이 표준어이어야 할 이유가 있어서 표준어인 것은 아니고, '조밥나무', '이밥나무'가 표준어가 아니어야 할 이유가 있어서 표준어가 아닌 것은 아니다. 즉 표준어이냐 아니냐를 결정할 때 그래야 하는 이유가 있어서 그렇게 결정되는 것이 아니라 임의적으로 그렇게 결정되는 것이다. 즉 표준어이어야 할 필연적인 이유가 있어서 표준어가 된 것은 아니다. 또한 표준어가 아니어야 할 이유가 있어서 표준어가 아닌 것도 아니다.

(3)과 (4)처럼 단어에 내재된 언어적 시간이 서로 다른 예를 더 보자.

(5) ㉠ 쇠고기, 부나방
     ㉡ 소고기, 불나방

(5㉠)의 '쇠고기', '부나방'이 고형이고, (5㉡)의 '소고기', '불나방'이 신형이다. '쇠고기'는 중세국어 '쇼의 고기(소의 고기) → 쇠고기'처럼 원래 구였던 구성이 단어가 된 것이고,[4] '부나방'은 단어 내부에서의 /ㄹ/ 탈락 규칙이 활발하게 적용되던 시기에 만들어진 복합어이다(불+나방 → 부나방). 이유는 정확히 알 수 없지만 언중들이 다시 '소+고기 → 소고기'를, /ㄹ/ 탈락을 적용시키지 않은 '불+나방 → 불나방'을 만들어 사용하게 되었다. 그 결과 현재는 (5㉠)의 고형과, (5㉡)의 신형이 공존하고 있는 것이다. 참고로 규범에서 '쇠고기'와 '소고기', 그리고 '부나방'과 '불나방'은 모두 복수 표준어로 인정하고 있다.

하나만 더 살펴보자.

---

4   이에 대한 자세한 설명은 『문법하고 싶은 문법』 ☞2.10. 왜 '소고기'를 '쇠고기'라고도 하나요? 참조.

(6) ㉠ 입때, 접때, 볍씨
    ㉡ 이때, 저때, 벼씨

(6㉠)의 '입때'는 '때'가 ㅂ계 자음군이던 '때'일 때 만들어진 복합어이다(이+때). '때'의 자음군 'ㅳ'의 'ㅂ'이 선행 음절 종성으로 내려가 '입때'가 되고, 된소리 표기가 ㅅ계 자음군에서 각자병서로 바뀌어 '입때'가 되었다(이때 〉 입때 〉 입때).[5] '접때'도 마찬가지이다. 그리고 '볍씨'는 '씨'가 ㅂ계 자음군이던 '삐'일 때 만들어진 복합어인데(벼+삐), '삐'의 자음군 'ㅄ'의 'ㅂ'이 선행 음절 종성으로 내려가 '볍시 〉 볍씨'가 되었다.

이에 비해 (6㉡)의 '이때'는 '때'가 '때'로 변화한 뒤에(때 〉 때) '이'와 결합해서 만들어진 복합어이고(이+때 → 이때), '저때' 역시 마찬가지이다. 그리고 '벼씨'도 '삐'가 '씨'로 변화한 뒤에 '벼'와 결합해서 만들어진 복합어이다(벼+씨 → 벼씨). 그러니까 (6㉠)과 (6㉡)의 관계도 구형과 신형의 관계이다.

참고로 『표준국어대사전』에서는 새로 만들어진 '이때, 저때, 벼씨' 중에서 '이때'만 표준어로 인정하고, '저때'와 '벼씨'는 표준어로 인정하지 않고 있다. 앞에서도 언급했지만, 왜 '이때'만 표준어이고, '저때'와 '벼씨'는 표준어가 아닌지는 특별한 이유가 있어서가 그런 것이 아니라, 그냥 임의적으로 그렇게 정한 것일 뿐이다.

예측할 수는 없지만, 시간이 더 흐르고 나면 (3)이 소멸되고, (4)만 남을지도 모른다. 마찬가지로 (5㉠)의 '쇠고기', '부나방'이 소멸되고, (5㉡)의 '소고기', 불나방'만 살아남을지도 모른다. 물론 그 역도 가능한 시나리오이다. 아무튼 지금까지 살펴본

---

5 '입때'와 '입때'는 표기만 다를 뿐 실제 소리는 둘 다 [입때]로 같다. 된소리 표기를 'ㅅ계 합용병서'로 해 오다가 1933년 〈한글마춤법통일안〉에서 각자병서로 결정하면서 표기가 '입때'에서 '입때'로 바뀌었다.

것처럼 단어는 소멸되기도 하고, 새로 생겨나기도 하고, 형태가 변화하기도 하는 등 역동적인 변화를 겪는다.

중세국어에서 주격 조사의 이형태를 '이 ~ ㅣ ~ ø' 세 개로 설명하는 경우가 있다. 즉 '말쓰미(말씀+이)'처럼 자음 뒤에서는 '이', '부톄(부텨+ㅣ)'처럼 모음 뒤에서는 'ㅣ', '다리(다리+ø), 불휘(불휘+ø)'처럼 모음 /i/나 반모음 /y/ 뒤에서는 'ø'와 같이 설명하는 것이다. 여기서 'ㅣ'라고 한 것은 반모음 /y/를 의미한다. 그런데 중세국어 주격 조사를 '이 ~ ㅣ ~ ø'와 같이 나타내는 것은 기호적 차원에서는 그럴 수 있다. 그러나 주격 조사를 '이 ~ ㅣ ~ ø'처럼 기술하게 되면, 마치 현대국어의 주격 조사 '이 ~ 가'와 같은 것으로 오해할 수 있는 여지가 있으므로 주의할 필요가 있다.

'ㅣ'의 예로 제시된 '부톄(putʰyəy)'의 경우는, 주격 조사 '이/i/'가 반모음화라는 음운 변동을 겪은 것이다(부텨/putʰyə/+이/i/ → 부톄/putʰyəy/). 이처럼 음운 변동을 겪은 것이니까 모음 뒤에서 주격 조사가 'ㅣ/y/'라고 하는 것은 타당한 기술은 아니다. 그리고 '다리', '불휘'는 말음절이 /i/, /y/로 끝나 주격 조사 /i/가 나타날 수 없는 경우인데, 이를 '다리+ø', '불휘+ø'처럼 표현하면, 기호 ø가 어떤 의미를 가지는 것으로 해석될 수 있어 불필요한 오해의 여지가 있다.

정리하면, 이해의 편의를 위해서 시각적인 차원에서 '이 ~ ㅣ ~ ø'라고 표현할 수는 있겠지만, 이는 오해를 일으킬 여지가 있으므로 주의할 필요가 있다. 정확히 말하자면, 중세국어에서 주격 조사 형태소는 '이/i/' 하나였다. [질문]에서 'ㅣ/y/'라고 나타낸 것은 형태소 '이/i/'가 모음 뒤에서 음운 변동을 겪은 교체형, 즉 이형태이다.

자세히 설명

중세국어에는 현대국어와 달리 주격 조사 '가'가 없었다. 국어사에서 주격 조사 '가'가 처음 나타나는 것은 17세기말 일본어 학습서였던 『첩해신어』(1676)에서였다. 이후 18세기 자료에서부터는 체언이 모음으로 끝나면 '가', 체언이 자음으로 끝나면 '이'가 결합하여 현대국어와 같은 이형태 교체 양상을 보인다. 주격 조사 '가'의 기원에 대해서는 동사 '가-'가 문법화한 것으로 보는데,[1] 일본어의 주격 조사 '가'가

---

[1] 문법화(grammaticalization)는 실질 형태소기 형식 형태소가 되는 변화를 이른다. 예컨대 '부터'와 '조차'가 바로 문법화의 예이다. '나부터, 오늘부터'의 보조사 '부터'는 동사 '븥다(〉 붙다)'의 활용형 '브터(븥+어)'가 보조사로 변한 것이고, '나조차, 하늘조차'의 보조사 '조차'는 동사 '좇다'의 활용형 '조차(좇+아)'

차용된 것으로 보는 견해도 있다.

(1)에서 '가'는 동사 '가다'의 의미가 전혀 나타나지 않는다. 또한 선행하는 체언이 모음으로 끝날 때만 나타나, 주격 조사 '이'와 분포상으로도 구분이 된다. 그래서 (1)의 '가'를 주격 조사의 출발로 해석한다.

중세국어에는 주격 조사 '가'가 없었으므로, 중세국어에서 주격 조사는 '이' 하나뿐이다. 그런데 표기상으로는 'ㅣ/y/'로 표기된 것도 있는데, '이/i/'와 'ㅣ/y/'를 마치 현대국어의 '이 ~ 가'와 같은 것처럼 기술하는 경우가 있다. 심지어 주격 조사가 실현되지 않은 경우에도 'ø'로 나타내어, 마치 'ø'가 주격 조사의 이형태인 것처럼 기술하기도 한다. 이러한 방식의 기술이 현재 검정『국어』교과서 중에도 있다.

그러면 본격적으로 중세국어 자료에 나타나는 주격 조사의 표기 양상을 살펴보자.

가 보조사로 변한 것이다. 이처럼 실질 형태소였던 '븥-', '좇-'의 활용형 '브터', '조차'가 보조사로 변했기 때문에 문법화라고 한다.

문법화의 반대 개념이 어휘화(lexicalization)인데, 어휘화는 형식 형태소가 실질 형태소로 변하는 것을 이른다. 예컨대 '나보다, 너보다'의 보조사 '보다'가 '보다 잘 해야지'처럼 부사로 쓰이는 것이 어휘화에 해당한다. 최근에는 '개수작, 개나발'의 접두사 '개-'가 '개 잘한다, 개 예쁘다'처럼 부사로 쓰이는데, 이 '개' 역시 어휘화되었다고 볼 수 있다. 물론 규범에서는 아직 부사로 인정하지 않는다.

(2) ㉠ **말쓰미** 업슬씨〈석보상절13:6b〉 (말씀이 없을새)
   말씀+이(malsʼam+i) → 말쓰미(malsʼami)

   ㉡ **부톄** 우스시니〈월인석보20:61b〉 (부처가 웃으시니)
   부텨+이(putʰyə+i) → 부톄(putʰyəy)

   ㉢ **다리** 굵고 **쓰리** 놀캅더니〈석보상절6:32b〉 (다리 굵고 뿔이 날카롭더니)
   다리   뿔+이(pʼɨl+i) → 쓰리(pʼɨli)

표기상의 주격 조사 '이'의 내용 즉, 소리는 /i/이다. 그래서 체언 어간 말음절이 자음으로 끝나면, (2㉠)에서 보듯이 /i/의 초성이 비어 있기 때문에 종성 자음이 주격 조사 /i/의 초성으로 연음되었다. 그리고 표기상 '이'와 구분하여 나타내는 'ㅣ'는 음운론적으로 반모음 /y/이다.[2] (2㉡)에서 보듯이 '부텨+이'가 '부톄'가 되는 것은 (3)에서처럼 중세국어 당시에 존재했던 공시적인 음운 변동인 반모음화의 결과이다.

(3) putʰyə+i → putʰyəy
                    |
               반모음화

---

[2] 국어에는 반모음이 /y/, /w/ 2개가 있는데, 책에 따라서는 반모음 /y/를 /j/로 나타내기도 한다. 이는 단순히 기호 사용의 문제일 뿐이다. 즉 동일한 소리를 나타내는 다른 형식일 뿐이다. 반모음은 활음이라고도 한다. 한글 자모 'ㅟ', 'ㅚ'를 단모음으로 발음할 때의 소리를 국제음성기호로 나타내는 방식은 2가지이다. 히니는 'ㅟ', 'ㅚ'를 각각 /y/, /ø/ 기호로 나타내는 방식이고, 다른 하나는 /ü/, /ö/ 기호로 나타내는 방식이다. 단모음 'ㅟ'를 /y/로 나타낼 경우 단모음 /i/의 반모음은 /j/로 나타낸다. 이에 비해 단모음 'ㅟ'를 /ü/로 나타낼 경우에는 /i/의 반모음을 /y/로 나타낸다.

이러한 반모음화는 '나+이/na+i/ → 내/nay/', '너+이/nə+i/ → 네/nəy/', '쇼+이/syo+i/ → 쇠/syoy/' 처럼 중세국어에서는 활발히 일어난 공시적인 음운 변동이었다. 그래서 체언 어간의 말음절이 /i/를 제외한 모음으로 끝날 때는 주격 조사 /i/가 (3)처럼 /y/로 반모음화되었다.

체언 어간의 말음절이 모음 /i/일 때는 (2ⓒ)의 '다리'에서 보듯이 주격 조사가 외현적으로 나타나지 않는다. 그것은 어간 말음절 모음과 주격 조사가 같은 /i/ 모음이기 때문에 실현되지 않은 것이다. 또한 중세국어에서는 /iy/의 하향 이중모음이 존재하지 않았기 때문에 주격 조사 /i/가 결합해서 /y/로 반모음화되는 것도 불가능했다. 그래서 체언 어간 말음절이 /i/ 모음으로 끝날 때는 (2ⓒ)처럼 주격 조사가 아예 나타나지 않았다. 이는 (4)처럼 체언 어간 말음절이 /y/계 하향이중모음일 때도 마찬가지였다.

(4) 불휘³ 기픈 남ᄀᆞᆫ ᄇᆞᄅᆞ매 아니 뮐씨⟨용비어천가2⟩
     pulhuy

'불휘/pulhuy/'는 /y/로 끝나는데, 여기에 주격 조사 /i/가 결합하여 /i/가 반모음화될 수는 없다. 그렇게 되면 'pulhuyy'가 되는데 중세국어에 /uyy/와 같은 하향이중모음은 존재하지 않았기 때문이다. (2ⓒ)의 '다리', (4)의 '불휘'처럼 체언 어간의 말음절이 /i/ 모음이나 반모음 /y/로 끝날 때는 주격 조사가 외현적으로 실현되지 않았다.

278

---

3 중세국어에서 'ㅔ, ㅐ, ㅚ, ㅟ'는 현대국어와 달리 하향 이중모음 /əy, ay, oy, uy/였다. 이에 대한 자세한 설명은 『문법하고 싶은 문법』 ☞5.8. 움라우트와 전설모음화는 같은 것인가요 참조.

그런데 (2ⓒ)의 '다리', (4)의 '불휘'에 주격 조사 'ø'가 결합했다고 하는 경우가 있는데, 이는 문법적으로도 적절하지 않다. 이는 마치 영형태소[4] 즉, 형태는 없지만 있다고 가정하는 형태소 같은 것으로 인식될 수 있기 때문이다. 여기서 명백한 사실은 중세국어에서 체언 어간 말음이 /i/ 모음이거나 반모음 /y/일 때 주격 조사가 외현적으로 나타나지 않는다는 것이다. (2ⓐ)의 '다리 굵고'에서 '다리'는 서술어 '굵다'의 주어이고, (4)의 '불휘 기픈'의 '불휘'는 서술어 '깊다'의 주어이지만, 주어에 주격 조사가 외현적으로 실현되지 않았다.

주격 조사가 외현적으로 나타나지 않은 것에 대해서는 두 가지 해석이 있다.

첫째, 주격 조사 '이'가 결합했다가 생략되었다.
둘째, 주격 조사 '이'가 처음부터 결합하지 않았다.

격조사 중에서 특히 구조격 조사로 분류되는 주격 조사, 목적격 조사, 관형격 조

[4] 영형태소(zero-morpheme)는 없지만 있다고 가정하는 형태소이다. 영형태소를 인정하느냐 하지 않느냐는 학문적으로 논란이 있다. 만일 영형태소를 인정한다면, 영형태소의 예로 '신'과 '신다', '배'와 '배다'의 관계를 들 수 있다. 국어에서 명사가 동사가 되거나, 동사가 명사가 되려면 반드시 접사가 결합해야 한다. 명사를 동사로 만들어 주는 접사로는 '-하다'(공부-공부하다), '-되다'(참-참되다) 등이 있고, 동사를 명사로 만들어 주는 접사로는 '-이'(먹다-먹이), '-개'(베다-베개) 등이 있다. 그런데 '신-신다', '배-배다'의 경우에는 명사에서 동사가 되었다고 하든, 반대로 동사에서 명사가 되었다고 하든 외현적으로는 아무런 형태소도 결합하지 않았다. 이때 눈에 보이지는 않지만, 명사를 동사로 만들어 주는 접사 또는 동사를 명사로 만들어 주는 접사가 결합했다고 해석할 수 있다. 이렇게 해석할 때 눈에 보이지는 않지만 있는 접사 즉, 영형태소가 설정될 수 있다.

사는 외현적으로 실현되지 않는 경우가 많다.[5] 학교문법에서는 일반적으로 격조사가 생략된다고 표현하고 있는데, 이는 첫째의 관점을 반영한 것이다. 그러나 실제 첫째와 둘째 중 어느 것이 문법적 사실인지는 증명하기가 쉽지 않다. 그래서 통사론에서는 여전히 외현적으로 실현되었다가 생략된 것인지, 처음부터 외현적으로 실현되지 않은 것인지가 논란이 된다.

정리하면, 중세국어의 주격 조사는 '이/i/'이다. 즉 '말쏘미'의 주격 조사와 '부톄'의 주격 조사는 같은 '이/i/'이다. 표면적으로 '부톄'에서 보이는 /y/는 주격 조사 /i/가 반모음화라는, 중세국어 당시에 활발하게 적용되던 공시적인 음운 변동이 적용된 결과이다. 그러니까 표기상 '이'와 'ㅣ'의 관계는 현대국어의 주격 조사 '이'와 '가'의 관계와는 그 성격이 전혀 다르다. 현대국어에서 주격 조사 '이'와 '가'는 음운 변동에 의한 음운론적인 교체형의 관계가 아니다. '이'가 음운 변동에 의해 '가'가 될 수 없고, '가'가 음운 변동에 의해 '이'가 될 수 없기 때문이다. 현대국어에서 주격 조사 '이'와 '가'는 둘 다 어휘부에 저장되어 있고, 체언 어간의 말음절이 자음으로 끝나면 '이'가 선택되고, 체언 어간의 말음절이 모음으로 끝나면 '가'가 선택되는 관계이다. 반면 중세국어의 '이/i/'와 'ㅣ/y/'는 공시적인 음운 변동에 의한 교체형이고, 그래서 중세국어에서 어휘부에 저장된 주격 조사는 '이/i/' 하나이다.

참고로 주격 조사 앞에 오는 체언이 한자로 표기된 경우, 주격 조사의 표기 방식이 한글로 표기된 경우와 차이가 있다.

---

5   구조격 조사에 대한 추가적인 설명은 『문법하고 싶은 문법』 ☞2.13. '은/는'은 왜 주격 조사가 아닌가요? 참조.

(5) ㉠ <u>世尊</u>이 머리 무니시니〈월인석보21:3a〉 (세존이 머리 만지시니)

㉡ 우리 <u>始祖</u> ㅣ 慶興에 사루샤〈용비어천가3〉 (우리 시조가 경흥에 사셔서)

㉢ <u>如來</u> ㅣ 三行올 비호샤〈법화경언해6:123a〉 (여래가 삼행을 배우셔)

(5㉠)처럼 말음절 한자음이 종성이 있을 때 즉, 자음으로 끝났을 때는 형식 문자 'ㅇ'이 있는 '이'였다. 이는 한자로 표기되었기 때문에 종성 자음을 연철시켜 표기할 수 없었기 때문이다. '世尊'을 한자가 아닌 한글로 '세존'이라고 표기했을 때는 '세조니'처럼 연음된 그대로 연철 표기하였다. 그리고 말음절 한자음이 종성이 없을 때는 'ㅣ'로 표기하였다. 그래서 (5㉡)의 '始祖/sitso/'처럼 모음(/o/)으로 끝났을 때도 'ㅣ'로 표기하였고, (5㉢)의 '如來/yəlay/'처럼 반모음 /y/로 끝났을 때도 'ㅣ'로 표기하였다.

한마디로 설명

의도법 선어말어미이든 대상법 선어말어미이든 선어말어미의 형태는 '-오/우-'로 같다.[1] 그러니까 형태만을 말한 것이라면 같고, 기능을 말한 것이라면 다르다.

ㄱ 훈 각시 아추미 粉(분) **부르노라** (한 각시가 아침에 분을 바른다.)

　　　부루+ᄂ+**오**+라(←다)

ㄴ [부텨 得혼] 法이 〈월인석보11:103b〉 (부처가 득한 법이)

　　　得ᄒ+**오**+(으)ㄴ

의도법 어미는 ㄱ에서처럼 안은문장(모문)의 서술어에 나타나는 '-오/우-'를 이른다. 그리고 대상법 어미는 ㄴ에서처럼 관형사절로 안긴 안긴문장의 서술어에 나타나는, 관형사형 어미에 선행하는 '-오/우-'를 이른다.

1　'-오/우-'는 선어말어미이므로 정확한 명칭은 '의도법 선어말어미'인데, 보통 약식으로 '의도법 어미', '대상법 어미'라고 한다. 어미의 하위어에 어말어미와 선어말어미가 있고, 어말어미의 하위에 다시 종결어미, 연결어미, 전성어미가 있다. 어미의 종류에 대해서는 『문법하고 싶은 문법』 ☞3.3. '좋은 추억을 품고 산다.'에서 어말어미는 몇 개인가요? 참조.

> 자세히 설명

　의도법 어미는 국어사에서 이견이 많은 어미 중의 하나이다. 학교문법에서는 단순히 의도법 어미라는 정도에서 언급되어 있을 뿐 세부적인 내용을 다루지는 않고 있다. 의도법이라고 할 때 누구의 의도이냐 즉, 화자의 의도이냐, 주체의 의도이냐도 명확하지 않고, 때로는 의도를 상정하기 어려운 문장에서도 '-오/우-'가 나타나기도 한다.

　'의도법 어미'는 두 가지의 의미로 사용된다.

> ㉮ 안은문장의 서술어에 결합한 '-오/우-'와, 관형사절로 안긴 안긴문장의
> 서술어와 결합한 '-오/우-'를 구분하지 않고 의도법 어미라고 하는 경우.
> ㉯ 안은문장의 서술어에 결합한 '-오/우-'만 의도법 어미라고 하는 경우.
> 이 경우 관형사절로 안긴 안긴문장의 서술어와 결합한, 관형사형 어미에
> 선행한 '-오/우-'는 대상법 어미라고 한다.

　㉮는 이숭녕(1961)의 견해이고, ㉯는 허웅(1962)의 견해이다. ㉮에서 의도법 어미는 ㉯에서의 '의도법 어미 + 대상법 어미'를 아우르는 개념이다. 따라서 ㉮에서는 의도법 어미와 대상법 어미가 같으냐 다르냐 하는 질문 자체가 성립하지 않는다. ㉮에서는 대상법 어미라는 것 자체가 상정되지 않기 때문이다. 그러나 ㉯에서는 의도법 어미와 대상법 어미가 다르다. 학교문법은 지금까지 ㉯의 허웅(1962)의 견해를 채택해 왔다. 그래서 여기서는 의도법 어미와 대상법 어미를 구분하여 설명하고자 한다.

　그러면 먼저 ㉯에서 말하는 대상법 어미는 무엇을 말하는 것인가? 대상법 어미란 관형사절이 수식하는 피수식어가 관형사절의 목적어임을 나타내는 어미라는 뜻이다. 예컨대 '[내가 잡은] 손'에서 피수식어 '손'은 관형사절의 서술어 '잡은'의 목

283

적어이기도 하다. 이런 경우에 중세국어에서는 관형사절의 서술어에 관형사형 어미에 선행하여 '-오/우-'를 썼다.

　(1)과 (2)를 비교해 보면 이해가 될 것이다.

(1)　㉠ [須達이² 지순] 亭舍마다〈석보상절6:38b〉 (수달이 지은 정사마다)
　　　　　짓+우+(으)ㄴ

　　　㉡ [부텨 得혼] 法이〈월인석보11:103b〉 (부처가 득한 법이)
　　　　　得ㅎ+오+(으)ㄴ

　　　㉢ 우리 …… 이 大乘³에 [求홀] 뜯〈월인석보13:35a〉 (우리 … 이 대승에 구할 뜻)
　　　　　求ㅎ+오+(으)ㅭ

(2)　㉠ [이 觀 지슨] 사ᄅᆞ문〈월인석보8:32a〉 (이 관 지은 사람은)
　　　　　짓+(으)ㄴ

　　　㉡ 衆生이 [正혼] 길훌 일허다〈석보상절23:19b〉 (중생이 바른 길을 잃었다)
　　　　　정ㅎ+(으)ㄴ

　　　㉢ 내 이제 [說法홀] 사ᄅᆞ몰〈석보상절21:22a〉 (내 이제 설법할 사람을)
　　　　　說法ㅎ+(으)ㅭ

　(1), (2) 모두 [ ] 부분이 관형사절로 안긴 안긴문장이다. 그런데 (1)에는 '-오/우-'

2　중세국어에서는 관형사절의 주어가 주격 조사가 아닌 관형격 조사 '이/의'와 결합한 경우가 있다. 이를 '주어적 속격'이라고 부르기도 한다. 이에 대한 자세한 설명은 ☞5.9. '나의 살던 고향'에서 '살다'의 주어가 '내가'가 아니라 왜 '나의'인가요? 참조.

3　대승: 중생을 제도하여 부처의 경지에 이르게 하는 것을 이상으로 하는 불교.

가 있지만, ⑵에는 '-오/우-'가 없다. 이 차이는 관형사절이 수식하는 피수식어가 관형사절 서술어의 목적어이냐 아니냐에 달려 있다. 즉 ⑴에서는 관형사절의 수식을 받는 명사가 관형사절 서술어의 목적어인 반면, ⑵에서는 관형사절의 수식을 받는 명사가 관형사절의 목적어가 아니다. 이처럼 관형사절의 수식을 받는 피수식어가 관형사절의 목적어일 때는 관형사절 서술어에 '-오/우-'가 결합한다. ⑴에서 생략된 목적어를 나타낸 것이 ⑴'이다.

(1') ㉠ [須達이 (亭舍를) 지순] 亭舍마다〈석보상절6:38b〉

ㄴ [부텨 (法을) 得혼] 法이〈월인석보11:103b〉

ㄷ 우리 … 이 大乘에 [(우리) (뜻을) 求홀] 뜻〈월인석보13:35a〉

(1㉠)에서 피수식어 '정사(亭舍)'는 관형사절 서술어 '짓다'의 목적어이고, (1ㄴ)에서 '법(法)'은 관형사절 서술어 '得ᄒ다'의 목적어, (1ㄷ)의 '뜻'은 관형사절 서술어 '求ᄒ다'의 목적어이다.

반면 ⑵에서처럼 관형사절의 수식을 받는 피수식어가 관형사절의 목적어가 아닐 때는 '-오/우-'가 결합하지 않는다. ⑵'에서 보듯이 피수식어가 관형사절의 목적어가 아니라, 주어이다.

(2') ㉠ [(사ᄅᆞ미) 이 觀 지슨] 사ᄅᆞᆷ〈월인석보8:32a〉

ㄴ 衆生이 [(길히) 正혼] 길흘 일허다〈석보상절23:19b〉

ㄷ 내 이제 [(사ᄅᆞ미) 說法홀] 사ᄅᆞᆷ〈석보상절21:22a〉

(2㉠)에서 피수식어 '사ᄅᆞᆷ'은 관형사절 서술어 '짓다'의 주어이고, (2ㄴ)의 '길ㅎ'

은 관형사절 서술어 '정ᄒ다'의 주어, 그리고 (2ⓒ)의 '사름'은 관형사절 서술어 '설
법ᄒ다'의 주어이다.

　　이처럼 관형사절에서 '-오/우-'의 유무는 피수식어가 관형사절의 목적어이냐
아니냐에 달려 있다. 그래서 (1)의 '-오/우-'를 대상법 어미라고 한다. 이때 대상은
목적어라는 뜻이다. 정리하면, '대상법 어미'는 관형사절의 수식을 받는 피수식어
가 관형사절의 목적어임을 나타내는 어미이다.

　　중세국어에서 의도법 어미 '-오/우-'는 선행하는 형태소(조사 또는 어미)와 결합
할 때 복잡한 양상을 보인다. 이를 정리하면 (3)과 같다.

(3)　㉠ 臣은 이 酒中엣 仙人이로라〈두시언해15:41a〉 (신은 이 술 가운데 선인이다)
　　　　仙人+이+로(←오)+라(←다)

　　　㉡ 太子 닐오ᄃᆡ 내 롱담ᄒ다라〈석보상절6:24b〉 (태자가 이르되, 내 농담하였더라)
　　　　롱담ᄒ+더+오+라(←다)

　　　㉢ 내 이제 훤히 즐겁과라〈법화경언해2:137b〉 (내 이제 훤히 즐겁구나)
　　　　즐겁+**거+오**+라(←다)

4　　평서형 종결어미 '-다'는 의도법 어미 '-오/우-' 뒤에서 '-라'로 나타난다. 또
　　한 아래에서 보듯이 평서 종결어미 '-다'는 서술격 조사 '이' 뒤에서도 '-라'
　　로 교체한다.

　　　• 거츤 ᄆᆞᅀᆞ미라〈월인석보2:21b〉 (거친 마음이다)
　　　　　ᄆᆞᅀᆞᆷ+이+라(←다)
　　　• 너븐 光明이라〈월인석보1:8b〉 (넓은 광명이다)
　　　　　光明+이+라(←다)

　　음운론적으로 의도법 어미 '-오/우-' 뒤에서 '-다'가 '-라'로 교체하는 이
유를 설명하지는 못한다. 현재로서는 그렇다고 기술할 수 있을 뿐이다.

ⓔ 王이 **니루샤디**〈월인석보 2:6a〉 (왕이 이르시되)

　　니루+시+오디[5]

　　(3ⓖ)에서 보듯이 '-오/우-'가 서술격 조사 '-이-' 뒤에서는 '-로-'로 실현되었다. 그리고 (3ⓛ)처럼 과거 회상 시제 선어말어미 '-더-'와 결합하면 '-다-'가 되었고(더+오 → 다), (3ⓒ)처럼 선어말어미 '-거-'와 결합하면 '-과-'가 되었다(거+오 → 과). 그리고 (3ⓔ)처럼 '-오/우-'가 주체 높임 선어말어미 '-시-'와 결합하면 '-샤-'로 실현되었다(시+오 → 샤).

5　'-오디'를 하나의 어미로 보는 견해와, '-오- + -디'의 결합형으로 보는 견해가 대립된다. '-오디'를 하나의 어미로 보는 경우에도 '-오디'의 '-오-'가 의도법 선어말어미의 '-오-'였을 것으로 추정한다.

(3)에서 보듯이 의도법 어미 '-오/우-'는 선행하는 어미나 조사와 결합하여 복잡한 양상으로 실현되었다. 그래서 의도법 어미가 결합된 활용형을 형태소 분석할 때는 주의가 필요하다. (3)에서 나타나는 의도법 어미의 이형태들을 음운론적으로 설명하는 것은 불가능하다. 서술격 조사 '이' 뒤에서 '-로-'가 되는 것이나, '더+오'가 '다'가 되는 것, '거+오'가 '과'가 되는 것, '시+오'가 '샤'가 되는 것 모두 음운론적으로는 자연스럽지 않기 때문이다.

의도법 어미라고 할 때, 의도가 누구의 의도이냐 하는 것이 논란이 된다. 의도법 어미 '-오/우-'는 (4)에서 보듯이 주어가 1인칭인 문장에서 주로 나타난다.

(4) ㉠ 내 이제 **무로리라** 그〈석보상절13:15b〉 (내 이제 묻겠다.)
   물(←묻-)[6]+오+리+라(←다)

   ㉡ 내 이제 **ᄉᆞ랑호니**〈능엄경언해1:56a〉 (내 이제 사랑하니)
   ᄉᆞ랑ᄒᆞ+오+니

   ㉢ 내 부텻긔 **듣ᄌᆞᄫᅩ니**〈월인석보10:18a〉 (내 부처께 들으니)
   듣+ᄌᆞᆸ+오+(ᄋᆞ)니

그래서 '-오/우-'가 화자(1인칭)의 의도를 나타낸다고 말한다. 하지만 문장의 주어가 1인칭이 아닐 때도 '-오/우-'가 나타나기 때문에 화자의 의도라고 일반화하기에는 예외가 또 많다.

288

---

6 '묻다'는 중세국어 당시에도 현대국어와 마찬가지로 /ㄷ/ 불규칙 용언이었다. 그래서 자음 앞에서는 '묻-', 모음 앞에서는 '물-'로 나타난다.

(5) ㉠ 그러면 네 願을 從호리니〈월인석보1:12b〉

從호+오+리+니

(그러면 네 원을 따를 것이니)

㉡ 大愛道의게 또 한 恩惠 잇노니〈월인석보10:19b〉

잇+ᄂ+오+니

(대애도에게 또 많은 은혜가 있으니)

㉢ 主人이 므슴 차바놀 손소 둔녀 밍ᄀ노닛가〈석보상절6:16a〉

밍골+ᄂ+오+니+ㅅ가

(주인이 무슨 음식을 손수 다녀 만듭니까?)

㉣ 새ᄂ …… 任意로 ᄒ노라〈두시언해20:10b〉

ᄒ+ᄂ+오+라

(새는 … 임의로 하노라)

(5㉠)에서 '從호리니'의 주어는 2인칭 '네'이고, (5㉡)에서 '잇노니'의 주어는 '은혜'이고, (5㉢)에서 '밍ᄀ노닛가'의 주어는 '주인', (5㉣)에서 'ᄒ노라'의 주어는 '새'이다. 이처럼 '-오/우-'가 나타나는 문장의 주어가 1인칭이 아닌 경우도 많다. 그래서 의도법이라고 할 때 누구의 의도인지까지 명시적으로 규정하지 않고, 그냥 '의도법 어미'라고 하는 경우가 많다.

'王이 니루샤딕'에서의 '샤'와 '海東六龍이
ᄂᆞ르샤'에서의 '샤'는 같은 것인가요?

　　결론부터 말하면, '니루샤딕'의 '샤'와, 'ᄂᆞ르샤'의 '샤'는 서로 다르다.

　　'니루샤딕'는 어간 '니루-(이르-)'에 주체 높임 선어말어미 '-시-' 그리고 연결어미 '-
오딕'가 결합한 활용형이다(니루+시+오딕 → 니루샤딕). 그러니까 '니루샤딕'의 '샤'는 '시
오 → 샤'가 된 것인데, 음운론적으로 '시오 → 샤'가 되는 것을 설명하기는 어렵지만,
형태론적으로 '시오딕 → 샤딕'인 것은 분명하다.

　　반면 'ᄂᆞ르샤'는 어간 '놀-'에 주체 높임 선어말어미 '-(ᄋᆞ)시-'에 연결어미 '-어'가 결
합한 활용형이다. 즉 'ᄂᆞ르시아 → ᄂᆞ르샤'이다. 'ᄂᆞ르샤'의 '샤'를 주체 높임 선어말어미
의 '-시-'의 이형태로 보는 견해도 있다. 이렇게 볼 경우 '-샤-'가 나타나는 조건 환경
은 모음으로 시작하는 어미 앞에서이고, '-시-'는 자음으로 시작하는 어미 앞에서
이다.

자세히 설명

중세국어에서 주체 높임 선어말어미의 실현 양상은 (1)과 같다.

(1)　㉠ 부텨 오시거늘〈석보상절24:7b〉
　　　　오+시+거늘

　　㉡ 世尊이 옷 니브시고〈월인석보7:34a〉
　　　　닙+(ᄋᆞ)시+고

(1㉠)처럼 모음으로 끝난 어간 뒤에서는 '-시-'로, (1㉡)처럼 자음으로 끝난 어간 뒤에서는 '-(ᄋᆞ/으)시-'로 나타난다. 여기까지는 현대국어와 다르지 않다.

그런데 중세국어에서는 주체 높임 선어말어미가 다른 어미들과 결합하여 '샤'의 형태로 나타나기도 한다.

(2) ㉠ 王이 **니ᄅᆞ샤ᄃᆡ** 〈월인석보2:6a〉
　　 니ᄅᆞ+시+오ᄃᆡ

㉡ 부톄 一切法 **니ᄅᆞ샤ᄆᆞᆫ** 〈월인석보13:44b〉
　　 니ᄅᆞ+시+옴+(ᄋᆞ)ㄴ

(2)에서 '샤'는 주체 높임 선어말어미 '-시-'와 연결어미 '-오ᄃᆡ'의 '오' 그리고, 명사형 어미 '-옴'의 '오'와 결합한 활용형이다.[1] 즉 교체의 내용이 '시+오 → 샤'인데, 왜 '시+오'가 '샤'로 되는지 음운론적으로 설명하지는 못한다.

왜냐하면 현대국어의 '있다'의 중세국어 어형 '이시다'가 명사형 어미 '-옴/움'과 결합할 때는 '샤'로 나타나지 않기 때문이다. '이시-'에 '-옴/움'이 결합하면 '이시-'의 말음절 모음 /i/가 /y/로 반모음화되는데, 이는 자연스러운 음운 변동이다 (이시+옴/isi+om/ → 이숌/isyom/).

1　'-오ᄃᆡ'의 '오', 명사형 어미 '-옴/움'의 '오'에 대해서는 이견이 있는데, 의도법 어미에서 온 것으로 보기도 한다. 의도법 어미 '-오/우-'의 이형태에 대한 추가적인 설명은 ☞5.5. 의도법 어미와 대상법 어미는 같은 건가요, 다른 건가요? 참조.

(3) ㉠ 뜬 이쇼몰 브트니〈월인석보11:72a〉
     이시+옴+(으)ㄹ

    ㉡ 후논 일 이쇼미 비록〈월인석보8:31a〉
     이시+옴+이

(3)에서 보듯이 '이시-'의 말음절 모음 /i/ 뒤에 '-옴/om/'이 오면, '이시-'의 말음절 모음 /i/가 반모음 /y/가 되어 '이숌/isyom/'이 되었다. 그리고 이러한 교체는 중세국어 당시에는 자연스러운 것이었다.

그런데 (2)에서는 음운론적으로는 (3)과 동일하게 'i + o'인데, /yo/가 되지 않고 /ya/가 된 것이다. 그래서 (2)에서 '시+오딕 → 샤딕', '시+옴 → 샴'으로의 교체를 음운론적으로 설명하기는 어렵다.

주체 높임 선어말어미가 다른 어미와 결합하여 '샤'의 형태로 나타나는 경우는 (2) 외에도 (4)도 있다.

(4) ㉠ 海東六龍이 ᄂᆞ르샤 일마다 天福이시니〈용비어천가1〉
     (해동육룡이 날으시어 일마다 천복이시니)

    ㉡ 夫人이 올ᄒᆞᆫ 소ᄂᆞ로 가질 자부샤 곳 것고려 후신대〈월인석보2:36a〉
     (부인이 오른 손으로 가지를 잡으시어 꽃을 꺾으려 하신대)

그러면 (4)의 '샤' 역시 (2)와 마찬가지로 '시+오 → 샤'로 설명하면 되는 것 아닌가 하고 쉽게 생각할 수 있다. 언뜻 보면 그럴 수 있을 것 같지만, (2)의 '샤(시+오)'에 내재된 '-오-'가 선어말어미라는 사실을 떠올리면 불가능하다는 것을 알 수 있을 것이다. 만일 (4)의 '샤'를 '시+오 → 샤'라고 하게 되면, 활용형 'ᄂᆞ르샤', '자부샤'가 선어말어미로 끝난 것이 된다. 당연히 활용형이 선어말어미로 끝날 수는 없고, 활용형의 마지막 어미는 반드시 어말어미이어야 한다. 그래서 (4)의 '샤'를 '시+

오 → 샤로 해석하는 것은 성립하지 않는다.

지금까지 (4)의 '-샤'에 대해서는 두 가지 주장이 제기되었다.

첫째, 주체 높임 선어말어미 '-시-'에 어말어미 '-아'가 결합한 것으로 보는 견해(시+아 → 샤).

둘째, '-시-'의 이형태로 보는 견해. 그래서 자음으로 시작하는 어미 앞에서는 '-시-', 모음으로 시작하는 어미 앞에서는 '-샤-'가 결합했다고 보는 것이다.

첫째, 둘째 모두 약간의 문제는 안고 있다. 첫째의 경우는 모음조화의 일반성을 위배하는 문제가 있다. 즉 '가져(←가지+어)', '드녀(←드니+어)'에서 보듯이 어간 말음이 /i/ 모음일 때는 '-아/어X' 중에서 음성 모음 '-어X'가 결합한다. 그런데 '-시-'는 /i/ 모음으로 끝났음에도 다른 /i/ 말음 어간들과 달리 '-아X'가 결합했다고 해야 하는 문제가 있다.

둘째의 경우는 활용형이 선어말어미로 끝났다고 해야 하는 문제가 있다. 이 문제는 '느르샤'를 '느르 + 샤'가 아니라 '느르 + 샤 + 아 → 느르샤'로 피해갈 수는 있다. 즉 탈락한 /a/ 모음이 어말어미 '-아'의 /a/가 아니라 선어말어미 '-샤-(/sya/)-'의 /a/라고 함으로써, 선어말어미로 끝났다는 문제를 피할 수 있게 된다. 하지만 왜 '-시-'의 이형태 '-샤-'가 존재하는지를 설명하지 못한다. 모음 앞에서 '-시-'가 나타나지 못할 이유가 전혀 없기 때문이다. 그래서 그냥 이유는 모르지만 모음 앞에서는 '-시-'가 아니라 '-샤-'가 결합했다고 기술하는 것 이상은 아니다.

한마디로 설명

중세국어의 의문문은 현대국어와 차이가 있다. 현대국어에서 '본다'는 동사 어간 '보-'에 현재 시제 선어말어미 '-ㄴ/는-'이 결합한 활용형이다(보+ㄴ+다). 그런데 중세 국어에서 현재 시제 선어말어미가 결합한 활용형은 '보ᄂᆞ다'이다. 중세국어에서는 선 행하는 어간이 자음으로 끝나든 모음으로 끝나든 항상 '-ᄂᆞ-'로 실현되었다(예: 먹ᄂᆞ다, 가ᄂᆞ다).

중세국어에서 '-ㄴ다'는 주어가 2인칭일 때만 나타나는 2인칭 의문형 종결어미였 다. 그래서 '가던 새 본다'는 2인칭 의문문으로, 현대어로 직역하면 '가던 새 보았느 냐?' 정도의 의미이다.

현대국어와 달리 중세국어에서는 의문형 종결어미가 판정 의문문일 때와 설명 의문 문일 때 달랐다.[1]

> ㉮ 이어긔 갓가ᄫᅵ 사ᄅᆞ미 지비 잇ᄂᆞ니잇가〈월인석보8:94a〉
>
> (여기 가까이에 사람의 집이 있습니까?)
>
> ㉯ 世尊하, 두 소니 다 뷔어는 므스글 노ᄒᆞ라 ᄒᆞ시ᄂᆞ니잇고〈월인석보7:54〉
>
> (세존이시여, 두 손이 다 비었는데 무엇을 놓으라 하십니까?)

㉮처럼 '예/아니요'로 대답하는 판정 의문일 때는 종결어미 '-잇가'가 결합하였고, ㉯처럼 의문사 '므슥(므슥+을)'에 대해 설명해야 하는 설명 의문문일 때는 종결어미 '-잇

---

1 설명 의문문과 판정 의문문에 대해서는 ☞3.4. "너 뭐 해?"는 설명 의문문인가 요, 판정 의문문인가요? 참조.

고'가 결합하였다.[2]

자세히 설명

중세국어 의문문에는 현대국어에는 존재하지 않는, 2인칭 의문문이 있었다. 2인칭 의문문의 종결어미는 '-ㄴ다', '-ㅭ다'이다.[3]

(1) ㉠ 究羅帝여 네 命終ᄒᆞᆫ다 주거미 닐오ᄃᆡ 내 ᄒᆞ마 命終호라〈월인석보9:36〉

(구라제여, 네 명종하였느냐(죽었느냐)? 주검이 이르되, 내 벌써 명종했다)

그ᄃᆡ 엇던 사ᄅᆞ민다 무른대〈능엄경언해7:62a〉

(그대는 어떤 사람이었느냐? 물으니까)

㉡ 네 엇뎨 佛子와 싸호ᄂᆞᆫ다〈월인석보4:22a〉

(너는 어찌 불자와 싸우느냐?)

그ᄃᆡᄂᆞᆫ 보디 아니ᄒᆞᄂᆞᆫ다〈두시언해3:70a〉

(그대는 보지 아니 하느냐?)

㉢ 阿難아 네 엇뎨 아디 몯ᄒᆞᆯ다〈능엄경언해4:116〉

(아난아, 네 어찌 알지 못하겠느냐?)

---

2 '-잇가', '-잇고'를 다시 '-이- + -ㅅ가', '-이- + -ㅅ고'로 분석하기도 한다. 그리고 '므스글'은 의문 대명사 '므슥'에 목적격 조사 '을'이 결합한 것이다(므슥+을 → 므스글). '므슥'은 현대국어의 '무엇'의 의미이다.

3 중세국어 관형사형 어미는 '홀 배'처럼 '-(으)ㅭ + 평음' 또는 '홀 빼'처럼 '-(으)ㄹ + 각자병서' 둘 중의 하나로 표기되었다. 중세국어 이후에 'ㆆ'이 소멸되면서 '-(으)ㅭ'이 현대국어와 같은 '-(으)ㄹ'로 변하였다.

(1㉠)에서 '命終ㅎ다(命終ㅎ+ㄴ다)', '사ᄅ민다(사ᄅᆷ+이+ㄴ다)'는 각각 '죽었느냐?', '사람이었느냐?'의 과거의 의미이다. '-ㄴ다'가 쓰인 경우 시제는 대부분 과거의 의미를 가진다. 이에 비해 (1㉡)의 '싸호ᄂ다(싸호+ᄂ+ㄴ다)'는 '싸우느냐?', '아니ㅎᄂ다(아니ㅎ+ᄂ+ㄴ다)'는 '아니하느냐?'의 의미인데, 시제가 현재의 의미인 것은 현재 시제 선어말어미 '-ᄂ-'가 있기 때문이다. 그리고 (1㉢)에서 '몯홇다(몯ㅎ + -(으)ㅭ다)'는 '못하겠느냐?'의 미래의 의미이다.

(1㉠~㉢)에서 보듯이 의문문 서술어의 주어가 2인칭 대명사 '네' 또는 '그듸(그대)'이다. 그래서 '-ㄴ다', '-ㅭ다' 의문문을 '2인칭 의문문'이라고 한다. 그리고 시제와 관련하여 '-ㄴ다'는 대체로 과거를, '-ᄂ-'와 결합한 '-ᄂ다'는 현재를, '-ㅭ다'는 미래를 나타내는 것이 일반적이었다.

2인칭 의문문 '-ㄴ다', '-(으)ㅭ다'는 근대국어에 와서는 소멸된다. 2인칭 의문문 '-ㄴ다'의 소멸은 현재 시제 선어말어미의 변화와 관련이 있다. 중세국어에서 현재 시제 선어말어미는 어간이 자음으로 끝나든 모음으로 끝나든 항상 '-ᄂ-'로 실현되었다(먹ᄂ다, 가ᄂ다). 그러다가 근대국어 이후 현대국어로 오면서 현재 시제 선어말어미는 어간의 음운론적 조건에 따라 '-ㄴ- ~ -는-'의 이형태 교체를 하는 것으로 변하였다. 즉 모음으로 끝난 어간 뒤에서는 '-ㄴ-'이, 자음으로 끝난 어간 뒤에서는 '-는-'이 결합하였다. 그래서 '간다'가 중세국어에서는 2인칭 의문문이었지만, 현대국어에서는 현재 시제 선어말어미에 평서형 종결어미 '-다'가 결합한 활용형이다(가+ㄴ+다). 현재 시제 선어말어미가 결합한 활용형이 '가ᄂ다'에서 '간다'가 될 수 있었던 것에는 2인칭 의문문 '-ㄴ다'의 소멸이 있었기에 가능한 일이었다.

(2)

	중세국어		현대국어	
	현재 시제	2인칭 의문문	현재 시제	2인칭 의문문
가다	가ᄂ다	간다	간다	소멸
먹다	먹ᄂ다	먹는다	먹는다	소멸

(2)에서 보듯이 현대국어에서 '가다'에 현재 시제 선어말어미가 결합한 활용형
은 '간다'이지만, 중세국어에서 '가다'에 현재 시제 선어말어미가 결합한 활용형은
'가ᄂ다'이다. 현재 시제 선어말어미가 결합한 활용형이 '간다'가 된 시기는 근대국
어에 와서이다.

지금까지 살펴본 것처럼 중세국어에서 '-ㄴ다'는 2인칭 의문문이다. 그래서 예컨대 '가다'의 경우 중세국어에서 현재 시제는 '가ᄂ다'이고, 2인칭 의문문은 '간다'였다. 그러다가 근대국어에 와서 2인칭 의문문 '-ㄴ다'가 소멸되고, 현재 시제 선어말어미가 결합한 활용형도 '가ᄂ다'에서 '간다'로 변하게 된다. 만일 2인칭 의문문 '-ㄴ다'가 소멸되지 않은 상태에서 현재 시제 선어말어미가 결합한 활용형이 '가ᄂ다'에서 '간다'로 변하면, '간다'가 2인칭 의문문인지 현재 시제 선어말어미가 결합한 활용형인지 알 수가 없게 되어 언어 사용에 혼란이 일어났을 것이다.

참고로 현대국어에서 관형사형 어미 '-는'은 더 이상 분석하지 않고 '-는'을 하나의 어미로 보는 입장과, '-느- + -(으)ㄴ'으로 분석하는 입장이 공존하고 있다. 학교문법은 전자의 입장을 채택하고 있다. '-는'을 '-느- + -(으)ㄴ'으로 분석할 때, '-느-'가 바로 중세국어의 현재 시제 선어말어미 '-ᄂ-'에 소급된다. 그러나 현대국어에서 '-느- + -(으)ㄴ'의 '-느-'가 현재 시제 선어말어미는 아니다.

현대국어의 관형사형 어미 '-는'은 통시적으로 중세국어의 '-ᄂ'의 후신이다. 중세국어의 '-ᄂ'은 당시의 현재 시제 선어말어미 '-ᄂ-'에 관형사형 어미 '-은'이 결합한 것이다(-ᄂ- + -은 → -ᄂ). 현대국어에서 관형사형 어미 '-는'에 형용사가 결합할 수 없는 이유가 바로 이러한 역사적인 사실과 관련이 있다. 즉 '-는'에 현재 시제 선어말어미의 흔적이 남아 있기 때문이다. 형용사는 현재 시제 선어말어미와의 결합이 제약되는데, 관형사 어미 '-는'에 현재 시제 선어말어미의 흔적이 화석처럼 들어 있기 때문이다.

중세국어 의문문의 또 하나의 특징은 현대국어와 달리 중세국어에서는 '예/아니요'의 대답을 요구하는 판정 의문문과, 의문사에 대한 설명을 요구하는 설명 의문문의 형식이 달랐다는 사실이다. 현대국어는 (3)에서 보듯이 '예/아니요'의 대답을 요구하는 판정 의문문과, 의문사에 대해 설명을 요구하는 설명 의문문의 형식이 구별되지 않는다. 단지 설명 의문문은 판정 의문문과 달리 의문사가 있다는 점에서 일정 정도 구별이 된다.

(3)

판정 의문문	설명 의문문
선생님, 수업 있으십니까?	선생님, 어디 가십니까?
아버지, 우리 여행 가요?	아버지, 내일 우리 뭐 해요?
너 도서관에 가니?	너 도서관 왜 가니?

(3)에서 판정 의문문의 종결어미와 설명 의문문의 종결어미가 다르지 않다는 것을 확인할 수 있다. 판정 의문문과 설명 의문문을 구별시켜 주는 것은 의문사가 있느냐 없느냐이다. (3)에서 보듯이 오른쪽의 설명 의문문에는 의문사 '어디', '뭐', '왜'가 있는데 반해, 왼쪽의 판정 의문문에는 의문사가 없다.

그런데 중세국어에서 판정 의문문과 설명 의문문은 종결어미가 서로 달랐다. 그래서 두 의문문이 형식적으로 구분되었다.

(4) ㉠ 이어긔 갓가비 사루미 지비 잇누니잇가〈월인석보8:94a〉
       (여기 가까이 사람의 집이 있습니까?)

     ㉡ 앗가분 쁘디 잇누니여〈석보상절6:25b〉
       (아까운 뜻이 있느냐?)

(5) ㉠ 世尊하 두 소니 다 뷔어늘 므스글 노후라 후시누니잇고〈월인석보7:54〉
       (세존이시여, 두 손이 다 비었는데 무엇을 놓으라 하십니까?)

     ㉡ 究羅帝 이제 어듸 잇누뇨〈월인석보9:36〉
       (구라제 이제 어디 있느냐?)

(4)는 판정 의문문이고, (5)는 설명 의문문이다. (4)는 '예/아니오' 중의 하나의 대답을 요구하는 의문문이다. 반면 (5)의 경우 (5㉠)은 '므슥(무엇)'에 대해, (5㉡)은 '어

되(어듸)'에 대해 구체적으로 설명을 요구하는 의문문이다.

중세국어에서는 현대국어와 달리 (4)처럼 판정 의문문 어미의 말음절 모음은 '아' 계열의 어미(-잇가, -여¹)이고, (5)처럼 설명 의문문 어미의 말음절 모음은 '오' 계열의 어미(-잇고, -뇨)로 서로 차이가 있다. 이는 규칙적이다. 그래서 판정 의문문인지 설명 의문문인지를 종결어미의 말음절 모음을 통해 구분할 수 있었다. 설명 의문문은 (5㉠)의 '므슥', (5㉡)의 '어듸'처럼 의문사가 있다. 그래서 설명 의문문은 '오' 계열의 어미와 의문사가 일치 관계를 가진다고 말한다. 즉 의문형 종결어미가 '오' 계열이면 항상 의문사가 있다.

그런데 그 역은 성립하지 않을 때도 있다. 즉 의문사가 있다고 해서 항상 '오' 계열의 종결어미가 오는 것은 아니다.

(6) ㉠ 도즈기 다 도라가니 半(반) 길 노픤돌 년기 디나리잇가〈용비어천가48〉
　　　(도적이 다 돌아가니 반 길 높이인들 누가 지나겠습니까?)

　　 ㉡ 아둘이 나거나 뚤이 나거나 엇뎨 ᄒ리잇가〈월인석보8:83a〉
　　　(아들이 나거나 딸이 나거나 어찌 하겠습니까?)

(6)은 소위 수사 의문문이라고 하는데, 달리 반어 의문문이라고도 한다. (6)은 의문사가 있지만 종결어미가 '아' 모음 계열이다. 그리고 의문사에 대한 설명을 요구하지도 않는다. 의문사에 대한 설명을 요구하지도 않을 뿐더러 '예/아니요'의 대답도 요구하지 않는다. 즉 수사 의문문은 형식만 의문문일 뿐 내용은 의문문이 아니

300

4　'ᄒ녀 몯 ᄒ녀?', '이시려 업스려?'의 '-녀', '-려'는 '어' 모음 계열인데, 보통 중세국어에서 '아' 모음 계열의 의문형 어미라고 할 때는 '어' 모음 계열과 '아' 모음 계열을 아울러 이른다.

다. 다시 말해 무늬만 의문문인 가짜 의문문이다.[5] 그래서 (6)의 의문사 역시 형식만 의문사일 뿐 내용은 의문사의 기능을 하지 않는 의문사이다. 의문사가 의문사의 기능을 하지 않으므로 의문사에 대한 대답도 요구하지 않는다.

(6)은 판정 의문문인지 설명 의문문인지를 구별하는 핵심이 의문사의 유무가 아니라 종결어미에 있다는 것을 말해 준다. 의문사가 있다고 해서 항상 설명 의문문이라는 것을 보장하지는 않지만, 종결어미가 '오' 모음 계열일 때는 항상 설명 의문문이다. 그리고 종결어미가 '오' 모음 계열일 때는 반드시 의문사가 있어서 종결어미와 의문사가 일치 관계를 보인다.

현대국어의 경상도 방언은 종결어미에 따라 판정 의문문과 설명 의문문이 구별되는 중세국어의 의문문을 그대로 계승하였다.

(7)

㉠ 판정 의문문	㉡ 설명 의문문
니 밥 묵나? (너 밥 먹니?)	니 뭐 하노? (너 뭐 하니?)
니 집에 가나? (너 집에 가니?)	니 어데 가노? (너 어디 가니?)

경상도 방언은 (7㉠)의 판정 의문문에서는 '아' 모음 계열에 해당하는 어미 '-나'가 결합하고, (7㉡)의 설명 의문문에서는 '오' 모음 계열에 해당하는 어미 '-노'가 결합하여 두 의문문이 어미에 의해 구분된다.

의문사가 의문사의 기능을 하지 않을 때는 의문사가 있더라도 종결어미가 '-나'

5   수사 의문문은 많은 경우 긍정 진술을 내포하고 있다.

로 끝나는 것 역시 중세국어와 일치한다.

---

(8)　㉠ [문] 니 어데 가노?

　　　[답] 나, 집에 간다.

　　㉡ [문] 니 어데 가나?

　　　[답] 응.

물음에 대한 대답을 보면 (8㉠)은 설명 의문문이고, (8㉡)은 판정 의문문이라는 것이 확인된다. 판정 의문문과 설명 의문문의 차이는 종결어미이므로 (8㉡)이 판정 의문문이라는 것은 어미 '-나'를 통해 확인할 수 있다. (8㉠), (8㉡) 모두 의문사 '어데'가 있다. 그런데 (8㉠)에서는 '어데'가 의문사의 기능을 하지만, (8㉡)에서는 '어데'가 의문사의 기능을 하지 않는다.

참고로 (8㉠)처럼 '어데'가 의문사의 기능을 할 때의 성조는 'LL'이고, (8㉡)처럼 의문사의 기능을 하지 않을 때 '어데'의 성조는 'HL'로 성조도 다르다.[6]

6　L은 저조, H는 고조를 나타낸다.

5.8.

'그는 그것은 소문이라고 말했다.'에서 '소문이다'가 왜 '소문이라'로 바뀌었나요?

간접 인용은 ㉠처럼 어말어미 뒤에 '-고'를 붙이고, 직접 인용은 ㉡처럼 '-라고'를 붙인다. 그런데 서술격 조사가 결합한 절이 간접 인용될 때는 ㉢에서 보듯이 어말어미가 '-다'가 아니라 '-라'이다.

㉠ 엄마가 [오빠가 내일 온다]고 말했다.
㉡ 그는 ["그것은 소문이다."]라고 말했다.
㉢ 그는 [그것은 소문이라]고 말했다.

"그것은 소문이다."가 간접 인용될 때 '그것은 소문이라고'처럼 어말어미 '-다'가 '-라'로 나타나는데, 이는 중세국어에서 서술격 조사 '-이-' 뒤에서 어말어미 '-다'가 '-라'로 교체하는 것의 흔적이다. 그래서 '소문-이-라-고'에서 '-이-'는 서술격 조사, '-라'는 어말어미 '-다'가 '-라'로 교체한 것, 그리고 '고'는 보조사이다.

즉 중세국어에서 서술격 조사 '-이-' 뒤에서 /ㄷ/을 첫소리로 가진 어미들은 /ㄷ/이 /ㄹ/로 교체한다(산이더니 → 사니러니, 산이다 → 사니라). 그래서 '산은 산이다.'의 중세국어 표현은 '사는 사니라.'이다.

현대국어에서 'NP+이'가 서술어인 '소문이다'가 간접 인용될 때 '소문이라고'처럼 어말어미 '-다'가 '-라'로 나타나는 것은 바로 이러한 중세국어 문법의 흔적이다.

현대국어에서 간접 인용은 보조사 '고'에 의해, 그리고 직접 인용은 보조사 '라고'에 의해 실현된다.

(1) ㉠ 그는 아직도 [자신이 옳다]고 생각한다.

㉡ 그녀는 내게 [자기가 좋냐]고 물었다.

㉢ 엄마는 내게 [집에 가자]고 말했다.

㉣ 선생님께서 [책을 많이 읽으라]고 하셨다.

(2) ㉠ 그는 아직도 ["내가 옳다."]라고 생각한다.

㉡ 그녀가 내게 ["넌 내가 좋냐?"]라고 물었다.

ⓒ 엄마는 내게 ["집에 가자."]라고 말했다.

ⓛ 선생님께서 ["책을 많이 읽어라."]라고 하셨다.

(1)에서 보듯이 간접 인용은 어말어미 뒤에 보조사 '고'를 붙여서 나타낸다. 그리고 직접 인용은 (2)에서처럼 어말어미 뒤에 보조사 '라고'를 붙여서 나타낸다. '고'와 '라고'는 어말어미 뒤에 결합하였기 때문에 어미일 수는 없다. 어말어미는 서술어의 마지막에 오는 어미이다. 어말어미가 서술어의 마지막에 오는 어미인데, 그 뒤에 다시 어떤 어미가 결합할 수는 없으므로 '고', '라고'가 정의상 어미일 수는 없다. '고', '라고'가 어미가 아니라면 무엇인가? 현재 국어 문법 체계에서 체언 이외에 다른 품사, 그리고 절이나 문장에도 결합할 수 있는 것으로는 보조사 외에 다른 것을 상정할 수 없다. 그래서 학교문법에서 '고', '라고'는 보조사로 다루고 있다.

명령문이 간접 인용될 때는 명령문 그대로 인용되지 못하는 제약이 있다. 명령문이 간접 인용된 (1ⓛ)과, 명령문이 직접 인용된 (2ⓛ)을 비교해 보면 이 사실을 알 수 있다. 명령문이 직접 인용된 (2ⓛ)에서는 명령형 어미 '-어라/아라'가 결합한 "책을 많이 읽어라."인데 비해, 명령문이 간접 인용된 (1ⓛ)의 경우에는 '책을 많이 읽으라'처럼 명령형 어미 '-아라/어라'가 그대로 실현되지 못하고 '-(으)라'로 바뀐다. 정리하면, 명령문이 간접 인용될 때는 명령형 어미 '-아라/어라'가 제약되어 그대로 실현되지 못하고, '-(으)라'로 바뀐다.

그런데 서술격 조사 '-이-'가 서술어인 문장이 간접 인용될 때는 (2)처럼 보조사 '고' 앞의 어말어미가 '-라'로 끝나 형태상 직접 인용의 '라고'와 헷갈리게 된다.

(3)   ㉠ 내가 일등이다. → 선생님께서 [네가 일등이라]고 알려 주셨다.

㉡ 이것이 내 장점이다. → 친구가 [이것이 네 장점이라]고 말했다.

(3)에서 보듯이 서술어가 'NP이다'로 끝나는 문장이 간접 인용되면 어말어미 '-다'가 '-라' 바뀐다. 그래서 결과적으로 간접 인용의 보조사 '-고'와 결합하면 'NP라고'가 된다. 그러다 보니 직접 인용의 보조사 '라고'와 형태상 같아진다. 하지만 (3)의 '라고'는 (2)의 보조사 '라고'가 아니리 어말어미 '-라(← -다)'에 보조사 '고'가 결합한 것이다.

그러면 왜 'NP+이다'인 '소문이다'가 간접 인용될 때 '소문이라'처럼 어말어미 '-다'가 '-라'로 나타나는가? 이는 중세국어의 언어적 사실이 현대국어까지 이어진 결과이다. 즉 공시적으로 '-다'가 '-라'로 교체한 것이 아니다.

중세국어에서는 서술격 조사 '-이-' 뒤에서 '-다'가 '-라'로 교체되었는데, 이러한 중세국어의 언어적 사실이 간접 인용과 같은 특정 환경에서 중세국어 그대로 현대국어까지 계승되었다.

(4) 내 아ᄃ리라〈법화경언해2:222b〉
     아ᄃᆞᆯ+이+라(←다)

현대국어의 간접 인용에서 유독 서술격 조사가 서술어인 'NP이다'의 경우에만 'NP이라+고'처럼 어말어미가 '-다'가 아니라 '-라'로 나타나는 것은 (4)와 같은 중세국어의 흔적인 셈이다.

중세국어에서 서술격 조사 '-이-' 뒤에서 /ㄷ/이 /ㄹ/로 교체된 예로는 (5)도 추가된다. 과거 회상 시제 선어말어미 '-더-'의 첫소리 /ㄷ/ 역시 서술격 조사 '-이-' 뒤에서 /ㄹ/로 교체되어 '-러-'로 실현되었다.

(5) 내 **아두리러니**〈법화경언해2:245b〉(내 아들이더니)
     아들+이+러(←더)+니

     비교) 골며기 **곧더니**〈두시언해21:38a〉(갈매기 같더니)
     곧+더+니

중세국어에서 어말어미 '-다'는 (4)의 서술격 조사 '-이-' 뒤에서만 '-라'로 교체된 것이 아니다. (6)에서 보듯이 다른 선어말어미 뒤에서도 '-다 → -라'로 교체되었다.

(6) ㉠ 플 우희 안자 겨시다 **ᄒᆞ더라**〈석보상절3:43b〉(풀 위에 앉아 계신다 하더라)
       ᄒᆞ+더+라(←다)

    ㉡ 됴ᄒᆞᆫ 이리 그지 **업스리라**〈석보상절6:20a〉(좋은 일이 끝이 없으리라)
       없+(으)리+라(←다)

    ㉢ ᄠᅳᆮ 아로미 **어려ᄫᅳ니라**〈월인석보11:96b〉(뜻을 알기가 어려우니라)
       어렵+(으)니+라(←다)

    ㉣ 믈로 모ᄉᆞᆯ 밍ᄀᆞ**노라**〈두시언해7:17a〉(물로 못을 만드노라)
       밍글+ᄂᆞ+오+라(←다)

중세국어에서는 (6㉠)처럼 회상 시제 선어말어미 '-더-' 뒤에서, (6㉡)처럼 선어말어미 '-(으)리-' 뒤에서, (6㉢)처럼 선어말어미 '-(으)니-' 뒤에서, 그리고 (6㉣)처럼 의도법 선어말어미 '-오/우-' 뒤에서도 어말어미 '-다'가 '-라'고 교체되었다. 왜 '-다'가 '-라'로 교체되었는지는 설명하기 어렵다. 음운론적으로는 /ㄷ/가 /ㄹ/로 교체해야 할 이유가 없기 때문이다. 음운론적으로 설명하지 못하지만, 이러한 조건들에서 '-다'가 '-라'로 교체된 것은 분명한 사실이다.

참고로 동사 '내로라하다'가 있는데, 이 동사의 내부 구성에 중세국어의 언어적 사실이 녹아 있다. '내로라하다'의 의미는 '어떤 일이나 분야를 대표할 만하다.'이다. '내로라하다'는 원래는 구 구성이었던 '내로라 하다'의 구가 긴밀해져서 단어가 된 것이다.

(7) 내로라 하다 〉 내로라하다

나	-이-	-오/우-	-다	→	내로라
대명사	서술격 조사	의도법 선어말 어미	어말 어미		

원래 '내로라하다'에서 '내로라'는 대명사 '나'에 서술격 조사 '-이-', 그리고 의도법 선어말어미 '-오-', 어말어미 '-다'가 결합한 구성이었다. 중세국어에서 의도법 선어말어미 '-오/우-'는 그 이유는 알지 못하지만, 아무튼 서술격 조사 '-이-' 뒤에서는 '늘근 病(병)흔 모미로라〈두시언해23:50a〉'처럼 '-로-'로 실현되었다(몸-이-오-다 → 모미로라). 그리고 (6㉣)에서처럼 의도법 선어말어미 뒤에서는 '-다'가 '-라'로 교체되었다. 그래서 '나-이-오-다'가 '내로라'가 되었다. 원래는 구 구성이었던 '내로라 하다'가 항상 붙어 쓰이면서 언중들이 이를 하나의 단어처럼 인식하게 되어 현대국어에서는 단어가 되었다.

참고로 『표준국어대사전』에는 조사 '고', '라고' 외에 '-다고', '-라고'가 품사 정보 없이 표제어로 올라 있다. 그러다 보니 혹 사전을 찾아보고서, '-다고', '-라고'가 어미 아니냐는 의문을 갖는 경우도 있다. 그런데 '-다고', '-라고'의 설명을 보면, 어말어미 '-다', '-라(←다)' 뒤에 간접 인용의 보조사 '고'가 결합한 구성을 단지 표제어로 올려놓은 것임을 알 수 있다. 즉 이 '-다고', '-라고'는 어미가 아니다.

(8) –다고

간접 인용절에 쓰여, 어미 '–다'에 인용을 나타내는 격 조사 '고'가 결합한 말.

예) 동생이 자기도 같이 <u>가겠다고</u> 말한다.

(9) –라고

('이다', '아니다'의 어간이나 어미 '–으시–' 뒤에 붙어) '이라', '아니라'의 어미 '–라'에 격 조사 '고'가 결합한 말. 간접적으로 인용됨을 나타낸다.[1]

예) 자기는 절대 범인이 <u>아니라고</u> 주장한다.

(9)의 예문에서 '[범인이 아니라]-고' 처럼 서술어 '아니다'로 끝나는 문장이 간접 인용될 때도 어말어미 '–다'가 '–라'로 교체된다. 이는 '아니다'의 형성 과정을 알면 이해가 될 것이다.

(10)

중세 국어						현대국어
아니	-이-	-다	→	아니다	>	아니다
명사	서술격 조사	어말어미		활용형		형용사

309

---

[1] 『표준국어대사전』에는 '고', '라고'를 격 조사로 뜻풀이 해 놓았다. 이는 인용격을 설정하는 셈인데, 인용격이라는 것 자체가 격 이론에서는 그 정체가 모호한 격이다. 학문문법에서는 보조사로 다루는 것이 일반적이다.

'아니다'의 '아니'는 중세국어에서는 명사였다. '律儀 아니롤 犯티 아니ㅎ면 〈원각경언해 하3-1:134b〉(율의가 아닌 것을 범하지 아니하면)'에서 보면 '아니' 뒤에 목적격 조사 '롤'이 결합한 것을 볼 수 있다. 목적격 조사 앞에 올 수 있는 단어는 체언이므로 '아니롤'의 '아니'가 명사임을 확인할 수 있다.

그러니까 중세국어에서 '아니다'는 명사 '아니'에 서술격 조사 '-이-', 어말어미 '-다'가 결합한 활용형이었는데, 이 활용형 '아니다'가 현대국어로 오면서 형용사로 어휘화된 것이다. '아니다'가 서술어인 문장이 간접 인용될 때 '아니라-고'로 나타나는 것은 이러한 국어사적인 사실과 관련되어 있다. (4)의 '아ᄃ리라(←아돌+이+다)'에서 보았듯이 중세국어에서는 서술격 조사 '-이-' 뒤에서 '-다'가 '-라'로 바뀌었다. 'NP이다'가 간접 인용될 때 'NP이라'로 바뀌는 것이 이러한 중세국어의 흔적이라고 하였는데, '아니다'도 원래는 'NP이다' 구성이었기 때문에 간접 인용될 때 '아니라-고'로 되는 것이다.

참고로 『표준국어대사전』에는 보조사 '라고', 연결어미 '-라고', 어말어미 '-라고'도 있다. 이들은 형태상으로는 인용의 보조사와 비슷하지만, 그 성격은 전혀 다르다.

(11) 박사라고 다 아나?

(11)의 '라고'는 보조사인데, 직접 인용을 나타내는 보조사 '라고'와는 형태만 같을 뿐 전혀 다른 보조사이다. (12), (13)의 '-라고'는 어미이다.

(12) ㉠ 이웃사촌이라고 먼 친척보다 가까운 이웃이 좋다.
     친구가 아니라고 멀리 하지 마라.
     ㉡ 얼굴만 예쁘다고 최고인가?

(13) ㉠ 그 선생님이 얼마나 무서운 분이<u>라고</u>.

　그건 내 잘못이 아니<u>라고</u>.

㉡ 난 또 무슨 큰일이나 났<u>다고</u>.

(12)의 '-라고 ~ -다고'는 연결어미이고, (13)의 '-라고 ~ -다고'는 어말어미이다. (12)와 (13)에서 '-라고'와 '-다고'는 일종의 형태론적으로 조건된 이형태와 같은 관계이다. 'NP이-', '아니-' 뒤에서는 '-라고'가, 그밖의 용언 뒤에서는 '-다고'가 결합한다. 이는 'NP이다'가 간접 인용될 때 'NP이라'가 되는 것과 평행하다.

(12), (13)의 '-라고' 역시 역사적으로는 '-다고'가 서술격 조사 '-이-' 뒤에서 '-라고'로 교체했던 것이다. 이러한 '-다고 → -라고'의 '-라고'가 현대국어까지 그대로 계승된 것이다.

'나의 살던 고향'에서 '살다'의 주어가 '내가'가 아니라 왜 '나의'인가요?

'[나의 살던] 고향'에서 [나의 살던]은 '고향'을 수식하는 관형사절이다. 그리고 관형사절 서술어 '살다'의 주어는 '나'인데, 주격 조사가 아니라 관형격 조사 '의'가 결합하여 국어의 문법 질서에 어긋나는 것처럼 보인다. 비록 형태상으로는 관형격 조사가 '의'가 결합한 '나의'이지만, 구조적으로 서술어 '살다'의 주어이다. '나의 살던 고향'과 같은 문장은 중세국어에서 일부 안긴문장에서 보이던 특징이었는데, 이러한 특징이 화석처럼 현대국어에까지 남아 있는 것이다.

중세국어에서는 안긴문장의 주어가 아래에서 보듯이 관형격 조사 '-이/의'와 결합하여 나타나는 경우가 있다.

이 東山은 [須達이 산] 거시오〈석보상절6:40〉 (이 동산은 수달이 산 것이고)

위 문장에서 안긴문장 서술어 '살다'의 주어는 '수달(부처의 제자)'인데, 주어 '수달'이 관형격 조사 '이'와 결합하였다. '[나의 살던] 고향'에서 주어 '나'에 주격 조사가 아니라 관형격 조사 '의'가 결합한 것은 바로 이러한 중세국어 구문의 특징이 남아 있는 것이다.

중세국어에서는 현대국어와 다른 통사적 특징이 몇 가지 있는데, 그중에 하나가 안긴문장의 주어가 주격 조사가 아닌, 관형격 조사 '의/의'와 결합한 경우이다.

(1) ㉠ 諸子ㅣ [아비의 便安히 안존] 돌 알오〈법화경언해2:138〉

   (제자가 [아비가 편안히 않은] 줄 알고)

   ㉡ 이 東山ᄋ [須達이 산] 거시오〈석보상절6:40a〉

   (이 동산은 [수달이 산] 것이고)

(1㉠)에서 안긴문장 서술어 '앉다'의 주어는 '아비'이고, (1㉡)에서 안긴문장 서술어 '살다'의 주어는 '수달'이다. 그런데 주어에 주격 조사가 결합하지 않고 '아비의', '須達이'처럼 관형격 조사가 결합하였다. 중세국어에서는 이처럼 안긴문장의 주어가 관형격 조사를 취한 문장이 나타난다. 형태상으로는 관형격 조사 '이/의'가 결합하였지만, 문장 분석에서 '아비의', '須達이'의 문장 성분은 주어이다. 또한 관형격 조사가 결합했다고 해서 '아비의', '須達이'가 관형어가 아니듯이, '아비의', '須達이'가 주어라고 해서 이때의 '의/이'가 또한 주격 조사도 아니다. (1)의 '아비의', '須達이'를 '주어적 속격(관형격)'이라고 부르기도 한다.

중세국어에서 '이/의'는 (1)에서처럼 특이하게 주어에 결합하기도 하고 또 (2)에서처럼 부사격 조사로 쓰이기도 하였다.

(2) ㉠ 窓이 안자셔〈두시언해21:11a〉 (창에 앉아서)

   아춤 뷔여든 ᄯᅩ 나조히〈월인석보1:45a〉 (아침이 비었거든 또 낮에)
        나좋+이

   ㉡ 머리 우희 엱고〈석보상절23:41a〉 (머리 위에 얹고)
        웋+의

   이 지븨 자려 ᄒᆞ시니〈용비어천가102〉 (이 집에 자려 하시니)
        집+의

(2㉠)에서 '窓익', '나조히' 그리고, (2㉡)에서 '우희', '지븨'는 '어디에', '언제'에 해당하는 성분으로 모두 부사어이다. 문장 분석에서 '어디에', '언제', '어떻게', '왜'에 해당하는 성분은 부사어이다. 이처럼 (2)의 '익/의'는 체언에 결합하여 그 체언이 부사어임을 나타내는 기능을 하고 있다. 그러니까 (2)의 '익/의'는 관형격 조사가 아니라 부사격 조사이다. 부사격 조사를 의미에 따라 다시 하위분류할 때는 부사격 조사 중에서 처소격이다.

지금까지 살펴본 것처럼 중세국어에서 '익/의'는 기본적으로 관형격 조사로 쓰였지만, (1)에서처럼 안긴문장의 주어에 결합한 경우도 있고, (2)에서처럼 부사격 조사(처소격)로 기능하기도 한다. 이처럼 중세국어에서는 조사의 형태만 보고 섣불리 기능을 판단할 경우 잘못 분석할 가능성이 높으므로 주의해야 한다. 반드시 문장 성분을 분석해서 조사의 기능을 판단해야 한다.

현대국어에서 관형격 조사는 '의'로 그 형태가 고정되어 있다. 그래서 '나의 살던 고향'처럼 예외적인 경우를 제외하면, '의'가 결합한 성분은 관형어라고 판단해도 별다른 문제가 없다. 하지만 중세국어에서는 관형격 조사의 형태도 현대국어와 달리 여러 개가 있었다.

(3) ㉠ 사르믜 스싀예〈두시언해3:58a〉 (사람의 사이에)

겨지븨 ᄂᆞᄎᆞᆯ 빗어〈석보상절21:61b〉 (계집의 낯을 치장하여)

하야로비의 누니 곧홀씨〈월인석보11:96a〉 (해오라기의 눈과 같을새)

㉡ 나못 니피〈두시언해3:39b〉 (나무의 잎이)

하ᄂᆞᆳ ᄠᅥ리〈용비어천가50〉 (하늘의 벼리)

本來ㅅ 일훔〈법화경언해2:225a〉 (본래의 이름)

(4) 부텻 마룰〈석보상절13:34a〉(부처의 말을)

世尊ㅅ 말〈월인석보1:1b〉(세존의 말)

먼저 중세국어의 관형격 조사는 (3㉠)의 '이/의', (3㉡) 'ㅅ' 이렇게 두 형태가 있었고, 분포도 구분되었다. '이/의'는 (3㉠)에서 보듯이 선행하는 체언이 유정물(사룜, 겨집, 하야로비)일 때, 'ㅅ'은 (3㉡)에서 보듯이 선행하는 체언이 무정물(나모, 하늘, 본래)일 때 쓰였다. 'ㅅ'은 기본적으로 선행하는 체언이 무정물일 때 쓰였지만, (4)처럼 선행하는 체언이 높임의 유정물일 때도 쓰였다. 그러니까 'ㅅ'은 선행하는 체언이 무정물 체언일 때 그리고 선행하는 체언이 높임의 유정물일 때 쓰였다. 이를 정리하면 다음과 같다.[1]

속격 조사	결합 환경	예
이/의	유정물 체언	사루미 뜨들 孔雀(공작)이 목
ㅅ	무정물 체언	나랏 말ㅆ미 金ㅅ빛
	유정물 존칭 체언	世尊(세존)ㅅ일 부텻道理(도리)

유정물 체언에 쓰인 '이/의'의 경우, 선행하는 체언이 모음으로 끝났을 때는 아래 (5)에서 보듯이 'ʌy/ɨy'의 핵모음 /ʌ/, /ɨ/가 탈락하고 남은 반모음 /y/가 선행하는 모음과 결합하여 음절이 축약되는 교체가 일어났다. 음절 단위에서 보면, 2음절

315

---

[1] 중세국어 관형격 조사에 대한 자세한 설명은 『문법하고 싶은 문법』 ☞5.7. [낻까]의 표기가 왜 '낻가'가 아니고 '냇가'인가요? 참조.

이 1음절로 되었으므로 음절 축약이라고 할 수 있다. 이러한 교체는 현대국어의 관형격 조사 '의'에서는 나타나지 않는다.

(5) ㉠ 네 사루미 두외야〈석보상절6:21a〉 (너의 사람이 되어)
        너-의(nə-iy → nəy)

     ㉡ 쇠 무리〈월인석보22:51b〉 (소의 무리)
        쇼-이(syo-ʌy → syoy)

     ㉢ 長者ㅣ 지븨 두려가샤〈월인석보8:94a〉 (장자의 집에 데려가셔)

        長者이 지븨 니르나〈원각경언해 하1-1:52a〉 (장자의 집에 이르나)

(5㉠)에서는 '너+의 → 네', (5㉡)에서 '쇼+이 → 쇠'처럼 관형격 조사 'ʌy/iy'의 핵모음 /ʌ/, /i/가 탈락하고 남은 반모음 /y/가 선행하는 모음과 결합하였다. 선행하는 체언이 한자일 때는 (5㉢)처럼 '長者ㅣ', '長者이' 두 표기가 모두 나타났다. 참고로 (5㉢)의 '지븨(집+의)'에서 '의'는 '어디에'에 해당하는 성분으로 부사격 조사(처소격)이다.

참고문헌

강범모(2005), 『언어』, 한국문화사.

강신항(1987), 『훈민정음연구』, 성균관대학교출판부.

고영근(2020), 『표준 중세국어 문법론』, 4판, 집문당.

고영근 · 구본관(2008), 『우리말 문법론』, 집문당.

교육인적자원부(2002), 제7차 고등학교 『문법』, 두산.

구본관 외(2015), 『한국어 문법 총론』 Ⅰ, Ⅱ, 집문당.

권재일(2012), 『한국어 문법론』, 태학사.

김경아(1997), 「국어 장애음의 분류와 후두 자질」, 『국어학』 30, 국어학회, 35~64쪽.

김광해 외(1999), 『국어지식탐구』, 박이정.

김광해(1997), 『국어지식교육론』, 서울대학교출판부.

김동소(1998), 『한국어변천사』, 형설출판사.

김무림 · 김옥영(2009), 『국어음운론』, 새문사.

김방한(1983), 『한국어의 계통』, 민음사.

김선철(2012), 「/ㅎ/에 대한 음운론적 연구 — /ㅎ/의 성격과 ㅎ-말음 용언을 중심으로」, 『언어학』 64, 한국언어학회, 31~47쪽.

김영석(1993), 『영어음운론』, 한신문화사.

김완진(1996), 『음운과 문자』, 신구문화사.

김진우(2004), 『언어』, 깁더본, 탑출판사.

김차균(1991), 「국어 음운 현상들의 새로운 해석과 정리」, 『인문과학연구』 19-2, 충남대학교 인문과학연구소, 5~61쪽.

김창섭(1996), 『국어의 단어 형성과 단어구조 연구』, 태학사.

남기심(2001), 『현대국어 통사론』, 태학사.

남기심 외(2019), 『새로 쓴 표준 국어 문법론』, 한국문화사.

노대규 외(1991), 『국어학 서설』, 신원문화사.

박병채(1989), 『국어발달사』, 세영사.

박승빈(1935), 『조선어학』, 조선어학연구회.

박승혁(1997), 『최소주의 문법론』, 한국문화사.

박영순(2007), 『한국어 화용론』, 박이정.

박창원(1982), 「자음군 분류와 자음자질(1 — 자음접변을 중심으로 —)」, 『관악어문연구』 7, 서울 대학교 국어국문학과, 127~142쪽.

배주채(2013), 『한국어의 발음』, 개정판, 삼경문화사.

서정목(1994), 『국어 통사 구조 연구 Ⅰ』, 서강대학교출판부.

서정목(2017), 『한국어의 문장 구조』, 역락.

소신애(2015), 「『독서와 문법』 교과서의 음운 체계 부분에 대한 검토」, 『언어와 정보 사회』 25, 서강대학교 언어정보연구소, 237~267쪽.

손형숙·안미애(2011), 「단어 내 위치에 따른 한국어 폐쇄음의 VOT 연구 : 대구 지역어 화 자를 대상으로」, 『언어과학연구』 59, 언어과학회, 149~180쪽.

송철의(1992), 『국어 파생어형성 연구』, 태학사.

송철의(1993), 「준말에 대한 형태·음운론적 고찰」, 『동양학』 23, 25-49쪽.

송철의(1996), 「국어의 음운 현상과 변별적 자질」, 『이기문교수 정년퇴임기념논총』, 신구문 화사, 342~356쪽.

신승용(2003), 『음운변화의 원인과 과정』, 태학사.

신승용(2006), 「문법 교과서 내용 기술상의 몇 문제와 개선 방향」, 『어문연구』 34, 한국어문 교육연구회, 401-426쪽.

신승용(2007), 『국어 음절음운론』, 박이정.

신승용(2009), 「사전을 통해 본 표준어의 문제점과 표준어 정책의 방향성에 대한 제언」, 『언 어와 정보사회』 11, 서강대학교 언어정보연구소, 69~94쪽.

신승용(2011), 「문법교육에서 구(句)와 어(語)의 문제」, 『국어교육연구』 49, 국어교육학회, 153-178쪽.

신승용(2012), 『국어사와 함께 보는 학교문법 산책』, 개정판, 태학사.

신승용(2013), 『국어 음운론』, 역락.

신승용(2016), 「음운 교육 내용으로 〈표준 발음법〉이 타당한가」, 『어문학』 132, 한국어문학 회, 29-49쪽.

신승용(2017), 「학교문법에서 /ㅎ/ 기술의 문제점과 /ㅎ/의 음운론적 성격」, 『어문학』 136, 한국어문학회, 63-81쪽.

신승용(2019), 「시 수업의 시 낭송과 연계한 음운 변동 교수-학습」, 『어문학』 144, 한국어문학회, 361-386쪽.

신지영 외(2012), 『쉽게 읽는 한국어학의 이해』, 지식과 교양.

신지영(2006), 「표준 발음법에 대한 비판적 검토」, 『한국어학』 30, 한국어학회, 131~158쪽.

심재기(1982), 『국어어휘론』, 집문당.

심재기 외(1984), 『의미론서설』, 집문당.

안병희 · 이광호(1990), 『중세국어 문법론』, 학연사.

양순임(1998), 「유기음의 '기'와 /ㅎ/에 대한 비교 고찰」, 『우리말연구』 8, 우리말학회, 63~83쪽.

윤평현(2008), 『국어 의미론』, 역락.

이광정(1997), 「학교문법에서의 품사분류」, 『국어교육』 94, 한국어교육학회, 41-76.

이광호(2004), 『근대국어 문법론』, 태학사.

이기문(1972a), 『국어음운사연구』, 국어학회.

이기문(1972b), 『개정 국어사개설』, 탑출판사.

이기문 · 김진우 · 이상억(1984), 『국어음운론』, 학연사.

이문규(1999), 「음소 'ㅎ'과 유기음화」, 『언어과학연구』 16, 언어과학회, 383~402쪽.

이상신(2013), 「'ㅎ'과 관련되어 있는 어문규정의 몇 문제」, 『열린정신 인문학연구』 13-3, 원광대학교 인문학연구소, 239~254쪽.

이상신(2014), 「국어 음운론에서의 기술 문법과 학교 문법」, 『국어학』 69, 국어학회, 207~231쪽.

이성범(2019), 『소통의 화용론』, 2판, 한국문화사.

이숭녕(1961), 『중세국어문법』, 을유문화사.

이익섭(1992), 『국어표기법연구』, 서울대학교출판부.

이익섭(2011), 『국어학 개설』, 학연사.

이익섭 · 임홍빈(1983), 『국어문법론』, 학연사.

이정훈(2012), 『발견을 위한 한국어 문법론』, 서강대학교 출판부.

이진호(2005), 『국어 음운론 강의』, 삼경문화사.

이진호(2012), 「음운 교육과 교과서」, 『한국어학』 57, 한국어학회, 35~59쪽.

이진호(2014), 『국어 음운론 강의』, 삼경문화사.

이현희(1994), 『중세 국어 구문연구』, 신구문화사.

이호영(1996), 『국어음성학』, 태학사.

이환묵 외(1988), 『훈민정음의 이해』, 한신문화사.

임지룡(1995), 『국어 의미론』, 탑출판사.

임지룡 외(2005), 『학교문법과 문법교육』, 박이정.

전상범(1995), 『영어음성학개론』, 을유문화사.

전상범(1995), 『형태론』, 한신문화사.

전상범(2004), 『음운론』, 서울대학교출판부.

정 국(1994), 『생성음운론의 이해』, 한신문화사.

정연찬(1997), 『개정 한국어 음운론』, 한국문화사.

정한데로(2019), 『발견을 위한 한국어 단어형성론』, 서강대학교 출판부.

주시경(1914), 『말의 소리』, 신문관.

차재은(2001), 「/ㅎ/의 음운 자질과 음운 현상」, 『어문논집』 43, 민족어문학회, 23~44쪽.

최명옥(2004), 『국어음운론』, 태학사.

최전승 외(2008), 『국어학의 이해』, 개정판, 태학사.

최현배(1937), 『우리말본』, 연희전문학교출판부.

허 웅(1962), 또 다시 일인칭 대상 활용 어미로서의 오우를 논함, 『어문학』 10, 한국어문학회, 1-23쪽.

허 웅(1975), 『우리 옛말본 — 15세기 형태론』, 샘문화사.

허 웅(1981), 『언어학 — 그 대상과 방법』, 샘문화사.

허 웅(1985), 『국어 음운학』, 샘문화사.

허 웅(1999), 『16세기 우리 옛말본』, 샘문화사.

홍윤표(1994), 『근대 국어연구(Ⅰ)』, 태학사.

황화상(2013), 『현대국어 형태론』, 개정판, 지식과 교양.

Antilla, R.(1972), *An Introduction to Historical and Comparative Linguistics*, New York: Macmillan.

Aronoff, M. & K. Fudeman(2005), *What is Morphology?*, Blacwell.

Austin, J. L.(1962), *Zur theorie der Sprechakte, Stuttgart*. [장석진 편, 『오스틴의 화행론』, 서울 대출판부.]

Bauer, L.(1983), *English Word-formation*, Cambridge University Press.

Beaugrande, R. & W.U. Dressler(1981), *Einführung in die Textlinguitik, Tübingen*. [김태옥 외 역, 『담화 · 텍스트언어학 입문』, 한신문화사.]

Bloomfield, L.(1933), *Language*, New York: Holt, Rinehart and Winston.

Booij, G.(2002), *The Morphology of Dutch*, New York: Oxford University.

Bybee, J.L.(1985), *Morphology*, John Benjamins Publishing Company.

Bynon, T.(1977), *Historical Linguistics*, Cambridge University Press. [최전승 옮김(1992), 『역사언어학』, 한신문화사]

Chomsky, N.(1995), *The minimalist program*, Cambridge, MIT press.

Chomsky, N. & Halle, M.(1968), *The sound pattern of English*, New York: Harper.

Clark, J. & Yallop, C.(1991), *An introduction to Phonetics & Phonology*, Blackwell.

Clement, G. N. & S. J. Keyser (1983), *CV Phonology*, MIT Press.

Haegeman, L.(1991), *Introduction to Government & Binding Theory*, Blackwell.

Haspelmath, M.(2002), *Understanding Morphology*, London: Amold.

Hockett, Charles F.(1958), *A course in Modern Linguistics*, New York: The Macmillan Company.

Jakobson, R.(1931), *Prinzipien der Historischen Phonologie*. [한문희 옮김(1991), 『음운학 원론』, 民音社.]

Kenstowicz, M.(1994), *Phonology in Generative Grammar*, Blackwell.

King, R.D.(1969), *Historical Linguistics and Generative Grammar*, Prentic-Hall.

Labov, L.(1994), *Principles of Linguistic Change: Internal Factors*, Blackwell.

Lass, R.(1984), *Phonology*, Cambridge University Press.

Lass, R.(1997), *Historical Linguistics and Language Change*, Cambridge University Press.

Leech, G. N.(1974), *Semantics*, Harmondsworth: Penguin.

Lyons, J.(1968), *Introduction to Theoretical Linguistics*, Cambridge University Press.

Lyons, J.(1981), *Language and Linguistics*, Cambridge University Press.

Martinet, A.(1970), *Élémnents de Linguistique générale, Paris:Armand Colin.* [『일반언어학개요』, 김방한 역(1978), 일조각.]

Nida, E. A.(1949), *Morphology; The Descriptive Analysis of Word*, University of Michigan Press.

Ogden, C. K. & I. A. Richards(1923), *The Meaning of Meaning*, London: Routledge and Kegan Paul. [김봉주 역(1986), 『의미의 의미』, 한신문화사.]

Prince, A. & Smolensky, P.(1993), *Optimality Theory*, Rutgers University and University of Colorado.

Sapir, E.(1921), *Language: An Introduction to the Study of Speech*, New York: Harcourt, Brace.

Saussure, F. de.(1916), *Cours de linguistique générale*, Paris: Payot. [최승언 옮김(1990), 『일반언어학 강의』, 民音社.]

Scalise, S.(1984), *Generative Morphology*, Dordrecht: Foris. [전상범 역(1987), 『생성형태론』, 한신문화사.]

Trubetzkoy, N.S.(1939), *Gründzuge der Phonologie.* [『음운학 원론』, 한문희 옮김(1991), 民音社]

Ullman, S.(1962), *Semantics: An Introduction to the Science of Meaning*, Oxford: Basil Blackwell. [남성우 역(1987), 『의미론: 의미 과학입문』, 탑출판사.]

Wittgenstein, L.(1953), *Philosophical Investigations*, Oxford.

저자 소개

신승용

서강대학교 학사, 석사, 박사
이화여자대학교 BK21 연구교수(2003)
영남대학교 사범대학 국어교육과 교수(2004~현재)

주요 저서 및 논문

『맞춤법하고 싶은 맞춤법』(공저, 2022), 『문법하고 싶은 문법』(공저, 2020), 『국어음운론』(2013), 『국어학개론』(2013), 『국어사와 함께 보는 학교문법산책』(2010), 「시 수업의 시 낭송과 연계한 음운 변동 교수-학습」(2019), 「『독서와 문법』 '음운의 변동' 단원에 대한 비판적 검토」(2015), 「문법 교육에서 구(句)와 어(語)의 문제」(2011) 외 논저 다수.

안윤주

경북기계공업고등학교 국어교사(현재)
영남대학교 사범대학 국어교육학과 문법교육전공
박사과정 졸업

저서 및 경력

『문법탐구수업과 학교문법』(공저, 2023)
『맞춤법하고 싶은 맞춤법』(공저, 2022)
『문법하고 싶은 문법』(공저, 2020)
대구중등협력학습지원단(2017-2022)
미래엔 국어 교과서 교사용 자료집 집필(2017~2020)
대구 거꾸로교실 전문학습공동체 회장(2018~2019)
(사)미래교실네트워크 이사(현재)

더 문법하고 싶은 문법

초판 1쇄 발행 2021년 6월 10일
초판 2쇄 발행 2021년 11월 15일
초판 3쇄 발행 2024년 8월 20일

지은이   신승용 안윤주
펴낸이   이대현
편집   이태곤 권분옥 임애정 강윤경
디자인   안혜진 최선주 강보민
마케팅   박태훈 한주영

펴낸곳   도서출판 역락
출판등록 1999년 4월 19일 제303-2002-000014호
주소   서울시 서초구 동광로 46길 6-6 문창빌딩 2층 (우06589)
전화   02-3409-2060
팩스   02-3409-2059
홈페이지 www.youkrackbooks.com
이메일   youkrack@hanmail.net

ISBN 979-11-6244-564-8 93710